Cahiers Valery Larbaud

Actes du colloque « Valery Larbaud : cosmopolitisme à l'ère de la globalisation. Traduction et transgression » organisé les 23 et 24 novembre 2017 à l'université Heinrich Heine de Düsseldorf

2019, n° 55

Cahiers Valery Larbaud

Cosmopolitisme à l'ère de la globalisation

Sous la direction de Vera Elisabeth Gerling

PARIS
CLASSIQUES GARNIER
2019

ASSOCIATION INTERNATIONALE DES AMIS DE VALERY LARBAUD

Président de fondation : Dr Jean RÉMOND
Secrétaire général de fondation : Robert CROQUEZ

JURY DU PRIX VALERY LARBAUD

Jean-Marie LACLAVETINE, président du jury
Jean BLOT, Paule CONSTANT, Laurence COSSÉ, Olivier GERMAIN-THOMAS, Christian GIUDICELLI, Marc KOPYLOV, Thierry LAGET, Isabelle MINARD, Paule MORON, Laurence PLAZENET, Bertrand VISAGE

Membres décédés : André CHAMSON, Roger CAILLOIS, Pr Th. ALAJOUANINE, Max-Pol FOUCHET, Pierre EMMANUEL, Marcel ARLAND, Jacques DE BOURBON-BUSSET, Roger VRIGNY, Bernard DELVAILLE, Monique KUNTZ, Michel DÉON, Roger GRENIER, Georges-Emmanuel CLANCIER

CONSEIL D'ADMINISTRATION

Président : Jean-Marie LACLAVETINE
Vice-président : Marc KOPYLOV
Secrétaire générale : Paule MORON
Secrétaire générale adjointe : Isabelle MINARD
Trésorier : Michel BRISSAUD
Membres du bureau : Amélie AUZOUX, Gil CHARBONNIER, Françoise LIOURE, Delphine VIELLARD.

Membres décédés : Auguste ANGLÈS, Anne CHEVALIER, Jean-Claude CORGER, Louis GIRON, Ulysse MONCORGER, Laeta PONS, Jean-Charles VARENNES, Jean JOINET.

© 2019. Classiques Garnier, Paris.
Reproduction et traduction, même partielles, interdites.
Tous droits réservés pour tous les pays.

ISBN 978-2-406-09271-1
ISSN 0301-8776

SOMMAIRE

Frédéric-Jacques Temple
Une heure avec Barnabooth 11

Paule Moron
Avant-propos 13

Vera Elisabeth Gerling
Introduction 15

VALERY LARBAUD :
COSMOPOLITISME À L'ÈRE DE LA GLOBALISATION.
TRADUCTION ET TRANSGRESSION

COSMOPOLITISMES

Vittoria Borsò
Cosmopolitisme. Larbaud aujourd'hui 23

Frédéric Roussille
Valery Larbaud ou les affres d'une Europe sans qualités 43

MODERNITÉ ET MOUVEMENT

Gil Charbonnier
Le bergsonisme de Valery Larbaud
dans l'émergence d'un axe critique européen 65

Vera Elisabeth GERLING
Valery Larbaud et Henri Bergson.
La gare de Cahors comme lieu de transition 95

Anne REVERSEAU
Le poète et le train.
Valery Larbaud et le « modernisme ambulatoire » 111

VALERY LARBAUD NOVATEUR

María Isabel CORBÍ SÁEZ
A. O. Barnabooth, ses œuvres complètes
et l'exigence d'un nouveau lecteur 129

Delphine VIELLARD
Valery Larbaud ou l'invention du marché de la traduction 149

MODERNITÉ ET TRANSGRESSION

Régis SALADO
Chant et contre-chant de la modernité chez Valery Larbaud 167

Amélie AUZOUX
Déterritorialisation de la langue, plurilinguisme
et poétique littéraire mondiale chez Valery Larbaud 183

VALERY LARBAUD AUJOURD'HUI

Jan BAETENS
Larbaud aujourd'hui et demain. Entre réécriture et allusion 199

Catherine Douzou
Valery Larbaud dans le rétroviseur de 2018.
Moderniste, réactionnaire, conservateur ? 209

52ᵉ PRIX VALERY LARBAUD

Jean-Marie Laclavetine
Remise du prix à Maud Simonnot
pour son livre *La nuit pour adresse* 227

Maud Simonnot
Réception du 52ᵉ prix littéraire Valery Larbaud 229

Françoise Lioure
Exposition commentée et spectacle
« Il faut bien vivre », à la Médiathèque 231

VIE DE L'ASSOCIATION

Jean Blot
In memoriam. Georges-Emmanuel Clancier (1914-2018) 235

Association internationale des Amis de Valery Larbaud.
Assemblée générale du 2 juin 2018 237

Résumés/*Abstracts* 243

UNE HEURE AVEC BARNABOOTH

En septembre 1941, le train de Montpellier, qui était bien sûr trop lent, me déposa, enfin, à Vichy où se trouvait Valery Larbaud. Je fus introduit par Maria Angela Nebbia, devant cet écrivain que je reliais depuis longtemps à mon enfance et qui m'avait persuadé que tous les trains ressemblaient à l'*Harmonika-Zug*. Ce n'était pas le voyageur un peu gras mais à l'œil vif, sous un beau panama, que je voyais depuis longtemps sur la grande photographie, bien connue, que m'avait donnée Jean Loize, mais un homme figé, aux traits creusés, qui ne s'exprimait plus que par des éclairs du regard, ou quelques vagues mots, ce qui ne fit qu'accroître mon émotion et ma timidité.

Je me suis alors lancé, la gorge nouée, dans une sorte de monologue où se sont croisés le peintre Louis-Charles Eymar, beau-frère de son ami d'enfance, Marcel Ray, et l'un des rares mentors de mon adolescence ; le square de la Gare où Larbaud allait se reposer à l'ombre d'un liquidambar aujourd'hui disparu ; la plage de galets de Maguelone ; le petit port de pêche de Palavas dont les fenêtres étaient jadis garnies de persiennes vénitiennes ; Joseph Conrad qui « faisait l'Œuf » comme tout le monde ; le tout altéré par l'expression sans doute naïve de mon admiration. Je réussis, dans mon émoi, à lui dire que *L'Écho des Étudiants* désirait lui rendre hommage, que j'étais chargé par Jean Renon, son directeur, de le lui annoncer. Il suivait des yeux mes balbutiements, et je percevais dans son regard un mélange d'amusement, de nostalgie, et déjà ce qu'il exprimera dans ses derniers instants : « Adieu, les choses d'ici-bas », avant de dire « Merci », son ultime mot, à sa compagne.

Je me souviens du lourd silence qui fut plus éloquent que des paroles, d'un bon regard, de l'esquisse d'un sourire, du bruit discret de la porte refermée. Et j'ai quitté ce qui était alors pour moi le centre du monde. Ma ville, ce Clapas comme il l'appelait lui-même, c'est désormais sous l'invocation de celui qui l'avait faite sienne lorsque j'y commençais ma vie, que je n'ai jamais cessé de la voir. Il ne la reconnaîtrait plus. Je vais quelquefois en pèlerinage dans le hall de l'Hôtel de la Métropole, qui n'a plus le même nom, où les initiés peuvent voir encore, pièce de musée, l'ascenseur que prenait Barnabooth, avec ses belles valises de cuir.

Une stèle perpétue désormais sa présence, dans ce petit square de la Gare qui était alors pour lui, comme pour les enfants de ce temps, « beau comme les jardins de l'Asie Mineure ».

Pour le soixantième anniversaire de la mort de Valery Larbaud
2017

Frédéric-Jacques Temple

AVANT-PROPOS

Frédéric-Jacques Temple, lauréat du prix Larbaud 1990, fidèle au souvenir de l'écrivain, nous a offert « Une Heure avec Barnabooth » pour le soixantième anniversaire de la mort de Valery Larbaud.

Ces lignes devaient nécessairement trouver leur place en tête de ce *Cahier Valery Larbaud* de l'année 2017. On y sent vibrer l'émotion du jeune journaliste, intimidé devant l'homme qui n'était plus celui que son portrait lui avait rendu familier, un homme rendu désormais méconnaissable par la maladie et condamné au silence, à un « lourd silence [...] plus éloquent que des paroles » cependant. Nous prenons ici la mesure de ce long silence qui pendant les vingt-deux dernières années de son existence a privé Valery Larbaud de ce qui était sa vie : la création littéraire et la littérature.

Au voyageur et au créateur qu'il avait été dans sa vie d'avant la maladie, fut consacré à l'automne 2017 un colloque, organisé par Vera Elisabeth Gerling, professeur de littérature à l'université Heinrich Heine de Düsseldorf, avec la collaboration de notre ami Gil Charbonnier, maître de conférence à l'université Aix-Marseille et membre du conseil d'administration de l'association internationale des Amis de Valery Larbaud. Il s'est déroulé les 23 et 24 novembre 2017 à la Maison de l'université Heinrich Heine et faisait naturellement suite aux colloques de 1977, 1987, 1997 et 2007, qui, à chaque décade, ont marqué l'anniversaire de la disparition de l'écrivain. Néanmoins pour la première fois, le colloque se tenait à l'étranger, ce dont Larbaud, citoyen du monde, aurait certainement été fier et heureux. Il portait pour titre « Valery Larbaud : Cosmopolitisme à l'ère de la globalisation. Traduction et transgression » et réunissait, à l'invitation de leur collègue allemande, différents spécialistes internationaux de Larbaud venus de Belgique, d'Espagne, d'Italie, de France, échanger autour de l'œuvre de Larbaud. Je laisse à Vera Elisabeth Gerling le soin de présenter les différents intervenants et leurs communications, mais je tiens à témoigner du caractère animé des échanges qui suivaient les communications et qui manifestaient l'actualité que conserve cette œuvre. La lecture des actes en attestera également.

Nous savons gré à Frédéric-Jacques Temple de nous avoir donné, pour marquer cet anniversaire, ce portrait émouvant d'un écrivain réduit à l'immobilité et au mutisme, lui dont l'œuvre et la langue furent caractérisées par le mouvement et la diversité, comme l'ont bien souligné les contributeurs de ce colloque de Düsseldorf.

Paule MORON
Association internationale
des Amis de Valery Larbaud

INTRODUCTION

Notre monde de plus en plus globalisé est souvent perçu comme ayant déraillé. Cependant, déjà au début du XXe siècle ont surgi des moments de désorientation comparables, conséquences de la perte d'ordres établis, des phénomènes d'accélération, de l'influence des nouveaux médias, etc. Lire Valery Larbaud aujourd'hui, figure emblématique du cosmopolitisme moderne européen, signifie examiner l'esthétique transgressive entre langues et cultures mondiales sous l'angle de notre monde globalisé. L'œuvre de Valery Larbaud, située en pleine modernité, peut-elle nous fournir donc des suggestions pour considérer notre situation actuelle ?

En 2017 a eu lieu une conférence internationale sur l'œuvre de Valery Larbaud. Soixante ans après sa mort, des experts sur l'auteur se sont réunis à Düsseldorf en Allemagne autour du sujet « Valery Larbaud : Cosmopolitisme à l'ère de la globalisation. Traduction et transgression ». Pendant deux journées, on a pu sonder le potentiel du cosmopolitisme moderne de Valery Larbaud pour une réflexion sur l'époque actuelle. En tant qu'organisatrice de cette rencontre je suis très heureuse d'avoir l'opportunité de pouvoir publier les actes correspondants dans les *Cahiers Valery Larbaud*. J'en remercie vivement l'Association Internationale des Amis de Valery Larbaud.

L'œuvre de Valery Larbaud a été approchée lors de cette rencontre à l'aune des deux concepts de traduction et de transgression. La traduction constitue un élément central pour notre auteur, et ce sous plusieurs facettes. Lui-même a fait connaître maints auteurs tel que Samuel Butler, James Joyce et Ramón Gómez de la Serna en France, en occupant plusieurs rôles comme traducteur, agent littéraire ou mécène. De plus, la traduction fait partie de sa conception littéraire, basée sur l'idée de la réécriture. Cette idée de traduction comme échange infini entre cultures et langues, nous mène au concept de la transgression qui a été discuté également de manière intense lors de notre colloque. L'auteur est considéré, de par sa biographie, comme conservateur : il mène une vie de richesse, voyage en trains de luxe, habite des grands hôtels etc. Il reste attaché à un mode de vie conservateur qui l'ancre dans son terroir. Cependant, l'esthétique de son œuvre nous offre une grande variété de procédés qu'on peut qualifier de transgressifs : il subvertit les genres littéraires, rompt avec l'ordre temporel, irrite les frontières nationales et les limites géographiques et crée un métissage de langues.

L'ordre des contributions réunies dans la publication suit l'idée de représenter les différentes approches de la question de déterminer comment le cosmopolitisme de Valery Larbaud peut être considéré aujourd'hui, à l'ère de la globalisation. La contribution inaugurale de Vittoria Borsò, « Cosmopolitisme : Larbaud aujourd'hui », nous livre une analyse du *Journal intime* de Barnabooth, hétéronyme de l'auteur, pour cerner l'idée de cosmopolitisme chez notre auteur. Selon Borsò, à l'intérieur de ce qu'on peut définir comme autofiction, les espaces du je dans l'écriture représentent une politique de décentrement d'un sujet migrateur et de la langue métissée. Larbaud crée donc un lieu fluide dans la « mondialisation », ce qui implique la disparition des frontières et des souverainetés en faveur des migrations, des délocalisations, de la circulation des personnes, mais aussi des biens, des capitaux, des finances. Penser un cosmopolitisme incluant, basé sur la pluralité des mondes, signifierait donc, aujourd'hui et pour Larbaud, « dé-limiter », c'est-à-dire effacer les limites de l'assignation de la culture à son origine ou à sa mémoire continentale et déconstruire ainsi son propre universalisme. Frédéric Roussille nous présente également une lecture du *Journal intime* dans sa contribution « Valery Larbaud ou les affres d'une Europe sans qualités ». Pour lui, Barnabooth, le voyageur cosmopolite, découvre que sur aucune des deux rives de l'Atlantique il n'est vraiment chez lui et qu'il perçoit donc son existence comme un exil définitif. Selon Roussille, dans ce texte de Larbaud, deux conceptions de l'Europe sont opposées : l'Europe identitaire en substance, facilement caractérisable par, entre autre, les romans nationaux avec ses héros, ses terroirs, ses patrimoines à usage identitaire. Ceci serait l'Europe du pittoresque, des langues nationales, des guides de voyages et de la couleur locale. À l'opposé, il voit l'Europe cosmopolitique et urbaine, une Europe d'avant les nations, une Europe envisagée hors du déterminisme géographique. Barnabooth, lui-même, se situe donc à l'extérieur de la politique moderne. Dans l'actualité, la réalisation du « national-libéralisme » serait basée, selon Roussille, sur l'idée d'une telle Europe identitaire.

Au contraire, Larbaud ne représente pas seulement cette identité du terroir, mais crée plutôt, dans son œuvre, une ouverture vers le fluide, le mouvement, à situer aussi dans son orientation philosophique. Selon Gil Charbonnier, pour Larbaud toute position philosophique se joue prioritairement sur le plan poétique. Dans son article « Le bergsonisme de Valery Larbaud dans l'émergence d'un axe critique européen », Charbonnier nous offre une introduction sur l'influence que Henri Bergson a eue sur Valery Larbaud, qui connaissait bien ses œuvres et en possédait plusieurs. Selon lui, la poésie de Barnabooth participe du même contexte épistémologique que la « mobilité » bergsonienne. Cependant Larbaud reprend ce contexte à des fins ironiques, notamment avec l'éloge du corps comme principal accès au moi profond. Bien avant les théories de Maurice Merleau-Ponty du corps subjectif et du « moi naturel », Larbaud attribue au corps le statut de sujet que la tradition lui refuse au profit de l'âme. Il nous offre une autre approche du réel, un réel perçu du dedans, non pas par analyse mais par la perception de notre moi qui dure. C'est justement une analyse bergsonienne que nous offre la contribution « La Gare de Cahors comme lieu de transition chez Valery Larbaud » de Vera Elisabeth Gerling. Le motif du train en mouvement constitue une image populaire de la littérature de la modernité. Cependant, il y a aussi le motif de la gare ferroviaire : Ici, le bâtiment stable contraste avec l'expérience de l'accélération et devient un lieu où culminent les nouvelles sensations du voyage en train. Gerling élabore une lecture bergsonienne du poème « L'ancienne gare de Cahors » de Valery Larbaud : ces vers nous proposeraient non une compréhension de cette expérience moderne, mais plutôt une ‹ traduction › esthétique d'une nouvelle perception de la notion du temps comme durée. Anne Reverseau, quant à elle, nous offre une analyse de l'imaginaire du train chez Valery Larbaud dans son texte « Le poète et le train. Valery Larbaud et le 'modernisme ambulatoire' ». La description ambulatoire dans les poésies de Larbaud correspond en effet à la perception de l'espace par un personnage en mouvement et ses transcriptions par l'écriture. Avec le train, un instrument de locomotion devient un nouveau dispositif optique et donne naissance à une perception moderne : à travers une suite de villes, entre lesquelles on passe en paquebot ou en train s'exprime donc de manière particulièrement forte un enthousiasme cosmopolite.

Valery Larbaud peut être considéré novateur dans le monde du livre. D'une part, son écriture exige un nouveau type de lecture, d'autre part il a joué non seulement le rôle d'un écrivain, mais aussi celui de traducteur et d'agent littéraire. María Isabel Corbí Sáez, dans son étude « A.O. Barnabooth, ses œuvres complètes et l'exigence d'un nouveau lecteur » montre comment les œuvres de Valery Larbaud exigent un lecteur actif et complice pour actualiser l'œuvre littéraire par l'acte de lecture. Il s'agirait donc ici d'une littérature dégagée de l'usage abusif de l'illusion référentielle. Loin de demander aux lecteurs de s'identifier à un personnage ou à une vision du monde déterminée, Larbaud explore, avec le personnage caricatural, grotesque et provocateur qu'est Barnabooth, de nouveaux horizons pour la création poétique. Delphine Viellard, dans son texte « Valery Larbaud ou l'invention du marché de la traduction », nous montre comment notre auteur a inventé une certaine manière de traduire qui tienne compte des lois du marché et s'inscrive dans une logique économique. Il a pu faire évoluer le marché de la traduction : en passant d'artisan-traducteur à chef d'entreprise, puis à éditeur et directeur de collection, devenu même un véritable chef d'entreprise de la traduction. De plus, il entourait la publication de ses traductions d'articles de revues, de conférences, de rencontres variées avec ses lecteurs. Savant connaisseur des littératures étrangères, il sut se faire découvreur de talents, éditeur, promoteur, directeur de collection, correcteur et superviseur.

Dans notre volume, c'est Régis Salado qui, dans son texte intitulé « Chant et contre-chant de la modernité chez Valery Larbaud » discute cette ambivalence chez notre auteur, qui, selon lui, produit une œuvre littéraire qui dialogue en permanence avec la tradition et qui ne cède jamais unilatéralement à l'appel du seul présent. Reconnu comme un acteur majeur de la modernité littéraire du début du XXe siècle, les traits de modernité qui caractérisent son œuvre se trouvent cependant constamment contrebalancés par d'autres éléments chez notre auteur, qui viserait essentiellement la célébration du temps présent et du nouveau. L'hétéronyme Barnabooth et Larbaud lui-même oscillent donc entre les extrêmes d'un cosmopolitisme spécifique de la modernité larbaldienne. Finalement, Salado indique comment la lecture des textes de Larbaud, par les ressources qu'elle peut offrir dans le contexte d'hyper-modernité qui est le nôtre, gardent une actualité certaine. Amélie Auzoux, dans sa contribution « Déterritorialisation de la langue. Plurilinguisme et poétique littéraire mondiale chez Valery Larbaud » postule qu'il y a bien une esthétique de la transgression dans son œuvre. Son écriture cosmopolite serait, selon Auzoux, résolument tournée vers l'international, ce qui se reflète dans l'usage du vers libre et du monologue intérieur. Mais c'est surtout en déterritorialisant la langue française, qu'il barbarise et dont il subvertit la correction orthographique, qu'il se moque du « dispositif d'enracinement » de la langue nationale. Ce faisant, l'emprunt ne corrompt cependant pas la langue mais la nourrit, tout en défiant la tradition académique nationale.

Comment l'œuvre de Valery Larbaud peut donc nourrir la littérature et la culture actuelle ? Jan Baetens nous en livre une idée en expliquant comment le concept de la réécriture pourrait servir de modèle dans « Larbaud aujourd'hui et demain : entre réécriture et allusion. » Selon Baetens, chez Larbaud les notions de traduction et d'adaptation commencent à se toucher, voire à échanger certaines de leurs propriétés, créant une idée de liberté fondamentale et incompatible avec la fidélité à la source originale. Il nous montre ensuite comment cet aspect trouve sa continuation chez les larbaldiens modernes et leur goût de la réécriture ce qui permet donc la possibilité de *réinventer* Larbaud. L'exemple exposé est l'ouvrage *Une vie de Pierre Ménard* de Michel Lafon, récompensé par le prix Valery Larbaud en 2009 : L'auteur crée ici un jeu intertextuel avec un texte de Jorge Luis Borges, « Pierre Menard, autor del Quijote », qui, lui aussi, représente un jeu intertextuel avec le *Don Quijote* de Cervantes, en tant que collectivisation de l'écriture. Ainsi, l'œuvre de Michel Lafon devient un palais des glaces où Larbaud, Ménard, Borges, Lafon et bien d'autres s'entremêlent en créant une continuation créative de l'œuvre de Valery Larbaud. Catherine Douzou se demande, finalement, pourquoi notre auteur est si peu étudié, même plutôt sous-estimé et sous-évalué aujourd'hui. Selon sa contribution « Valery Larbaud dans le rétroviseur de 2018. Moderniste, réactionnaire, conservateur ? », l'auteur reste encore un écrivain et un homme de lettres, considéré comme important pour l'avènement en France d'une certaine modernité, caractérisée par la rénovation et l'expérimentation des formes et tons littéraires comme par l'exploration de nouveaux points de vue sur le réel. Cependant, Larbaud n'est pas devenu ce qu'on pourrait appeler une icône de la modernité. Ceci est dû, selon Douzou, au fait qu'il se voyait avant tout comme un être singulier ainsi que profondément individualiste et qu'il ne peut donc difficilement être intégré au sein d'un groupement moderne. De plus, on le perçoit comme traditionnaliste, filial, antimoderne et pourvue d'une énergie nationale en politique et dans les arts. Selon cette forme de réception, Larbaud ne correspond guère aux critères de légitimation d'un écrivain novateur. La pluralité d'approches et de prises de position réunis dans ce volume souligne en fin de comptes, qu'il s'agit là de multiples manières de lecture. C'est précisément cette impossibilité de classification qui rend l'œuvre de notre auteur provocatrice. Et peut-être est-ce justement cette ambivalence entre tradition et transgression qui la rend tellement fructueuse pour une lecture aujourd'hui !

C'est grâce au cofinancement de la « Deutsche Forschungsgemeinschaft » et de la « Gesellschaft von Freunden und Förderern » (association des Amis de l'université Heinrich Heine) que ce colloque a pu voir le jour. Par ailleurs, je tiens à remercier Swantje Odenwald pour son soutien lors de l'organisation du colloque et la rédaction des articles, ainsi que Norbert Thomassen pour l'illustration.

Vera Elisabeth GERLING
Université Heinrich Heine
de Düsseldorf

FIG. 1 – Norbert Thomassen à base d'une photographie de Valery Larbaud, Médiathèque de Vichy.

VALERY LARBAUD :
COSMOPOLITISME À L'ÈRE DE LA GLOBALISATION.
TRADUCTION ET TRANSGRESSION

COSMOPOLITISMES

COSMOPOLITISME

Larbaud aujourd'hui

> Voyageuse ! ô cosmopolite ! à présent
> Désaffectée, rangée, retirée des affaires.
> Un peu en retrait de la voie,
> Vieille et rose au milieu des miracles
> du matin,
> Avec ta marquise inutile
> Tu étends au soleil des collines ton quai vide
> (Ce quai qu'autrefois balayait
> La robe d'air tourbillonnant des grands express)[1].

VALERY LARBAUD FACE À SES RÉSEAUX ET AMITIÉS COSMOPOLITES

L'épigraphe, dans laquelle la mélancolie de la locomotive maintenant destituée de sa fonction rappelle le regard de Walter Benjamin envers la modernité des arcades parisiennes, est emblématique de la phénoménologie du mouvement qui anime le cosmopolitisme de Valery Larbaud. Cette mélancolie est peut-être due à la difficulté de réaliser un mode d'existence cosmopolitique qui ne soit pas exotique dans un monde où le mouvement est capturé par le progrès et la capitalisation des forces vitales. Or, la fameuse formule « Je suis grand patriote cosmopolitique[2] », que Larbaud prête à son personnage dans la *Biographie de Barnabooth,* un texte préparatoire du *Journal intime* supprimé dans

---

1   Valery Larbaud, « L'ancienne gare de Cahors », *Anthologie de la poésie française du* XXe *siècle,* Michel Décaudin (éd.), Paris, Gallimard, 1983, p. 203. Voir aussi Valery Larbaud, *Œuvres.* Paris, Gallimard, 1958, p. 51-52.
2   Valery Larbaud, « Biographie de M. Barnabooth », *Œuvres, op. cit.,* p. 1145.

la publication de 1913, fait déjà ressentir les versants d'un cosmopolitisme qui se détache du dandysme littéraire du début du siècle et qui, en partant d'une culture linguistique décentrée, implique un désir, un savoir et une politique remarquable dans les années 1900-1914, cette période d'avant-guerre inquiétée par les nationalismes et les dualismes pacifistes/nationalistes, gauche/droite etc. La formule ‹ patriote cosmopolitique › révèle le désir d'une articulation qui dépasse les polarités. Tout en se situant dans le lieu singulier et concret, Larbaud prend son essor du cosmos, entendu comme le tout-monde, comme le tout d'une multiplicité qui ne pourrait pas fonder une unité, mais qui rend possible la pensée du singulier dans sa relation au tout. C'est comme ça que Larbaud songe à un « Pays Europe[3] ». La notion de ‹ cosmopolitisme › rapproche Larbaud de Joyce, Ezra Pound, Walt Whitman. Les affinités électives avec ses contemporains anglophones dont il a été le promoteur en France sont bien étudiées, par exemple par Régis Salado, et l'œuvre de traduction et interprétation de la littérature anglophone effectué par Larbaud reste encore aujourd'hui une contribution indispensable aux études anglophones et de traduction[4].

Les allers-retours des renvois entre la littérature anglophone et les lettres françaises sont, nous le savons, très intenses. Ezra Pound formule, par exemple, une conception de cosmopolitisme proche de celle de Larbaud, en partant du poète symboliste français Rémy de Gourmont :

> Si le cosmopolitisme littéraire gagnait encore et qu'il réussît à éteindre ce que les différences de race ont allumé de haine de sang parmi les hommes, j'y verrais un gain pour la civilisation et pour l'humanité entière[5].

Et il continue sa critique de l'amour excessif d'une patrie, qui « a pour immédiat corollaire l'horreur des patries étrangères ». Le poète américain Walt Whitman, pour sa part, formule un concept de cosmopolitisme de manière encore plus prononcée :

> *I see the cities of the earth and make myself at random a part of them. I am a real Parisian.*

---

3   Valery Larbaud, « Journal inédit 1 », *Œuvres complètes* IX, Paris, Gallimard, 1954, p. 304.
4   Il traduit, entre autres, Walt Whitman, Samuel Butler, William Faulkner, Ramón Gómez de la Serna.
5   Ezra Pound, « Rémy de Gourmont », *Investigations*, New York, Boni and Liveright, 1920, p. 178.

« Je vois les villes de la terre et je me fais par hasard part d'elles. Je suis un parisien[6]. »

Nous rencontrons ici une ‹ politique de la littérature › qui est aussi celle de Larbaud lorsqu'il entreprend l'expérience mentale de Barnabooth. Même si Larbaud, dans ce journal ne rejoint pas le degré de révolution linguistique de Joyce, par exemple dans *Finnegans Wake*, et qu'il dissimule son cosmopolitisme sous une façade de modération narrative, les déplacements de la langue, du sujet et du lieu sont mis en scène comme un mouvement essentiel dans son expérience et ses parcours à travers l'Europe. Si l'auteur choisit Barnabooth comme hétéronyme, c'est pour faire lui-même l'expérience de l'autre et d'un ailleurs et le marquer dans son écriture.

Voyons comment cela se réalise dans le texte du *Journal intime*. Ce n'est qu'en apparence que ce journal de Barnabooth correspond aux contraintes du genre. Le diariste se place ici aussi en retrait des autres, séparé de la société et même de ses proches. Il préfère la solitude, les séjours ailleurs, l'inclination à « Ce vice impuni, la lecture[7] ». Comme le prescrit le genre, le personnage du journal observe aussi les comportements des hommes en société, les événements du quotidien. Néanmoins, ce journal intime est décentré à plusieurs niveaux : par le dédoublement du sujet entre l'hétéronyme et ses doubles, et par les emprunts au récit de voyage. Comme l'a proposé Norbert Dodille dans son étude sur le récit de voyage au début du XXe siècle, le récit des mouvements larbaldiens – de Florence à Londres, Oxford, Dresde etc. – n'est plus une biographie. « Cela relève du catalogue des chemins de fer[8] ». Le récit de voyage, en effet, déplace ‹ l'écriture de soi ›, poursuivie dans le genre autobiographique, vers l'altération du sujet due au mouvement et à la rencontre avec l'autre. « Le déplacement devient un élément constitutif de la biographie [...] et la fonde en une certaine vérité[9] ». Contrairement au

---

[6] Walt Whitman, « Years of the Modern », *The Complete Poems*, Londres, Penguin Books, 1975, p. 174.
[7] Il s'agit du titre des études sur la littérature de langue anglaise que Larbaud avait regroupées en 1925 pour *La Phalange* et complétées en 1936 pour Gallimard. Béatrice Mousli a préparé une nouvelle édition revue et complétée de *Pages retrouvées*, Paris, Gallimard (Coll. Blanche), 1998.
[8] Norbert Dodille, « Larbaud et Barnabooth, Barnabooth et Larbaud », Olivier Hambursin (éd.), *Récits du dernier siècle des voyages de Victor Segalen à Nicolas Bouvier*, Paris, Presses Universitaires de Paris Sorbonne, 2005, p. 45.
[9] *Ibid.*, p. 46.

genre du journal intime, le récit ne décrit pas les mouvements intérieurs du sujet, mais l'expérience matérielle du mouvement, du détachement et des transformations du ‹ je ›.

AUTOFICTION ET MOUVANCE
DÉPLACEMENT DU SUJET

À l'intérieur de ce qu'on peut définir comme autofiction[10], les espaces du je dans l'écriture sont une politique de décentrement du sujet et de la langue. Le sujet que ce journal intime met en scène est un sujet migrateur qui par son mouvement s'éloigne de plus en plus des interrogations identitaires et existentielles qui, au début, paraissent être les siennes. Dès le début, le choix de l'hétéronyme et de son histoire fait que le récit n'est pas identifiant, il est plutôt la mise en mot d'un processus dans lequel le statut du sujet est renégocié. Déjà le nom de Barnabooth est un réseau de parcours et rencontres entre différents pays – parcours qui seront les trajectoires de l'écriture larbaldienne :

> Mon nom est Archibaldo Olson Barnabooth, de Campamento ; j'ai vingt-trois ans ; mon revenu annuel est d'environ dix millions huit cent soixante milles livre sterling. Ma famille, originaire de Suède, vint s'établir au commencement du XVIIIe siècle dans la vallée de l'Hudson. Mon père, jeune encore, émigra en Californie, puis à Cuba, enfin dans l'Amérique du Sud où il fit fortune[11].

Le nom incarne le métissage des langues : Archibaldo est l'hispanisation d'un nom germanique, Olson exprime le suédois, Barnabooth est anglophone (à la fois de quelque manière homophone de Larbaud et l'union de Barnes, localité près de Londres, et de Booth, nom d'une chaîne de pharmacie anglaise[12]) ; enfin, de Campamento (campement) est un renvoi à l'Amérique du sud et par ironie à une origine aristocratique feinte.

---

10 Selon Doubrovsky, l'autofiction correspond au récit de faits réels confiés à l'aventure du langage. Serge Doubrovsky, « Autobiographie/Vérité/Psychanalyse », *L'Esprit Créateur*, vol. 20, n°3, 1980, p. 87-97.
11 Valery Larbaud, *Œuvres, op. cit.*, p. 123.
12 Selon les commentateurs de l'édition de la Pléiade. Valery Larbaud, *Œuvres, op. cit.*, p. 1130.

De plus, la situation matérielle du diariste est celle d'un détachement progressif de l'image de soi. L'œuvre de désidentification est bien soulignée par l'énonciation du journal intime qui prête la voix au personnage :

> J'ai lancé un défi en règle au monstre qui garde Andromède, j'ai jeté mon gant à travers le mufle de la Société, qui allait écraser une femme. De là date ma grande réconciliation avec les pauvres : j'épouse une des leurs. Du reste, mon déclassement commencé par la vente de mes biens, ma démission d'homme du monde était incomplète sans cela. Désormais je me dégoûterai moins[13].

On remarque ici la répétition de lexèmes avec le préfixe *dé* (du latin *dis*) qui exprime la cessation d'un état ou d'une action ou bien l'état et l'action inverse. Dans son désir d'épouser une femme pauvre, Barnabooth est conscient de renouveler l'action de Thésée qui libère Andromède du monstre. Au début du XXe siècle, le monstre est la bête de l'injustice sociale. Le processus qui transformera Barnabooth commence par des actions aptes à se débarrasser de croyances imposées par la société ou la morale (ce qu'il exprimera plus tard) et cherche à défaire les asymétries sociales – le soucis social est d'ailleurs présent aussi dans les poèmes qui transforment maintes fois les éléments bucoliques en signes d'injustice sociale, représentée par les paysans qu'il observe dans les campagnes de différents pays européens qu'il parcourt en train (par exemple dans le poème *Centomani*[14] sur le voyage en Lucanie). Cet intérêt pour les autres se met en œuvre par un détachement de son propre lieu et son propre état social et économique. Justement le détachement est le seuil d'une curiosité qui ouvre le sujet à la vie. Le texte développe ce mouvement en plusieurs étapes. Si au début de ses voyages, Barnabooth croît chercher la ‹ vérité › sur lui-même – un moment tout-à-fait canonique dans le *Bildungsroman* et le journal intime – au cours du journal, cette recherche se transforme en l'expérience d'un sujet en péril. L'écriture devient l'espace d'une telle expérience – comme si les mots prenaient peur, dit-il :

> Parfois j'ai vu si loin que les mots n'y allaient plus, refusaient d'y aller, et prenaient peur, comme l'équipage de Colomb. Mais je n'ai pas découvert la Terre Ferme. Je te prêterai mon journal : tu verras la Mer des Sargasses qui m'a barré la route[15].

---

13 *Ibid.*, p. 123.
14 *Ibid.*, p. 45s.
15 *Ibid.*, p. 251.

La mer des Sargasses est un peu ce qu'est pour Michel Serres le passage Nord-West. C'est la frontière extrême du péril. La mer des Sargasses est emblématique pour le processus que l'énonciation met en scène. En effet, contrairement à toutes les autres mers, la mer des Sargasses, découverte par Colomb au milieu de l'océan Atlantique, n'a aucun pays côtier, si l'on excepte la côte des îles des Bermudes, proches de sa frontière ouest. Ici, et dans plusieurs autres passages, Barnabooth souligne l'incertitude[16]. C'est l'état incertain du sujet qui contrairement à Colomb, ne trouve pas une Terre Ferme – d'ailleurs Colomb, en croyant trouver la côte indienne, se trompa. Paradoxalement, la mer, symbole de l'extension et de la liberté, lui barre la route. Il sera en péril, dans les flots, jusqu'à ce qu'il sache « détruire tout ce que l'expérience des autres avait construit en moi : la morale et les idées de nos éducateurs[17] ». Pour continuer son chemin dans les flots, il faut, en effet, se débarrasser des fardeaux culturels de l'origine, et ce ne sera qu'à la fin du parcours que le personnage se sentira libéré du « vieux monde ».

> Et derrière ceci, la fausse hiérarchie du vieux monde, ses petits plaisirs sans variété et sans périls, [...] vieux monde, nous nous quittons brouillés. Et je me sens même si bien <u>dé</u>pris de tout ce qu'on fait ici que je pourrais y rester, s'il ne me fallait pas, pour mes jeux à moi, des andes et des pampas. Vieux monde, oublie-moi comme je t'oublie déjà. Voici que je me déshabitue de penser en français [...]. Un à un se réacclimatent dans mon esprit ces mots castillans qui rappellent tant de souvenirs, les plus obscurs et les plus chers, de tous les confins de ma vie[18]...

Le « vieux monde » n'est pas seulement la vieille Europe en opposition au nouveau monde américain, mais c'est surtout le vieil ordre social, la « laide existence » de « valetaille et patron[19] ». Le nouveau monde est aussi « cet autre lieu » qui dans le poème que Larbaud choisit comme épilogue à Barnabooth est représenté par le fleuve Mersey en Nouvelle-Écosse, une des provinces canadiennes :

> Je reverrai cet autre lieu, <u>d'eaux neuves</u>
> Où la Mersey, enfin lavée des villes,
> Immense, <u>lentement</u>, <u>rang sur rang</u>, <u>flot par flot</u>

---

16 *Ibid.*, p. 253.
17 *Ibid.*, p. 251.
18 *Ibid.*, p. 303s.
19 *Ibid.*, p. 303.

Se vide dans le ciel, et où
Première et dernière voix d'Europe, au seuil des mers,
Sur son berceau de bois, dans sa cage de fer,
Une cloche depuis quarante ans parle seule[20].

On trouve ici la fin du processus de détachement du lieu d'origine et sa transformation en espace ouvert.

DÉPLACEMENT ET TRANSFORMATION DU LIEU

L'élément fluide installe cet autre lieu dans la « mondialisation », à savoir, dans un état qui implique la disparition des frontières et des souverainetés en faveur des migrations, des délocalisations, de la circulation des personnes – circulation aussi des biens, des capitaux, des finances. Cette modalité que Deleuze et Guattari appellent nomadisation et qui est celle du dernier Barnabooth, nous permet de nous détacher de plus en plus de nos racines, de nous « déterritorialiser[21] ». C'est une ouverture aux flux du monde entier, contre la clôture et la « reterritorialisation » que Deleuze et Guattari, dans *L'Anti-Œdipe*, voient effectuée par les codes sociaux et la psychanalyse. « C'est toujours avec des mondes que nous faisons l'amour[22] » disent Deleuze et Guattari repoussant l'enfermement dans la différence binaire de la patrie, de la famille et des sexes. Dans le poème épilogue cité plus haut, Larbaud accentue la durée et l'étendue du processus de mondialisation, passage par passage, « rang sur rang ». « Première et dernière voix d'Europe, au seuil des mers » : le texte souligne également la transformation du lieu en un espace qui, au seuil du fluide, n'est plus un territoire localisé ou localisable, et c'est par cela que ce lieu développe une autre voix.

---

20 *Ibid.*, p. 306.
21 Le capitalisme, la mondialisation apparaissent bien en effet comme une espèce de « décodage » généralisé des « flux » (plus rien ne doit s'opposer à la circulation des flux et à leur libre propagation) : frontières, douanes, lois ou coutumes locales faisant très vite figure, dans un monde capitaliste, d'archaïsmes ayant pour destin d'être supprimés ou folklorisés.
22 Gilles Deleuze et Félix Guattari, *L'anti-Œdipe*, Paris, Éditions de Minuit, 1972-1973, p. 349.

Ce processus transforme le lieu en un autre espace, l'espace intensif, affectif, mental, temporel[23]. Et on a vu que c'est bien la phénoménologie du mouvement qui pousse le sujet au-delà du lieu, dans la mobilité de l'espace[24] qui transforme le lieu et le multiplie, le laisse se croiser avec l'élément fluide.

Or, c'est aussi un nouveau concept de monde entendu comme relation qui est latent dans le journal. Le réflexions de Barnabooth sur sa déclaration d'amour mettent en évidence le début d'un chemin qui abandonne l'individualisme, l'être « sans cesse sur mes gardes[25] » pour s'ouvrir au monde : « ma vie s'était accrue d'une autre vie [...]. Un autre monde ajouté au mien, avec cet être d'une autre race et d'une autre caste qui se donne à moi pour être nourri, protégé, aimé[26] ». Dans cette formule qui est à la fois pathétique et ironique, émerge ce que Larbaud élaborera dans son essai de 1918 sur Walt Whitman. C'est la création d'un moi (*myself*) qui contient en soi la communauté démocratique : « Ce moi délivré de l'égoïsme au sens étroit du mot [...] un moi qui vit en contact avec les autres 'moi', vit 'en masse'[27] ».

« JE SUIS HOMME DE TEMPS NOUVEAUX[28] »

La condition de l'état que Barnabooth, pendant ses parcours, décrit avec cette formule se réalise à la fin du *Journal intime* comme perte d'amour propre et ouverture vers les autres :

---

23 Dans son second commentaire sur Bergson, Deleuze montre les forces qui traversent l'intervalle, entendu comme un milieu entre deux corps, ou plutôt ce qui occupe cet intervalle, à savoir le fluide qui transmet à distance l'action d'un corps sur l'autre ou d'une entité sur l'autre. Gilles Deleuze, *L'image mouvement*, Paris, Gallimard, 1983.
24 Pendant de longues promenades à Pétersbourg, « Jamais on ne va au pas : on laisse le monde derrière soi ; on est emporté par deux bêtes sauvages. La ville s'élargit et s'étend dans toutes les directions, et semble se multiplier ; et la rivière la rejoint, la dépasse, l'entoure, la traverse, à l'infini ». Valery Larbaud, *Œuvres, op. cit.*, p. 274.
25 *Ibid.*, p. 251.
26 *Ibid.*, p. 124.
27 Whitman, cité d'après Régis Salado, « Profils et Périls de l'admiration : Valery Larbaud face à Whitman », *Cahiers Valery Larbaud*, n° 45 (*Valery Larbaud écrivain critique*), 2009, p. 75-103.
28 Valery Larbaud, « Biographie de M. Barnabooth », *op. cit.*, p. 273.

Tout seul, et paré des chaînes de mon amour, je fais face à l'inconnu. Cette fois je me suis donné, et pour ne plus me reprendre. Cela du moins est réel, et tant mieux si j'y perds ce triste amour de moi dont j'ai tant souffert[29].

À la suite de ce passage, le je de l'énonciation refuse le personnage et l'auteur de Barnabooth : « En publiant ce livre, je m'en débarrasse. Le jour où il paraîtra, sera le jour où je cesserai d'être auteur. Et je le renie tout entier : il s'achève et je commence[30] ». Face à l'ambigüité de l'hétéronyme, l'impossibilité de saisie du sujet due aux jeux entre les instances de l'énonciation et du sujet énonciateur[31], cette mise à distance de Barnabooth personnage et auteur est au moins ambiguë. D'abord parce qu'il y a deux Barnabooth, de 1908 et de 1913. Contrairement à la dimension ubuesque du premier et de sa biographie, celui du journal intime a perdu le dandysme diabolique qui représentait l'artiste du XIXe siècle, depuis Gautier et Baudelaire. Le Barnabooth du journal intime se rapproche d'un nouveau type d'écrivain : le refus du premier Barnabooth est un refus de la négativité du poète qui, dans la version de 1908, a su, comme Baudelaire, analyser le lieu où s'enferme la poésie, par exemple la liaison paradoxale entre économie et littérature[32]. La négativité s'exprime surtout dans les poésies de Barnabooth, précisément dans la partie des Borborygmes que Larbaud supprime en partie dans la publication de 1913. Il s'agit de poèmes excentriques, de méandres et de parcours, où l'intertextualité se présente comme l'action de digestion de lectures, et il faut entendre ici digérer matériellement, comme le signale le poème qui ouvre le recueil : « Borborygmes ! borborygmes !... / Grognements sourds de l'estomac et des entrailles[33] ». Jacques Jouet, membre du

---

29 *Ibid.*, p. 302.
30 *Ibid.*, p. 303. André Gide écrit : « Amusants, ces poèmes de Valéry Larbaud, écrit-il dans son journal en 1908, à propos du premier Barnabooth. En les lisant, je comprends que, dans mes Nourritures, j'aurais dû être plus cynique », André Gide, *Journal 1889-1939*, Paris Gallimard (Bibliothèque de la Pléiade), 1948, p. 269.
31 Mará Isabel Corbí Sáez a bien saisi ces jeux dans son livre *Valery Larbaud et l'aventure de l'écriture*. Alicante, Presses universitaires d'Alicante, 2006 / Paris, L'Harmattan, 2010.
32 Même si Larbaud continue à être impliqué dans les échanges entre monde économique et monde intellectuel, le scepticisme par rapport à la liaison entre poésie et commerce est remarquable. Il résonne, par exemple, dans la phrase : « Oui, la propriété est poésie. L'Idéal c'est l'Argent ! Tout propriétaire est poète ; ou, s'il n'est poète, il est poésie ». Valery Larbaud, *Œuvres, op. cit.*, p. 1149.
33 Valery Larbaud, « Prologue », *Borborygmes, Œuvres, op. cit.*, p. 43-45. Pour saisir la teneur satirique et la subversion scatologique du prologue, il faut renvoyer au narrateur de Bouvard et Pécuchet de Flaubert : « Le gargouillements que l'on entendait dans le ventre

groupe Oulipo, désigne clairement l'appartenance de *Borborygmes* à la transgression de la modernité :

> Valery Larbaud poète voudrait commencer par du bruit : la géminée « borbor » qui introduit le mot *borborygme*, de la même façon que « barbar » introduit *barbarisme*. *Les poésies de A. O. Barnabooth* s'ouvrent sur « Les borborygmes », lesquels s'ouvrent sur un « Prologue », lequel s'ouvre sur le vers redoublant : Borborygmes ! borborygmes ! Contre les mots peignés de la grande langue, Baudelaire avait avancé « joujou », Rimbaud « pioupiou » et « froufrou » et autres. Dada aura « dada ». C'est là l'art nègre dans la langue[34].

En détruisant les mythes occidentaux, la négativité du poète continue à être exotisante, eurocentrique. Or, le second Barnabooth et Larbaud s'éloignent de cette position. Le refus du second Barnabooth, est affirmatif par rapport à la vie. La mise en scène du retour au pays natal américain, décentré, souligne le déplacement vers le « tout-monde[35] ». Le parcours de Barnabooth/Larbaud est la mise en sens d'un projet que nous appelons cosmopolitique, latent dans les poèmes, manifeste dans la pratique des langues et dans les traductions de Larbaud.

Le métissage linguistique qui caractérisera la poésie de Barnabooth transforme le cosmopolitisme littéraire du XIXe siècle. Si ce dernier exhibait l'étrangeté comme effet d'exotisme, sans la vivre, chez Larbaud – comme chez Joyce – le métissage linguistique produit une ‹ contamination › avec l'autre refusant à la fois l'originalité de chaque langue maternelle. Déjà le nom Barnabooth, on l'a vu, exprime un fantasme fusionnel qui est d'ailleurs récurant à travers la figure persistante du flot. Flot de langues, de noms, de villes. C'est un fluer qui produit la dérive irréversible de toute origine et de toute identité. Les « choses créées » par le métissage linguistique sont fluides. Les correspondances et les « échos profonds » qui se « répondent » et que Charles Baudelaire avait situé

---

de la vache provoquèrent des borborygmes au fond des entrailles. Elle émit un vent. Pécuchet dit alors : – C'est une porte ouverte à l'espérance, un débouché, peut-être ». Gustave Flaubert, *Bouvard et Pécuchet*, Paris, Éd. Conard, 1910, p. 253.

34 Jacques Jouet, « Valery Larbaud », *Europe*, 73e année, n°798, octobre 1995, p. 132.

35 Tandis qu'Aimé Césaire, qui publiera son *Cahier d'un retour au pays natal* en 1939, met en scène un regard qui dénonce l'effet épouvantable du pouvoir des colonisateurs, ce ne sera qu'Édouard Glissant qui dans son dernier essai poétique *Tout-Monde* formule un cosmopolitisme conçu comme relation archipélique du monde au monde entier. Édouard Glissant, *Tout-Monde*, Paris, Gallimard, 1997. C'est une notion de cosmopolitisme déjà préfigurée par Larbaud.

dans le sonnet « Correspondances » au niveau de l'*aisthésis*, représentent chez Larbaud l'expérience réelle et concrète de la fluidité du monde. En d'autres termes : dans le texte de Larbaud, cette expérience n'est pas due à l'imagination sensible du poète, mais elle fait partie d'une ontologie, d'un être-dans-le monde, où les entités son continuellement rapportées les unes aux autres.

Le *switching* entre les langues est un phantasme fusionnel, un désir de cohabitation entre les langues, comme le montre un exemple effréné de fusions de langues, à savoir, le poème qu'il écrivit en 1934 dans un billet de Noël à ses amis[36]. Le poème est pour ainsi dire illisible, le *code switching* produit une pure sonorité et, au niveau sémantique, une extrême mobilité. Or, l'hybridation linguistique est la mise en scène d'une créativité dont le moteur est la dislocation des frontières linguistiques, comme Larbaud le disait en commentant les travaux des linguistes sur la reconstitution de l'indoeuropéen vue avec le sentiment exaltant d'entrevoir quelque chose comme les secrets de Babel. Le naturalisme de la langue maternelle est renié et le transfert linguistique s'impose comme habituel, familier. La position de Larbaud s'approche de celle de Derrida dans *Le monolinguisme de l'autre* (1996). Derrida démasque l'aporie de la langue maternelle qui, pour lui, en tant qu'hébreu français, né en Algérie est toujours la langue de l'autre. L'expérience de Derrida montre l'insituable dans l'usage des langues. Si la langue maternelle est bien irremplaçable, il faut néanmoins (essayer de) la remplacer, c'est-à-dire d'en relativiser le statut. Car le monolinguisme c'est le fantasme du totalitarisme. L'écriture, par contre, est la promesse d'une autre langue, dit Gilles Deleuze dans *Critique et Clinique*[37]. Selon Khatibi, l'être dans

---

36 « *Chansons, vos poguetz ir por tot lo mon...* / Un año mas und iam eccoti mit uns again / Pauvre et petit on the graves dos / nossos amados édredon / E pure piously tapandolos in their sleep / Dal pallio glorios das virgens und infants. / With the mind's eye ti seguo sobre Ievropa estesa, / On the vast Northern pianure dormida, nitida nix, / Oder on lone Karpathian slopes donde, zapada, / Nigrorum brazilor albo di sposa velo bist du. / Doch in loco nullo more te colunt els meus pensaments / Quam un Esquilino Monte, ave della nostra Roma / Corona de plata eres, / Dum alta iaces on the fields so dass kein Weg se ve, / Y el alma, d'ici détachée, su camin finds no cêo. » Valery Larbaud, « Vœux de Noël » (éd. Clotilde Izzo Galluppo), *Revue d'Esthétique*, n° 32, 1-2, 1979.
37 « Le problème d'écrire : L'écrivain, comme dit Proust, invente dans la langue une nouvelle langue, une langue étrangère en quelque sorte. Il met à jour de nouvelles puissances grammaticales ou syntaxiques. Il entraîne la langue hors de ses sillons coutumiers, il la fait délirer. Mais aussi le problème d'écrire ne se sépare pas d'un problème de voir et d'entendre, en effet, quand une autre langue se crée dans la langue, c'est le langage tout

les langues, ouvre à l'écoute de l'autre, « dans une pensée autre qui parle en langues, se mettant à l'écoute de toute parole – d'où qu'elle vienne[38] ». Le fait de penser entre les langues est une technique de mondialisation[39] qui est soutenue par la corporalité sensible du sujet, moment central dans son œuvre *Amour Bilingue*[40].

On voit la portée d'un cosmopolitisme qui, déjà chez Larbaud, est basé sur le plurilinguisme et le déplacement. Penser le cosmopolitisme signifie donc, aujourd'hui et pour Larbaud, « dé-limiter », à savoir, effacer les limites de l'assignation de la culture à son origine ou à sa mémoire continentale[41] et déconstruire ainsi son propre universalisme. Et ici encore nous reconnaissons la portée de l'intérêt de Larbaud pour la culture latino-américaine. Bien en avance sur son temps, il trouvera dans la littérature latino-américaine une continuité ex-centrique de la culture européenne : il est le premier français à parler de Jorge Luis Borges ou d'Oswaldo de Andrade, alors que les deux étaient encore peu connus en Europe. Larbaud est le découvreur français d'auteurs anglophones, on l'a vu déjà, et espagnols hétérodoxes, tel que Ramón Gómez de la Serna, ou italiens, tels qu'Italo Svevo. Larbaud est un des premiers français attentifs à la marge, à savoir attentif aux écrivains marginalisés, exilés, et un des premiers à établir des rapports avec le Portugal où il se rend en 1926. La marge est de plus la position épistémologique qui anima la relation de Larbaud à l'Amérique Latine et l'inspire comme créateur (de *Fermina Marquez*) et comme traducteur (de *Don Segundo Sombra* de Ricardo Güiraldes) démontrant la force performative de son nouveau cosmopolitisme ‹ critique › ou ‹ alternatif › :

---

entier qui tend vers une limite „asyntaxique", „agrammaticale", ou qui communique avec son propre dehors. La limite n'est pas en dehors du langage, elle en est le dehors : elle est faite de visions et d'auditions non-langagières, mais que seul le langage rend possible. […] C'est à travers les mots, entre les mots, qu'on voit et qu'on entend. […] C'est le délire qui les invente, comme processus entraînant les mots d'un bout à l'autre de l'univers. Ce sont des événements à la frontière du langage […] La littérature est une santé. » Gilles Deleuze, *Critique et Clinique*, Paris, Éditions du Seuil, 1993, p. 9.

38   Abdelkebir Khatibi, *Maghreb Pluriel*, Paris, Denoël, 1983, p. 63. Kathibi accentue le fait que « le lieu de notre parole et de notre discours est un lieu duel par notre *Situation bilingue* ». *Ibid.*, p. 47.
39   Jean-Luc Nancy, *La création du monde ou la mondialisation*, Paris, Galilée, 2002.
40   Abdelkebir Khatibi, *Maghreb Pluriel*, *op. cit.*, p. 47.
41   Je suis le raisonnement de Derrida par rapport à l'assignation de la philosophie à son origine ou à sa mémoire gréco-européenne. Il s'agit de l'axe du discours de Kant, mentionné auparavant, qui est devenu le discours de la modernité européenne. Jacques Derrida, *Le droit à la philosophie du point de vue cosmopolite*, Paris, Verdier, 1997, p. 29-30.

Dans la marge, Larbaud reconnait le travail de l'écriture et de la transposition des langues. La rencontre entre des pays non-européens et le français déplace la langue et la culture et les transforme par le contact avec d'autres ressources culturelles. Par les affects inscrits dans le corps de l'écriture, l'appel du visage de l'autre[42] s'impose autant que la violence de la conquête est mise à nu (par ex. dans le poème *La mort de Atahualpa*[43]). L'écriture devient mouvance et transformation, selon les rythmes d'autres existences. Bien extraordinaire est l'objurgation que Larbaud dirige à la réception exotisante de la littérature latino-américaine en France : « On ne dicte pas à l'écrivain de là-bas ce qu'il doit écrire pour plaire à son lecteur européen » affirme Larbaud en se référant au goût du folklore (gaucho) ou du spectacle de nature des paysages andins ou bien des « verdoyantes perspectives d'avenues caressées par des rafales de vent tiède à México et Buenos Aires[44] ».

Larbaud critique ici la vision exotique qui va d'Antonin Artaud à Roger Caillois, lequel après la seconde guerre mondiale publie la première collection latino-américaine chez Gallimard avec le titre *La Croix du Sud* – une lecture eurocentrique qui dure jusqu'à nos jours sous l'insigne du réalisme magique. Le « cosmopolitisme littéraire » de Larbaud a déjà le rang des visions critiques contre l'universalisme de la « littérature mondiale ». Avec Larbaud, la littérature française est désormais orientée vers les diversités[45]. Ici, le « cosmopolitisme » peut gagner un autre sens et devenir la trace du trait d'union entre les cités (*cum polis*).

---

42 Emmanuel Levinas, *Éthique et Infini* (entretiens de février-mars 1981), VII, Paris, Fayard, 1982, p. 79-80.
43 *Cf.* Vera Elisabeth Gerling, « La traduction comme modèle de la transgression du texte, du sujet et de l'identité chez Valery Larbaud », *Cahiers Valery Larbaud*, n° 53, 2017, p. 129-146.
44 Valery Larbaud, « La influencia francesa en las literaturas de lengua castellana », *El nuevo Mercurio*, avril 1907, p. 12.
45 « Il me faut insister pour finir sur la diversité des littératures en français, aujourd'hui comme hier, et sur nos manières nombreuses de les mettre en valeur ». Antoine Compagnon, *La littérature, pour quoi faire ? Leçon inaugurale au Collège de France (2006)* Paris, Collège de France, « Leçons inaugurales du Collège de France », n° 188, 2013, p. 88.

COSMOPOLITIQUE – COSMOPOLITISME AU XXIe SIÈCLE

L'origine de la notion de cosmopolitisme est liée à la décadence de la civilisation classique grecque qui voyait dans la *polis* le centre du monde introduisant une différence essentielle entre culture et barbarisme – on a vu comment le premier Barnabooth ironise sur ce concept. À la suite d'Alexandre la décadence de la *polis* fut l'origine d'une anthropologie incluante formulée comme *oikoumene*. Tous les hommes sont *cosmopolitai*, c'est-à-dire, citoyens du cosmos, indépendamment du pays d'origine – c'est ce que Mircea Eliade montre dans son *Traité d'histoire des Religions. Morphologie du sacré*, paru en 1949[46]. Paradoxalement, la clôture de ce concept s'effectue surtout au seuil des lumières, accompagnées par un impérialisme naissant. Ensuite, au XIXe siècle, le cosmopolitisme se renferma sur lui-même. Le monde se transforma dans la projection du propre, du semblable à soi-même. Ce cosmopolitisme ‹ excluant › est à la base du *grand tour* de l'époque moderne et qui au XIXe siècle, est un effet de l'impérialisme et des privilèges financiers, sociaux, culturels[47]. Au début du XXe siècle, chez les contemporains de Larbaud, ce cosmopolitisme perd sa dignité lexicale, son usage entrant dans le discours fascinant des années d'entre-deux-guerres.

Jacques Derrida et Isabel Stengers ont bien montré le caractère excluant du cosmopolitisme du XVIIIe siècle, entendu comme universalisme totalisant. En partant du texte de Kant « Idee zu einer allgemeinen Geschichte in weltbürgerlicher Absicht (1784)[48] », Derrida montre que la solution de Kant au cosmopolitisme procède de l'imagination eurocentrique d'une Europe unie basée sur l'idée d'une seule origine gréco-romaine, qui « vraisemblablement donnera un jour des lois à toutes les autres[49] ». Or, comme Eliade pour les religions, et en vue d'une mondialisation croissante, Derrida contredit Kant et souligne qu'à son origine, la philosophie est fondée sur le débordement des langues

---

46 Mircea Eliade, *Traité d'histoire des Religions. Morphologie du sacré*, Préface de Georges Dumézil, Paris, Payot, 1949.
47 Edward Said, *Orientalism*, London, Routledge and Kegan Paul, 1978.
48 « Idée [en vue] d'une histoire universelle au point de vue cosmopolitique », *ibid.*, p. 12.
49 *Ibid.*, p. 22.

« originaires[50] ». Contrairement à la tendance unificatrice de Kant liée à la langue unique ou au lieu d'un seul peuple [...], la philosophie, insiste Derrida, « a toujours été bâtarde, hybride, greffée, multilinéaire, polyglotte et il nous faut ajuster notre pratique de l'histoire et de la philosophie à cette réalité qui fut aussi une chance et qui reste plus que jamais une chance[51] ». Isabelle Stengers, de sa part, transforme le concept de cosmopolitisme en « cosmopolitique ». Cosmopolitisme est plutôt lié à la « paix universelle » que Kant voit dans les promesses occidentales d'une unification de tous les peuples dans la perspective de certaines lois universelles, basée sur le commerce, qui, selon Stengers et non sans raison, ont camouflé « le prix dont d'autres ont payé cette autodéfinition[52] ». Cosmopolitique est, par contre, un espace qui ne relève ni de la tolérance, ni d'un scepticisme, dit Stengers dans le préambule[53]. Cosmopolitique c'est plutôt une inconnue qui « a pour enjeu de faire résonner les obligations de cette pratique, de l'empêcher de sombrer dans la norme des rapports d'équivalence[54] ». Cosmopolitique est un refus de chaque holisme, des analogies et de la capture unilatérale du monde[55].

Or, dans plusieurs approches contemporaines, les notions-miracles telles que celles d'universalisme ou de paix universelle, ne font plus recette. La notion de cosmopolitisme regagne un intérêt dès que, contrairement au dandysme exotisant du XIXe siècle, elle est reformulée sur la base des flux migratoires de la mondialisation. À l'intersection des diverses approches, on trouve des points en commun : *Polis* et *cosmos* signifient les rapports, les liens, les relations entre l'*oikos* singulier et le monde. La notion de « vivre-ensemble » c'est un trait commun au concept de « tout-monde » d'Édouard Glissant et de *Singulier-Pluriel*[56] de Jean-Luc Nancy, une relation qui crée la mondialisation avec des gestes matériels et singuliers[57]. C'est en abandonnant l'universalisme et en se situant dans le

---

50 *Ibid.*, p. 37.
51 *Ibid.*, p. 33.
52 Isabelle Stengers, *Cosmopolitiques*, T. 1, *La guerre des sciences*, Paris, La Découverte, 1997, p. 133.
53 *Ibid.*, p. 8.
54 *Ibid.*, p. 138.
55 *Ibid.*, p. 112.
56 Jean-Luc Nancy, Être *Singulier Pluriel*, Paris, Galilée, 1996.
57 Jean-Luc Nancy, *La création du monde ou la mondialisation*, *op. cit.*, p. 58. D'autres concepts ne surpassent pas totalement la polarité entre le premier monde et le monde colonialisé, ainsi le « cosmopolitanisme critique » de Walter Mignolo qui est un concept excluant, car exclusivement localisé en la culture postcoloniale de l'Amérique Latine. Voir Walter

particulier, c'est-à-dire, dans sa propre situation d'Antillais, qu'Édouard Glissant, dans son dernier essai poétique *Tout-Monde*, découvre sa propre existence enracinée dans le « monde archipel » qui est à la fois insulaire et liée au monde, selon une ontologie de la relation. Glissant montre la productivité du déplacement que Larbaud avait préparé. L'ontologie de l'« Être-racine », qui cherche à se confirmer comme « Être[58] » est substitué par l'ontologie de l'« étant » comme relation, comme imagination des figures émergeantes, des mouvements errants tels que des rhizomes[59].

Une approche anglophone, à savoir le « cosmopolitisme vernaculaire ou marginal » d'Homi Bhabha, consiste en la réévaluation de la marge qu'on a déjà observée dans l'attitude de Larbaud et des approches maghrébines au plurilinguisme. Bhabha propose la marge comme point de départ pour remettre en cause la supposée unité et la hiérarchie implicite dans la polarité centre/périphérie. Cette approche pluri-linguiste et planétaire propose un cosmopolitisme qui est à la fois enraciné, dans le sens de situé écologiquement[60] dans des géographies multiples et à la fois mouvantes (*rooted* et *routed*), liées donc aux expériences d'exil et d'errance qui, d'après Julia Kristeva[61] et Roland Barthes[62] sont le

---

Mignolo, *Local histories / global designs : Coloniality, subaltern knowledges, and border thinking*, Princeton, N.J., Princeton University Press, 2000.

58   Édouard Glissant, *Tout-Monde*, Paris, Gallimard, 1997, p. 114. Les suggestions de ce texte sont nombreuses. À partir de la critique heideggérienne de la métaphysique de l'Être, Glissant prend position par rapport aux rhétoriques traditionnelles qui « pourraient être envisagées comme le splendide effort de l'Être-racine pour se confirmer comme Être ». *Cf.* Vittoria Borsò, « Enseigner le goût de la littérature française » – « "Recruter" les jeunes sous son égide. Réflexions sur la place de la littérature française dans l'enseignement », Ursula Bähler et Thomas Klinkert (éd.), *À quoi bon l'enseignement de la littérature ?*, Paris : Honoré Champion Éditeur, 2016, p. 191-206. *Cf.* aussi Romuald Fonkoua, « Édouard Glissant : poétique et littérature. Essai sur un art poétique », *Littérature* « Édouard Glissant, la pensée du détour », n° 174, 2014, p. 5-17.

59   Édouard Glissant, *Tout-Monde, op. cit.*, p. 81.

60   *Cf.* Isabelle Stengers, « Introductory Notes on an Ecology of Practices », *Cultural Studies Review*, vol. 11, n° 1, 2005, p. 183-196 ; Brian Massumi et Erin Manning, *Thought in the Act : Passages in the Ecology of Experience*, Minneapolis, University of Minnesota, Press, 2014 ; Bruno Latour, *Face à Gaïa – Huit conférences sur le nouveau régime climatique. Gifford Lectures*, Paris, La Découverte, 2015.

61   L'errance est un mode d'existence du « cosmopolite de l'intérieur ». Julia Kristeva, *Étrangers à nous-mêmes*, Paris, Gallimard [Folio/Essais], 1998, p. 167. L'errance est un mouvement continuel, son espace est fluctuant dans un « entre-deux ». *Cf.* aussi : Kristeva, Julia, *Je me voyage. Mémoires. Entretiens avec Samuel Dock*, Paris, Fayard, 2016.

62   Roland Barthes, *Fragments d'un discours amoureux*, Paris, Seuil, 1977. Daniel Madelénat définit ce mode d'existence : « ambiance mentale discontinuiste plus sensible aux basculements

fondement du ‹ je › migratoire. Ici, encore, on reconnait l'étendue du concept de cosmopolitisme mis en scène par Valery Larbaud. Car, dans le cosmopolitisme vernaculaire ou marginal, les littératures et cultures indigènes jouent un rôle tout-à-fait fondamental. Et il faut signaler qu'une attention particulière a été portée envers Valery Larbaud par les poètes de la *Revue indigène haïtienne*[63]. La notion de cosmopolitisme larbaldien dans lequel les cultures latino-américaines[64] et caraïbes jouaient un rôle important, fut déterminante pour le développement des idées de la revue qui, d'ailleurs, selon le « patriotisme cosmopolite », était le produit d'un moment précis de l'histoire haïtienne où la conscience planétaire n'était pas incompatible avec l'allégeance nationale[65]. Et pour ce qui concerne la fonction de la marge, il faut encore souligner que c'est à la marge de l'Europe que Larbaud a aimé s'installer : au Portugal et en Angleterre.

Si les poètes maudits du XIXe siècle avaient refusé le concept de patrie, en disant que la patrie ne se trouve nulle part et que cette acception du cosmopolitisme a conduit aujourd'hui au non-lieu du capitalisme représenté d'après Marc Augé par les aéroports, les malls etc.[66], le cosmopolitisme qui correspond aux positions aujourd'hui les plus urgentes, est le cosmopolitisme « tout-monde ». C'est un cosmopolitisme incluant qui interprète l'*oikos* particulier en partant de sa relation à la pluralité des mondes. C'est le cosmopolitisme vers lequel s'est dirigé Valery Larbaud.

Vittoria Borsò
Université Heinrich Heine
de Düsseldorf

---

imprévisibles ». *Cf.* Daniel Madelénat, « Le tournant dans la biographie », *Le Tournant d'une vie*, *RITM*, n° 10 (colloque de 1994 dirigé par Philippe Lejeune et Claude Leroy), 1995, p. 74.

63   *Cf.* Chelsea Stieber, « The vocation of the indigènes. Cosmopolitanism and cultural nationalism in *La Revue indigène* », *Francosphères*, vol. 4, n° 1, 2015, p. 7-19, p. 12-13.

64   L'atmosphère du Collège Sainte-Barbe-des-Champs que Larbaud décrit dans son roman autobiographique *Fermina Marquez*, due aussi à la présence de plusieurs étudiants latino-américains, est « plus cosmopolite qu'une exposition universelle », Valery Larbaud, *Œuvres*, *op. cit.*, p. 310.

65   *Cf.* Chelsea Stieber, « The vocation of the indigènes », *op. cit.*, p. 12-13.

66   « Non-lieux » sont les espaces qui ne sont pas anthropologiques, à savoir, ne peuvent pas être définis ni comme identitaires, ni comme relationnels ou historiques. Marc Augé, *Non-lieux, introduction à une anthropologie de la surmodernité*, Paris, Seuil, 199, p. 100.

BIBLIOGRAPHIE

AUGÉ, Marc, *Non-lieux, introduction à une anthropologie de la surmodernité*, Paris, Seuil, 1992.
BARTHES, Roland, *Fragments d'un discours amoureux*, Paris, Seuil, 1977.
BORSÒ, Vittoria, « Enseigner le goût de la littérature française. 'Recruter' les jeunes sous son égide. Réflexions sur la place de la littérature française dans l'enseignement », Ursula Bähler et Thomas Klinkert (éd.), *À quoi bon l'enseignement de la littérature ?*, Paris : Honoré Champion Éditeur, 2016, p. 191-206.
CORBÍ SÁEZ, María Isabel, *Valery Larbaud et l'aventure de l'écriture*. Paris, L'Harmattan, 2010 [¹Alicante, Presses universitaires d'Alicante, 2006].
COMPAGNON, Antoine, *La littérature, pour quoi faire ? Leçon inaugurale au Collège de France (2006)* Paris, Collège de France, « Leçons inaugurales du Collège de France », n° 188, 2013.
DÉCAUDIN, Michel, *Anthologie de la poésie française du XXᵉ siècle*, Paris, Gallimard, 1983.
DELEUZE, Gilles, *L'image mouvement*, Paris, Gallimard, 1983.
DELEUZE, Gilles, *Critique et Clinique*, Paris, Seuil, 1993.
DELEUZE, Gilles et GUATTARI, Félix, *L'anti-Œdipe*, Paris, Minuit, 1972-1973.
DERRIDA, Jacques, *Le monolinguisme de l'autre*, Paris, Galilée, 1996.
DERRIDA, Jacques, *Le droit à la philosophie du point de vue cosmopolite*, Paris, Verdier, 1997.
DODILLE, Norbert, « Larbaud et Barnabooth, Barnabooth et Larbaud », *Récits du dernier siècle des voyages de Victor Segalen à Nicolas Bouvier*. Paris, Presses Universitaires de Paris Sorbonne, 2005, p. 45-61.
DOUBROVSKY, Serge, 1980, « Autobiographie/Vérité/Psychanalyse », *L'Esprit Créateur*, vol. 20, n° 3, p. 87-97.
ELIADE, Mircea, *Traité d'histoire des Religions. Morphologie du sacré*, Préface de Georges Dumézil, Paris, Payot, 1949.
FLAUBERT, Gustave, *Bouvard et Pécuchet*, Paris, Conard, 1910.
FONKOUA, Romuald, « Édouard Glissant : poétique et littérature. Essai sur un art poétique », *Littérature*, n° 174 (*Édouard Glissant, la pensée du détour*), 2014, p. 5-17.
GIDE, André, *Journal 1889-1939*, Paris, Gallimard (Bibliothèque de la Pléiade), 1948.
GERLING, Vera Elisabeth, « La traduction comme modèle de la transgression du texte, du sujet et de l'identité chez Valery Larbaud », *Cahiers Valery Larbaud*, n° 53, 2017, p. 129-146.
GLISSANT, Édouard, *Tout-Monde*, Paris, Gallimard, 1997.

Jouet, Jacques, « Valery Larbaud », *Europe*, 73ᵉ année, n° 798, octobre, 1995.
Khatibi, Abdelkebir, *Maghreb Pluriel*, Paris, Denoel, 1993.
Kristeva, Julia, *Étrangers à nous-mêmes*, Paris, Gallimard [Folio/Essais], 1998.
Kristeva, Julia, *Je me voyage. Mémoires*. Entretiens avec Samuel Dock, Paris, Fayard, 2016.
Larbaud, Valery, « La infuencia francesa en las literaturas de lengua castellana », *El nuevo Mercurio*, avril 1907.
Larbaud, Valery, « Journal inédit 1 », *Œuvres complètes IX*, Paris, Gallimard, 1954.
Larbaud, Valery, *Œuvres*, Paris, Gallimard (Bibliothèque de la Pléiade), 1958.
Larbaud, Valery, « Vœux de Noël » (éd. Clotilde Izzo Galluppo), *Revue d'Esthétique*, n° 32, 1-2, 1979.
Larbaud, Valery, *Pages retrouvées* (éd. Béatrice Mousli), Paris, Gallimard (Coll. Blanche), 1998.
Latour, Bruno, *Face à Gaïa – Huit conférences sur le nouveau regime climatique. Gifford Lectures*, Paris, La Découverte, 2015.
Levinas, Emmanuel, *Éthique et Infini* (entretiens de février-mars 1981), VII, Paris, Fayard, 1982.
Madelénat, Daniel, « Le tournant dans la biographie », *Le Tournant d'une vie*, *RITM*, n° 10, (colloque de 1994 dirigé par Philippe Lejeune et Claude Leroy), 1995, p. 63-80.
Massumi, Brian et Manning, Erin, *Thought in the Act : Passages in the Ecology of Experience*, Minneapolis, University of Minnesota Press, 2014.
Mignolo, Walter, *Local histories / global designs : Coloniality, subaltern knowledges, and border thinking*, Princeton, N.J. : Princeton University Press, 2000.
Nancy, Jean-Luc, *Être Singulier Pluriel*, Paris, Galilée, 1996.
Nancy, Jean-Luc, *La création du monde ou la mondialisation*, Paris, Galilée, 2002.
Pound, Ezra, « Rémy de Gourmont », *Investigations*, New York, Boni and Liveright, 1920, p. 168-195.
Said, Edward, *Orientalism*, London, Routledge and Kegan Paul, 1978.
Salado, Régis, « Profils et Périls de l'admiration : Valery Larbaud face à Whitman », *Cahiers Valery Larbaud*, n° 45, *Valery Larbaud écrivain critique*, Clermont-Ferrand, Presses Universitaires Blaise-Pascal, 2009, p. 75-103.
Stengers, Isabelle, *Cosmopolitiques*, T. 1 : *La guerre des sciences*, Paris, La Découverte, 1997.
Stengers, Isabelle, « Introductory Notes on an Ecology of Practices », *Cultural Studies Review*, vol. 11, n° 1, 2005, p. 183-196.
Stieber, Chelsea, « The vocation of the indigènes Cosmopolitanism and cultural nationalism in *La Revue indigène* », *Francosphères*, vol. 4, n° 1, 2015, p. 7-19, p. 12-13.
Whitman, Walt, « Years of the Modern », *The Complete Poems*, Londres, Penguin Books, 1975.

VALERY LARBAUD
OU LES AFFRES D'UNE EUROPE
SANS QUALITÉS

> Là où une grande pensée est pensée,
> c'est l'Europe.
> Hugo von Hofmannsthal[1]

Valery Larbaud fait séjourner en Europe des personnages de jeunes Sud-américains qui, apparemment, ont beaucoup à dire sur l'Europe. Cependant il ne met pas en roman une théorie de l'Europe ; il met en scène des personnages dont le devenir européen est surtout une affaire dramaturgique. Autrement dit son Europe est seconde par rapport aux individus qui, se rencontrant, s'attirant et se confrontant, inventent leur chemin. Pourrait-il en être autrement ? Finistère de l'Eurasie, rive nord de la Méditerranée, inlassable relecture de l'histoire de la Cité grecque et de l'Empire romain, ce continent n'est guère concevable sans les hommes qui l'ont inventé. Nous ferons tout commencer par une silhouette de jeune homme, silhouette touchante et risible, d'autant plus touchante que plus risible. C'est un être qui se cherche, « un garçon un peu léger, vantard, mais assez gentil[2] », personnage insatisfait qui, ne se sachant pas de place définie dans un monde clairement ordonné, trébuche. Son inadaptation fait sourire mais au moins il a le courage d'admettre, comme dit René Char, que nul ne devrait « se sentir à l'ancre en cette vie[3] ». Enfin ce jeune homme est une conscience en éveil : tout le contraire d'un

---

1 Hugo von Hofmannsthal, *Lettres de Lord Chandos et autres essais*, traduction Albert Kohn et Jean-Claude Schneider, Paris, Gallimard (NRF), 1980, p. 355.
2 Elisabeth Van der Staay, *Le Monologue intérieur dans l'œuvre de Valery Larbaud*, Paris, Genève, Champion-Slatkine, 1987, p. 155.
3 René Char, *Œuvres complètes*, Paris, Gallimard (Bibliothèque de la Pléiade), 1983, p. 766.

bourgeois, donc. Car le bourgeois fait rire lui aussi, mais il ne touche pas. L'Europe de Larbaud est indissociable d'une jeunesse incertaine qui s'oppose à une bourgeoisie installée.

Pour comprendre comment les deux s'articulent – la conscience inquiète, et le voyage en Europe –, nous examinerons d'abord *A. O. Barnabooth, son journal intime*, puis nous ferons une excursion vers *Fermina Márquez*, un autre texte de Larbaud qui, offrant plusieurs points de comparaison avec le premier, permettra de recouper certaines de nos allégations.

L'EUROPE COMME EXIL ;
LA SUBJECTIVITÉ COMME NÉGATION

Qu'est-ce qui est rapporté dans le journal intime de Barnabooth ? Un richissime héritier sud-américain, le diariste, séjourne successivement dans plusieurs régions d'Europe. Après quoi, ayant jeté sa gourme, il retourne en Amérique, où on apprend qu'il se mariera. À Florence, on l'aperçoit flânant près d'un casino qui porte encore son nom de famille. Alors il note qu'il retrouve ses « buis taillés en tortues », ses « bosquets de lilas », son « labyrinthe[4] ». Pour ce descendant de colons jadis partis pour le Nouveau Monde le voyage en Europe pourrait être l'occasion de renouer avec une patrie perdue. Il n'en est rien, cependant. L'Europe a trop changé. Barnabooth découvre que sur aucune des deux rives de l'Atlantique il n'est vraiment chez lui. En dépit de la familiarité annoncée par les mots et par les noms propres, l'Europe qu'il visite restera pour lui une terre étrangère.

Rêvant d'un papillon, Zhuangzi se demande s'il n'est pas lui-même un rêve de papillon. Le lecteur du journal de Barnabooth s'interroge aussi sur la place respective de l'imaginaire et de la réalité. Tout à ses souvenirs d'appartenance, Barnabooth rêve l'Europe plutôt qu'il ne s'y engage. Cette dernière est alors frappée d'inexistence. Mais il n'est pas à exclure que Barnabooth, en retour, se construise également avec la matière de ces rêves. Quoi qu'il en soit, le jeune homme connaît un exil définitif.

---

4   Valery Larbaud, *A. O. Barnabooth, son journal intime*, Gallimard, Paris, 1913 (réédition en collection L'Imaginaire, Paris, Gallimard, 2012, p. 15).

L'existence en général est un exil. Entre les choses qui l'entourent et lui, un décalage existe, qui imprime à sa conscience un mouvement de recherche perpétuellement déçu et relancé. L'adolescence de Barnabooth est tissée de nostalgie. Mais celle-ci, loin d'être accidentelle, imprègne la totalité de son existence. Visitant l'Europe, il se rend compte qu'être au monde c'est n'être pas tout à fait du monde.

Du coup, le tour européen prend la forme d'un travail de désubjectivation. Non seulement l'Europe s'évanouit sous les pas de Barnabooth, mais aussi Barnabooth se dissipe dans ses impossibles retrouvailles avec l'Europe. Insistons sur ce second aspect du périple européen. Dans « La Poétique du voyage chez Larbaud », Eugène Nicole appelle les séjours de Barnabooth dans différentes grandes villes européennes un « avatar romantique de la quête de soi[5] ». Et, en effet, il peut sembler que le diariste vient découvrir en Europe une vérité sur lui-même. Cependant on comprend dès les premières pages qu'une telle quête fait long feu. Barnabooth n'a de cesse qu'il ne se soit entièrement nié lui-même. Plus précisément, il laisse entendre sans arrêt qu'il n'est pas lui-même une substance. Qu'est-ce à dire ? D'un côté Barnabooth soutient qu'il n'est rien, qu'il est « tout simplement nul ». Et d'un autre côté, il se montre incapable d'assumer la thèse de sa nullité :

> Peut-être que je suis tout simplement nul[6].

On sait que les pyrrhoniens niaient toute possibilité de science. Ils refusaient d'affirmer qu'ils ne savaient rien, car s'ils avaient posé comme une certitude leur propre ignorance ils se seraient contredits. Et Montaigne, préconisant le doute, préférait s'en tenir à cette question : que sais-je ? À ce qu'il nous semble, une motivation du même ordre conduit Barnabooth à n'avancer qu'avec une extrême prudence sur le terrain miné de l'autoportrait. Quelle est sa difficulté ? Quand on parle de soi dans un journal intime, à deux titres on se met en position de sujet du discours. D'abord on est le sujet logique d'une prédication : je suis blanc ou je suis noir, j'aime ceci et déteste cela. Des caractéristiques me sont attribuées : je suis ce dont cela parle, je suis ce au sujet de quoi quelque chose est dit. Par conséquent, toutes les conditions sont réunies, dans

---

5 Eugène Nicole, « La Poétique du voyage chez Larbaud », Jean Bessière (éd.), *Valery Larbaud, La Prose du monde*, Paris, PUF, 1981, p. 9.
6 Valery Larbaud, *A. O. Barnabooth, son journal intime*, op. cit., p. 19.

son journal intime, pour que Barnabooth devienne le sujet de son propre discours en ce premier sens qu'il est lui-même ce dont il est question dans ce discours[7]. Cependant, le rédacteur d'un journal intime est aussi le sujet au sens juridique du terme. Cela signifie qu'il est celui à qui on peut imputer ce qui est dit. Un journal intime participe de la confession. Écrire son journal c'est toujours un peu passer aux aveux. Barnabooth serait alors le sujet au sens où il est prêt à répondre de ce qu'il écrit.

Mais dans le cas présent, rien ne se déroule comme lors d'une confession en bonne et due forme. Il est indiqué en effet que le sujet logique (à savoir Barnabooth, celui dont il est question dans son journal) est « tout simplement nul ». Or, dans un journal intime, sujet logique et sujet juridique sont une seule et même personne. Donc un discours est tenu, mais d'entrée de jeu sa vocation à la vérité est compromise. À peine construit, le château de sable s'écroule. Celui qui fait profession de nullité suggère qu'il n'a pas les épaules pour prendre sur lui quelque affirmation que ce soit, y compris la thèse de sa propre nullité : « *Peut-être que je suis tout simplement nul.* » Quand on est nul, on ne peut même pas l'affirmer catégoriquement car la nullité du sujet logique rejaillit sur le sujet juridique[8]. Faute de signature, l'aveu de nullité tourne au bavardage. Une telle quête de soi est donc décevante. On plaint le jeune homme. A-t-on raison, cependant ? La nullité de Barnabooth n'est pas un coup du sort. Être nul, ce n'est pas comme être bossu. La nullité n'est pas une qualité parmi d'autres. Elle n'est pas une caractéristique regrettable dont notre voyageur serait affligé. Et c'est justement ce qui va nous conduire, en dépit d'Eugène Nicole, à voir dans le voyage en Europe selon Barnabooth autre chose que la quête d'une identité.

Barnabooth n'est pas une substance qu'on cerne à travers une série de caractérisations. Prenons deux exemples de qualités qu'on peut attribuer à des substances pour accroître sa connaissance à leur sujet. Le fer a une densité presque huit fois supérieure à celle de l'eau. C'est là un fait qui n'a pas besoin qu'on l'énonce pour être un fait. Second exemple : quand

---

7   Quand nous parlons de sujet, de substance et de prédication, c'est en référence à Aristote : voir les *Catégories, De l'Interprétation*, trad. Jules Tricot, Paris, Vrin (Bibliothèque des textes philosophiques), 2008.
8   Cette notion de sujet juridique comme extension du sujet logique – notion requise par l'« imputabilité » des actes à un agent, a été thématisée par Max Scheler : voir Alain de Libera, *L'Invention du sujet moderne, Cours du Collège de France 2013-2014*, Paris, Vrin, 2015, p. 87s.

on établit son arbre généalogique, on fait des découvertes sur ses ancêtres. Dans les deux cas une réalité se révèle à travers un discours. Cette réalité est première par rapport au discours. Quant à la nullité de Barnabooth, elle n'est pas susceptible de révélations de ce genre car elle n'est pas première. Elle n'est pas à découvrir. En ce qu'il est nul, Barnabooth ne tient pas le rôle du sujet. Il n'est pas une substance à laquelle attribuer des qualités : par où il déçoit immanquablement. Mais cette déception n'est pas l'effet d'une faiblesse de Barnabooth. Contrairement au fer ou aux ancêtres sur lesquels on peut se prononcer, Barnabooth n'est pas une réalité. Il n'est pas une chose – qui serait nulle. Sa nullité n'étant pas un fait, Barnabooth ne la confie pas à son lecteur comme d'autres, s'observant dans le miroir de l'introspection, exposeraient leurs goûts et leurs travers. La nullité de Barnabooth n'est ni une tare, ni le trésor paradoxal sur lequel notre héros mettrait la main en venant en Europe.

La nullité n'est pas un trait positif secondairement manifesté par un discours. En revanche, elle est progressivement engendrée par une pratique du discours. Barnabooth fait un effort vers sa nullité. Et tout au long du journal on assiste à cet effort.

Barnabooth ne naît pas nul : il le devient. S'il était nul comme Charles Quint était prognathe ou Septime Sévère africain, rien ne l'empêcherait d'affirmer sans ambages cette nullité. Mais la nullité de Barnabooth, loin de se constater, se dessine dans la circularité d'un mouvement où le sujet, à force de parler (si on ose dire) *autour* de lui-même et de faire échouer sa prédication sur lui-même dans une sorte de bavardage, se défait lui-même, d'abord comme sujet logique, puis comme sujet juridique. Aucune quête de soi, donc. Aucune coïncidence en vue, mais un long effacement de soi. Ainsi, plutôt que d'être un bien (ou une charge) à recouvrer, la nullité est une conquête. Le jeune homme ne cherche pas un signe de son identité. Il élabore quelque chose, et ce quelque chose a la forme d'un geste de négation. C'est pourquoi la nullité est le résultat escompté d'une ascèse :

> J'ai tout fait. J'ai fréquenté exprès des compagnies où l'on se moquait de moi, et où je disais tout ce qu'il fallait pour que l'on continuât de se moquer de moi. J'ai courtisé le mépris. Chaque fois qu'il m'arrivait d'être méconnu, je me réjouissais[9].

---

9   Valery Larbaud, *A. O. Barnabooth, son journal intime*, op. cit., p. 44.

Barnabooth n'est pas une substance au sujet de laquelle on pourrait prédiquer plusieurs qualités comme, par exemple, le courage, le strabisme, un port gracieux, et en fin de compte la nullité. Non pas : Barnabooth est un sujet dont on peut dire qu'il est nul ; mais : Barnabooth n'est pas un sujet du tout. Dans le passage suivant, l'hypothèse de la substantialité du sujet est donnée comme une fausse croyance dont il faut se débarrasser un jour ou l'autre :

> Le danger, avec nous autres hommes, c'est que, lorsque nous croyons analyser notre caractère, nous créons en réalité de toutes pièces un personnage de roman [...]. Nous lui choisissons pour nom le pronom singulier de la première personne [...][10].

Tenir pour une substance le sujet que je suis, c'est donner dans le panneau de l'affabulation romanesque. Cependant l'illusion de la substantialité est tenace. Barnabooth en sait quelque chose, lui qui déploie une énergie considérable pour atteindre sa propre nullité. Et le voilà qui soupire :

> Moi qui ai tellement besoin de déconsidération [...][11].

La nullité substantielle de Barnabooth se gagne de haute lutte. Tout au long du texte elle semble un horizon qui se dérobe. Nous y sommes presque ; mais non, nous n'y sommes pas encore. D'où un besoin de réitérer la déclaration de nullité :

> [...] je touche mon néant[12].
>
> J'abdique mon intéressante personnalité[13].

Barnabooth n'est pas engagé dans une quête de soi qui serait la recherche d'un sol où bâtir fermement un monde. Ni il ne bâtit son monde, ni il ne se lance à la poursuite de son identité au sein du monde. La guise de la conscience est, chez lui, non pas la revendication d'un lieu à lui, mais son déni. Or l'illusion substantialiste, même exorcisée par des formules frappantes, résiste. Du moment que cela parle, et même si c'est pour dire que, sous le masque, il n'y a personne, on persiste à croire que quelqu'un

---

10 *Ibid.*, p. 19.
11 *Ibid.*, p. 57.
12 *Ibid.*, p. 86.
13 *Ibid.*, p. 170.

parle : quelqu'un d'ironique et d'évanescent, mais quelqu'un. De fait, le déni de substantialité se réitère sans que des progrès sensibles soient à relever, au point qu'on se demande si le jeune homme est sincère. Et s'il affectait l'humilité ? Cette prétention à l'effacement ne trahit-elle pas une complaisance de causeur ? Barnabooth : un cabotin amusant, mais lassant à la longue.

Ce problème de la sincérité, le lecteur n'est pas le seul à le repérer. Le cercle vicieux de l'humiliation donne aussi du fil à retordre à Barnabooth. Chaque fois qu'il se vainc lui-même, il ne peut pas s'empêcher de le prendre sur un ton grandiloquent :

> Et un jour j'ai vu cet Esprit de ténèbres, et c'était mon amour propre[14].

Gloriole comique de celui qui s'attribue le mérite d'avoir renoncé à la gloriole. Mais alors, comment faire pour ne pas toujours en revenir à soi-même ? Comment ne pas rater sa sortie ? Quand Barnabooth pose cette question, l'angoisse remplace la suffisance :

> Sortir de moi, mais pour aller où donc ? Et à qui me donner[15] ?

Barnabooth trouvera une issue. Après maints déboires, notamment amoureux, son effort aboutira enfin au silence. C'est à un perroquet que reviendront les derniers mots. Au bout du voyage, plus personne ne parle. Cela parle tout seul : il n'y a plus de sujet juridique. Puis la voix s'éteint à son tour : le livre se referme. Cela ne parle plus de rien : il n'y a plus de sujet logique. Or, qu'observons-nous à propos de l'Europe dans cette affaire ? En Europe est menée une expérience d'effacement du sujet. L'espace européen entre en résonnance avec cette nullité du sujet. Aussi, nous voudrions savoir quelle est cette Europe. À quelle famille idéologique se rattache-t-elle ? De quel enseignement est-elle porteuse ?

---

14 *Ibid.*, p. 43.
15 *Ibid.*, p. 44.

EUROPE DES NATIONS CONTRE EUROPE COSMOPOLITIQUE

Deux conceptions de l'Europe sont opposées dans le texte de Larbaud. L'une est identitaire, l'autre cosmopolitique. Commençons par l'Europe identitaire. Sur une carte, celle-ci se présente comme une marqueterie de nations. Elle « semble faite des morceaux de bois coloriés d'un jeu de patience, un pays de vacances comme les cantons suisses[16] ». C'est elle que visitent ceux qui espèrent s'« instruire » comme d'autres collectionnent des « timbres-poste[17] ». Et Barnabooth d'agonir une petite troupe de Prussiens qui, à Florence, se dirige vers le Musée des Offices :

> On se demande ce que l'Italie peut faire pour eux. Ils partiront, ayant tout blasphémé, mais certains d'avoir augmenté ce qu'ils nomment leur culture [...][18].

Le mauvais goût de cette Europe muséographique des traditions nationales est rédhibitoire. Sur ce point Barnabooth est sensible aux propos de son ami Claremoris. Ce dernier, amateur d'art, se déchaîne contre « les restaurations des tableaux et des monuments ; contre la bondieuserie ». Personnage haut en couleurs, Maxime Claremoris a séjourné dans les geôles prussiennes pour avoir appelé *pissoir* une « immonde statue de Bismarck ». Quand il visite l'Italie il se déclare « contre le Risorgimento » et toutes les « idoles nationales[19] » :

> Sa haine pour Garibaldi dépasse tout ce qu'on peut imaginer[20].

Barnabooth, lui, est moins catégorique. À l'issue d'une discussion sur les questions européennes il avoue que les propos de Claremoris le fatiguent « un peu[21] ». Faut-il voir dans cette réticence un débat laissé en suspens par Larbaud ? Sans doute que non, car si Barnabooth pondère les

---

16 *Ibid.*, p. 174.
17 *Ibid.*, p. 93.
18 *Ibid.*, p. 18.
19 *Ibid.*, respectivement p. 210 et p. 28.
20 *Ibid.*, p. 26.
21 *Ibid.*, p. 27.

diatribes de l'autre, c'est dérisoirement. Ailleurs, assistant à un spectacle de music-hall à orientation nationaliste il se sent prêt à verser son sang pour l'Italie[22]. Le lecteur sourit. Notre homme sans substance est une girouette émotionnelle.

Voilà donc une Europe qui se laisse facilement caractériser. Elle frappe la vue. Elle est tangible. Elle pèse des tonnes. C'est l'Europe des romans nationaux avec ses héros, ses terroirs, sa conception de la culture comme *Kultur*, ses patrimoines à usage identitaire. Europe du pittoresque, des langues nationales, des guides de voyages et de la couleur locale[23]. Europe également du protestantisme et de l'investissement financier, car l'Europe de « la morale bourgeoise du Nord protestant[24] » est faite d'argent investi. Aussi Barnabooth est réservé sur l'anglomanie cosmopolitique de son ami Bettino, *alias* « Willy ». Dans son libéralisme utilitariste, la noblesse anglaise manque de finesse. Certes à l'étranger les Anglais se tiennent mieux que nos Prussiens du Musée des Offices, mais ils restent des provinciaux[25].

À cette Europe de la substance, Barnabooth en oppose une autre, comme produite pour cette occasion. Celle-ci n'est pas positive, mais subtile comme une impression. Elle est plus légère qu'une plume. Elle n'est pas une chose. Quand Barnabooth essaie de la décrire il admet qu'il rate l'essentiel. Même le mot *air*, souligné, ne lui va pas. Non seulement on ne peut pas décrire l'Europe à laquelle Barnabooth tient tellement, mais on peut à peine la désigner :

> J'ai entassé des mots sans avoir pu rendre cet *air* italien que je sens pourtant si bien[26].

Que notre voyageur ait du mal à saisir une Europe aussi volatile, cela ne nous interdit pas d'indiquer comment elle se manifeste. Certes aucun substantif ne peut la désigner : elle n'est même pas un *air* ; et en conséquence, aucun adjectif ne lui est attribuable : un *tas* de prédicats ne fait pas avancer d'un pouce l'enquête à son égard. Filons notre métaphore grammaticale : cette Europe s'appréhende adverbialement.

---

22 *Ibid.*, p. 25.
23 *Ibid.*, p. 95, où il est question de la « culture des manuels et des guides », et p. 151, où Barnabooth se moque de l'espéranto et du sabir touristique.
24 *Ibid.* p. 174.
25 *Ibid.*, p. 34.
26 *Ibid.*, p. 40, Larbaud souligne.

N'étant pas une chose, elle n'est pas dotée de qualités mais elle forme un spectre cohérent de manières d'être. Elle n'est pas un ensemble de certaines choses à l'exclusion d'autres choses : tel bâtiment, tel tableau ou telle recette de cuisine. Elle est le biais selon lequel toutes les choses et n'importe lesquelles, parfois, se mettent en lumière. Par exemple, rien n'est particulièrement italien, mais n'importe quoi peut prendre l'*air* italien. L'Europe n'est pas plus italienne que prussienne. Par contre, tout un chacun peut aller son chemin à l'européenne, avec des variantes. Ce que nous marquerons ci-dessous devra s'entendre comme s'il s'agissait de tournures adverbiales, même lorsque, pour aller vite, nous recourrons à des noms et des adjectifs.

Examinant les couleurs changeantes du spectre européen, nous trouvons que le journal de Barnabooth s'ouvre sur un séjour à Florence. L'Europe est alors dans sa phase renaissante. C'est une Europe urbaine, une Europe d'avant les nations, une Europe envisagée hors du déterminisme géographique. Frida Weissman est claire là-dessus : « L'Europe de Larbaud aurait comme capitale la ville où s'épanouirait l'esprit européen : ville ouverte à toutes les idées, à toutes les cultures [...][27]. » Dans cette ville dont Larbaud se réclame on aperçoit l'*Urbs* qui sert de soubassement à n'importe quelle ville pourvu qu'elle soit ville. Néanmoins, une telle ville au singulier n'est pas l'idée de la ville, transportable puisqu'immatérielle. Rien n'est plus sensible que l'Europe de Barnabooth. Cette ville n'est pas non plus la ville du continent qui aurait battu le record du métissage culturel : on a vu que Barnabooth regarde les cultures comme des colifichets ; or pas de métissage culturel sans cultures. La ville au singulier est la tournure urbaine de toute ville où, comme à Florence, on en use de manière urbaine.

Deuxièmement, l'Europe selon Barnabooth est impériale. Elle n'est pas formée de nations qu'on aurait assemblées comme des briques pour dresser un mur de jardin. Barnabooth admire l'Empire russe, appelé par lui une « Europe déblayée[28] ». Tout ce qui est aérien, il le préfère. Il trouve donc que dans l'Empire russe on respire mieux. Le puzzle des nations n'y est plus plausible.

En 1916, à la cour de Russie on s'exprimait en français. L'Europe de Barnabooth est française. C'est là son troisième aspect. Aussi bien,

---

27 Frida Weissman, *L'Exotisme de Valery Larbaud*, Paris, Librairie A. G. Nizet, 1966, p. 43.
28 Valery Larbaud, *A. O. Barnabooth, son journal intime, op. cit.*, p. 174.

Barnabooth rédige son journal en français. Il estime que, de cette langue, les mots « de grand luxe » ont « un grand air d'Europe[29] ». Cependant la France de Barnabooth n'est pas l'hexagone. Une fois de plus elle est un « air ». Elle est une allure, une manière d'adverbe.

Enfin, pour Barnabooth, la manière française est une *grande* manière. L'Europe est donc aristocratique : tel est son quatrième aspect. Sur cette notion d'aristocratie, donnons maintenant des précisions qui permettront d'articuler le sujet sans substance du voyageur, et l'espace européen.

ARISTOCRATIE OU SAINTETÉ

L'aristocrate se reconnaît à son absence de nom propre ; à ses dépenses qui ne sont pas des investissements ; à son sens du sacrifice. Quiconque est aristocrate de cette manière a tout pour devenir européen au sens où Barnabooth l'entend. De fait, l'aristocratie de la féodalité tenait son nom de la terre qu'elle avait héritée[30]. On désignait l'aristocrate par quelque chose qui était situé à l'extérieur de lui. La particule jointe à son nom indiquait non pas qu'une terre lui appartenait, mais qu'il appartenait à une terre. Être aristocrate c'est ne pas s'appartenir. D'où la proximité de l'aristocrate et du prolétaire, proximité qui se noue par-dessus la tête du bourgeois, lequel est un possédant oublieux de son humanité nue :

> Ce qui nous distingue, nous gentilshommes, des bourgeois, c'est que nous savons parler aux gens du peuple : pour nous ils sont des hommes et des femmes comme nous [...][31].

Le dénuement est la misère du plébéien, qui le subit. Il fait la grandeur de l'aristocrate. Quant au bourgeois, ayant investi son capital, tout ensemble il ignore la misère de l'un et se prive d'accès à la grandeur de l'autre. Le bourgeois a inventé l'état civil : il possède un nom rien qu'à lui. Au surplus, il a imaginé l'identité nationale. Il exhibe des attributs identitaires. Ne sachant pas s'humilier, il est obscène. Il n'arrive qu'à

---
29 *Ibid.*, p. 157.
30 *Ibid.*, p. 121.
31 *Ibid.*, p. 124.

s'encanailler comme nos nationaux prussiens dont la visite au Musée des Offices était ponctuée de saillies graveleuses :

> Avec des sourires de paysans qui regardent la vitrine d'un grand bijoutier, ils commentaient le groupe des Sabines, et je voyais bien qu'ils y trouvaient... hé, hé ! petits polissons[32] !

L'aristocrate doit conquérir le dénuement. C'est pourquoi il liquide les richesses qui tombent entre ses mains. Et justement Barnabooth, dans son effort d'aristocratie, se livre à d'insolites dépenses de prestige. À Florence, fréquentant des boutiques de luxe, il acquiert des articles dont il fait cadeau le jour même au personnel de l'hôtel où il loge[33] : ostentation aristocratique contre obscénité bourgeoise. Et à minuit passé, du haut de son balcon, il jette dans l'Arno une « collection de valises plates en peau de porc[34] ». Par ce sacrifice où les animaux à abattre sont symbolisés par de modernes sacs de cuir le jeune homme retrouve la « destruction ostentatoire de richesses » que Marcel Mauss, à peu près au même moment où Valery Larbaud invente Barnabooth, décrit sous le nom de potlatch, destruction qui, dans les sociétés traditionnelles, est la marque des castes supérieures[35].

En somme l'aristocrate suppose qu'existe une transcendance justifiant son sacrifice. Dans *La Révolte des masses* Ortega y Gasset écrit ceci : « L'homme d'élite [...] est caractérisé par l'intime nécessité d'en appeler de lui-même à une règle qui lui est extérieure, qui lui est supérieure, et au service de laquelle il s'enrôle librement[36]. » L'auteur s'inquiète alors du triomphe des masses dans le champ politique. Plutôt qu'une émancipation il y voit un asservissement. À son avis, seule une éthique aristocratique est libératrice. Cela peut surprendre, mais pensons au sage stoïcien méprisant assez sa propre conservation pour rendre vaines les menées oppressives du tyran. Donc le sacrifice aristocratique, parce qu'il dit le détachement en mettant en scène l'indifférence de l'individu à l'égard de ses propres intérêts, serait une expression de la souveraineté. Cependant,

---

32 *Ibid.*, p. 17.
33 *Ibid.*, p. 13.
34 *Ibid.*, p. 31.
35 Maurice Godelier, *L'Énigme du don*, Paris, Librairie Arthème Fayard (Champs Essais), 1996, p. 79.
36 José Ortega y Gasset, *La Révolte des masses*, trad. Louis Parrot, Paris, Les Belles Lettres (Bibliothèque Classique de la Liberté), 2011, p. 137.

l'économie sacrificielle selon Barnabooth présente des particularités. Notre diariste pousse la logique de l'émancipation aristocratique jusqu'à son point de rupture. Certes Barnabooth liquide ses richesses, mais quelle valeur supérieure manifeste-t-il ? Pour autant que son sacrifice désigne une transcendance, Barnabooth adopte un comportement d'aristocrate, mais c'est le contenu de cette transcendance qui fait difficulté car le jeune homme aux poches trouées n'est le champion ni de l'honneur du clan, ni de la piété envers le dieu, ou les ancêtres, ou la patrie. La transcendance que dessine le sacrifice de Barnabooth est une valise vide. Elle n'a pas d'autre contenu que l'aristocratie elle-même. L'aristocratie selon Barnabooth consiste à faire comme si l'aristocratie était possible. Elle est à elle-même sa propre transcendance.

Aucune *Iliade* ne célébrera cet Achille des grands hôtels. À la place Larbaud publiera *Borborygmes* et *Déjections* et il fera mine que son personnage en est l'auteur[37]. La noblesse de Barnabooth restera inaudible. Ce personnage est tragique dans son insignifiance et comique dans sa grandeur. Une circularité fait du sacrifice de ce jeune homme qui se frustre même de sa gloire un geste indissociablement sublime et insignifiant.

D'un côté le sacrifice de soi, parce qu'il va jusqu'à l'oubli de sa gloire, constitue un cas limite du désintéressement aristocratique. D'un autre côté, un tel sacrifice fait de Barnabooth autre chose qu'un héros : un saint dans son genre. Alors on passe du modèle aristocratique au modèle christique. Mais encore une fois, dans le cadre de ce nouveau modèle Barnabooth atteint le point où cela bascule. Tandis que Jésus se réclamait d'un ordre alternatif (le royaume de son père), Barnabooth revendique sa méchanceté irrévocable. Il est un peu plus qu'un héros (puisqu'il méprise même sa gloire) et un peu plus qu'un saint (car il tourne le dos à son salut) – et il n'est pas même l'un et l'autre. Il n'est rien. Dans une autre œuvre de Larbaud où il est question de l'Europe on observe des analogies avec cette situation où deux tendances poussées à leur comble s'annulent. Mais comme elles sont assumées par deux personnages distincts, leur opposition devient la question centrale du récit. *Fermina Márquez* est publié en 1926, soit treize ans après le journal de Barnabooth. Larbaud s'est converti entre temps au catholicisme. L'intrigue du roman a pour cadre un établissement scolaire où se côtoient de jeunes Français et de jeunes étrangers, majoritairement sud-américains. Joanny Léniot, qui

---

[37] Valery Larbaud, *A. O. Barnabooth, son journal intime*, *op. cit.*, p. 35 et p. 67.

est français, veut conquérir Fermina, qui est américaine. Lui ne jure que par l'Empire romain. Elle se passionne pour sainte Rose de Lima[38].

Tout comme Barnabooth, Fermina professe sa nullité avec une emphase qui, dans la bouche d'une jeune fille en fleur, ne manque pas de sel : « Oh ! moi qui ne suis qu'un tas d'ordures[39]. » Dans un magasin où elle se rend avec sa tante une vendeuse doute que tel article soit accessible à leur bourse. Quand elle raconte l'anecdote à Joanny, elle en est encore émerveillée : « Songez donc, on nous avait pris pour des pauvres[40] ! » Fermina se rêve en prolétaire parmi les prolétaires : de nouveau l'esprit aristocratique s'exprime. Car Fermina, qui descend des Conquistadores, appartient à la « race des héros[41] » : c'est du moins ainsi que Joanny considère tous les Sud-Américains qui fréquentent l'établissement.

Or Joanny conduit Fermina à conserver sa posture sacrificielle. Progressivement elle devient ce personnage dont, au commencement, elle avait sans doute revêtu le costume un peu au hasard et pour se donner une contenance. À mesure qu'on avance vers le dénouement, elle s'exalte. En fin de compte son renoncement au monde éclatera comme une bulle de savon.

En réponse à ce déploiement de sainteté, Joanny, qui tout d'abord n'était qu'un « collégien fort en thème[42] » inapte à fixer l'attention du lecteur, prend du relief. Sa rencontre avec Fermina fait de lui le protagoniste. S'entretenant avec elle, il s'échauffe. Il se forge des convictions bien trempées dont il est lui-même surpris. Elle a écarté son moi égoïste et mondain : il affirmera qu'en réalité il est romain : « Je lui ai dit que je me considérais, non pas comme un français, mais comme un citoyen romain[43]. » Les voici donc également étrangers en France. Cependant, peu importe à Joanny la République romaine. Ce qu'il prise est la Rome du Principat, urbaine et sans limites en principe[44]. Il rêve d'un empire universel accordant la citoyenneté aux barbares pourvu qu'ils sacrifient à César. Il se pense romain comme Barnabooth se voulait européen : non

---

38   Valery Larbaud, *Fermina Márquez*, Folio, Gallimard, 2005, p. 83.
39   *Ibid.*, p. 75.
40   *Ibid.*, p. 79.
41   *Ibid.*, p. 10-11.
42   *Ibid.*, p. 34.
43   *Ibid.*, p. 93.
44   *Ibid.*, p. 88.

substantiellement, mais au prix d'un arrachement (vécu comme héroïque) à la fable identitaire. Au lieu de cet obscur élève de cinquième que l'institution le force à paraître, il sera celui que sa maîtrise de soi rendra digne des pages des historiens latins qu'il étudie. De fait, Joanny n'est pas doué. Son « caractère » est « assez terne » et à son sujet « personne n'aurait su dire rien de précis[45] ». Disons-le franchement : Joanny est nul. Il doit ses notes excellentes à sa persévérance. La même sublimation qui changeait le consumérisme de Barnabooth en dépenses de prestige transforme en triomphes romains les succès scolaires de Joanny[46].

Fermina et Joanny sont des répliques inversées l'un de l'autre. Ils se construisent l'un l'autre, et l'un contre l'autre. L'un comme l'autre, ils prétendent dépasser ce qu'ils sont effectivement. Alors une question se pose : le cosmopolitisme impérial et romain de Joanny est-il plus originel que la sainteté apostolique et romaine de Fermina, ou est-ce le contraire ? Mettons les choses en perspective : l'universalisme chrétien du citoyen romain Paul de Tarse est-il une expression dégénérée de l'idéologie impériale, ou bien ladite idéologie n'a-t-elle de sens que comme la prémonition du christianisme ? Où se trouve la chose, où le reflet ? D'aucuns ont affirmé que les événements historiques se répètent en se parodiant. De quel côté est la parodie ? Pour Joanny, l'empereur l'emporte sur le pape. Avec ses parents le garçon a rencontré l'évêque de Rome : il déclare qu'il n'a vu en lui qu'un instrument façonné par Constantin et par Théodose[47], et il estime qu'à l'heure actuelle, dans une Europe sans empire, si la religion du pape a encore une valeur, c'est comme un vestige de la grandeur impériale[48].

Fermina écoute mais elle reste muette. Elle n'est pas convaincue. Aucun concordat ne scellera la fin de cette Querelle des Investitures pour cour de récréation. La flamme adolescente des jeunes gens sera vite oubliée. La sainteté de Fermina, qui n'épousera pas le Christ mais un jeune homme d'humeur sans doute plus joyeuse que Joanny, n'aura été qu'une poussée de fièvre[49]. Quant à ce dernier, en fait de triomphes romains il mourra de maladie infectieuse dans une caserne pendant son service militaire.

---

45 *Ibid.*, p. 35.
46 *Ibid.*, p. 40.
47 *Ibid.*, p. 87.
48 *Ibid.*, p. 89.
49 *Ibid.*, p. 125.

BARNABOOTH ET EMMANUEL MACRON

Nous le suggérions au début : le cosmopolitisme n'est pas une thèse défendue par Larbaud. Il ne constitue ni une religion ni un programme politique, et l'homme cosmopolitique n'est pas la synthèse, à l'usage des Européens modernes, de Paul et de César : il n'est pas une synthèse du tout. En revanche, il offre tous les symptômes d'une crise d'adolescence[50]. Cependant la crise en question, quoique passagère et passablement délirante, n'est pas une aberration. Elle marque la naissance d'une conscience adulte. Qui peut en effet, à moins d'une aveugle complaisance, dire ce qu'il est ? Le cosmopolitisme n'est pas l'erreur d'un jeune homme qui lit trop. En dépit de son style aporétique, il a une portée idéologique. Laquelle ?

Ne nous méprenons pas. De ce qu'elle s'inscrit en faux contre le nationalisme et la politique des masses on ne peut pas inférer que la nostalgie impériale de Barnabooth soit libérale et qu'elle appartienne à la droite progressiste. En effet Barnabooth rejette et le libéralisme, et l'appel aux masses, pour la raison suivante : les deux procèdent de l'axiome moderne de l'émancipation et supposent (le plus fréquemment en tout cas) que l'échelle nationale est le cadre requis pour une telle émancipation. Or, c'est à l'extérieur de la politique moderne que Barnabooth se situe. Ici nous appelons moderne tout projet politique visant à construire le sujet pour mieux l'émanciper, ou encore visant à émanciper un sujet latent pour le réaliser comme sujet agissant. Émancipation et construction du sujet se conditionnent l'une l'autre. Par quelque bout qu'on prenne l'affaire, le sujet à émanciper est donc l'hypothèse fondamentale de la politique moderne. Qu'est-ce que le sujet ? Ce dont toute l'essence est de mettre en œuvre sa propre émancipation. Qu'est-ce que la politique moderne ? Ce mouvement par lequel le sujet gagne son émancipation sur l'inertie des circonstances. Qu'est-ce que l'émancipation ? La constitution du sujet par le biais de symboles et d'institutions politiques.

Le débat interne à la politique moderne commence lorsqu'il faut s'entendre sur la nature de ce sujet à émanciper. Est-il social, culturel,

---

50 Que les affres de Barnabooth participent d'une crise, on le voit dans Valery Larbaud, *A. O. Barnabooth, son journal intime*, op. cit., p. 72.

ethnique ? Le point important pour nous est que la politique moderne, du fait de son tropisme émancipateur, est nécessairement associée à la notion de progrès. Le sujet est ce qui va s'émancipant. Or, chez Larbaud, on voit que sont récusées à la fois les notions de sujet et de progrès. Barnabooth y insiste assez : il n'est pas et ne veut pas être un sujet. Par conséquent, il ne progresse pas. L'effacement du sujet est tout le contraire d'une phénoménologie du sujet. Il est une extinction.

Considérés depuis cet effacement, le nationalisme et le libéralisme paraissent deux frères jumeaux même s'ils sont ennemis. Cela établi, on comprend que le cosmopolitisme n'est pas à prendre pour ce qu'il n'est pas : un éloge libéral de la globalisation. Un essai récent nous aidera à y voir clair. Dans *L'Impasse national-libérale, Globalisation et repli identitaire* Jean-François Bayart développe deux thèses. Il soutient premièrement que le capitalisme libéral et l'État-nation sont les deux versants d'un unique phénomène, celui précisément que nous nommions la politique moderne :

> La « globalisation », ou la « mondialisation », configure l'État, plutôt qu'elle ne le sape. [...] L'État-nation est son rejeton, et non sa victime. L'expression idéologique de cette combinatoire entre la globalisation capitaliste et l'universalisation de l'État-nation est le culturalisme[51].

En France chacun sait que la multiplication des fromages est contemporaine de l'extension du réseau ferroviaire. Quand on a de la visite, on s'invente des traditions pour se singulariser. Et on devient ce que Barnabooth appelle une province[52]. Ce qui est vrai pour le territoire français se retrouve au niveau planétaire. La survalorisation de l'autochtonie est l'effet d'une globalisation que Bayart situe après la disparition de l'horizon impérial :

> Dans la plupart des contrées du globe, une telle combinatoire entre l'expression du capitalisme, l'universalisation de l'État et le culturalisme identitariste a consisté en un grand basculement : à savoir le passage d'un monde d'empires, dominant leur territoire par l'administration indirecte de la diversité, à un monde d'États-nations centralisés et promouvant de gré ou de force l'unité culturelle[53].

---

51 Jean-François Bayart, *L'Impasse national-libérale, Globalisation et repli identitaire*, Paris, Éditions La Découverte, 2017, p. 12.
52 Valery Larbaud, *A. O. Barnabooth, son journal intime, op. cit.*, respectivement p. 15.
53 Jean-François Bayart, *L'Impasse national-libérale, Globalisation et repli identitaire, op. cit.*, p. 15.

Bayart nomme « national-libéralisme » ce « libéralisme pour les riches » qui est en même temps un « nationalisme pour les pauvres » ; et, de ce « national-libéralisme », il voit une figure emblématique dans Emmanuel Macron, ce fervent promoteur de l'Europe qui, à Orléans en 2016, rendit hommage la Pucelle, et n'hésita pas à visiter le Puy-du-Fou, « haut lieu de la droite identitaire[54] ». L'Europe libérale, c'est au fond l'autre nom de l'Europe des nations. Il n'échappe pas à l'auteur que sa thèse est exagérée, qui minimise les différences entre nationalisme et libéralisme. Cependant elle a l'intérêt de montrer que les deux participent d'une même façon d'approcher les problèmes. Ils sont deux réponses différentes à un même faisceau de questions posées depuis la Révolution française : la politique étant une affaire d'émancipation, comment s'émanciper ? Suivant quelle procédure construire le sujet, et quel est ce sujet qu'il faut émanciper ?

De fait, la seconde thèse de Bayart est que, dans le « national-libéralisme », un processus de subjectivation est en jeu. Il s'explique en ces termes : « Le national-libéralisme est [...] une gouvernementalité » au sens où l'entend Michel Foucault, c'est-à-dire qu'il est « un processus de subjectivation, [...] avec son esthétique propre[55] ».

Parce qu'il nous met sous les yeux la parenté du nationalisme et de la globalisation, Bayart nous aide à mieux situer Barnabooth. Celui-ci, faisant un pas de côté, refuse de répondre aux questions de la politique moderne. Il échappe à une conception de la politique comme construction d'un sujet en voie d'émancipation. C'est un autre modèle qui est mobilisé : celui des empires évoqué par Bayart, et plus précisément (dans *Fermina Márquez*) l'apolitisme du Principat romain, lequel, ramené à l'Italie d'aujourd'hui, sonne comme une évocation nostalgique de l'Autriche-Hongrie. Comme nous sommes loin de l'idéal républicain de la Révolution française, idéal se réclamant de Junius Brutus et des traditions ancestrales des paysans du Latium, du bonnet phrygien et autres sièges curules. Barnabooth veut défendre et illustrer une aristocratie pré-politique ou post-politique. Aspirant à la dilution de la Cité, il entend s'en extraire. C'est pourquoi un exil symbolise son cosmopolitisme.

S'il n'y a pas de sujet, dire comment on conçoit l'émancipation n'a même pas de sens. De là un apolitisme qui n'est pas véritablement

---

54 *Ibid.*, respectivement p. 16 et p. 18.
55 *Ibid.*, p. 26-27.

une troisième voie entre le libéralisme et le socialisme. Les textes de Larbaud sont pleins d'une ironie qui déroute le lecteur. Apprenant les ambitions romaines de Joanny, un ami de la famille s'écrie « qu'il n'avait jamais rencontré un homme qui fût aussi réactionnaire que[56] » lui. Se prétendre romain, quelle plaisanterie. Nous donnons raison à Julien Knebusch lorsqu'il note que la « nostalgie [...] de se sentir exilé de tout » implique « le mode déceptif » de la poésie cosmopolitique[57]. Larbaud fait vaciller nos représentations. Il nous fait douter et sourire. Il ne nous offrira pas un bréviaire.

Frédéric ROUSSILLE
Université Bordeaux-Montaigne

---

[56] Valery Larbaud, *Fermina Márquez*, *op. cit.*, p. 93.
[57] Julien Knebusch, *Poésie planétaire, L'Ouverture au(x) monde(s) dans la poésie française du début du XXe siècle*, Paris, Presses Sorbonne Nouvelle, 2012, p. 86.

BIBLIOGRAPHIE

TEXTES

LARBAUD, Valery, *A. O. Barnabooth, son journal intime*, Paris, Gallimard, 1913, réédition Paris, Gallimard (L'Imaginaire), 2012.
LARBAUD, Valery, *Œuvres*, Paris, Gallimard (Bibliothèque de la Pléiade), 1957.
LARBAUD, Valery, *Fermina Márquez*, Paris, Gallimard (Folio), 2005.

ÉTUDES CRITIQUES

KNEBUSCH, Julien, *Poésie planétaire, L'Ouverture au(x) monde(s) dans la poésie française du début du XXe siècle*, Presses Sorbonne Nouvelle, Paris, 2012.
NICOLE, Eugène, « La Poétique du voyage chez Larbaud », in *Valery Larbaud, La Prose du monde*, études réunies par J. Bessière, Paris, PUF, 1981.
VAN DER STAY, Elisabeth, *Le Monologue intérieur dans l'œuvre de Valery Larbaud*, Paris, Genève, Champion-Slatkine, 1987.
WEISSMAN, Frida, *L'Exotisme de Valery Larbaud*, Paris, Librairie A. G. Nizet, 1966.

AUTRES TRAVAUX

ARISTOTE, *Catégories, De l'Interprétation*, trad. Jules Tricot, Paris, Vrin, Bibliothèque des textes philosophiques, 2008.
BAYART, Jean-François, *L'Impasse national-libérale, Globalisation et repli identitaire*, Paris, Éditions La Découverte, 2017.
GODELIER, Maurice, *L'Énigme du don*, Paris, Librairie Arthème Fayard, Champs Essais, 1996.
LIBERA, Alain de, *L'Invention du sujet moderne, Cours du Collège de France 2013-2014*, Paris, Vrin, 2015.
LOURME, Louis, *Qu'est-ce que le cosmopolitisme ?*, Paris, Vrin, Chemins philosophiques, 2012.
MAUSS, Marcel, *Sociologie et Anthropologie*, Paris, PUF Quadrige, 1950.
ORTEGA Y GASSET, José, *La Révolte des masses*, trad. Louis Perrot Paris, Bibliothèque Classique de la Liberté, Les Belles Lettres, 2011.

MODERNITÉ ET MOUVEMENT

LE BERGSONISME DE VALERY LARBAUD DANS L'ÉMERGENCE D'UN AXE CRITIQUE EUROPÉEN

INTRODUCTION : LARBAUD ET LA PHILOSOPHIE

Traiter du bergsonisme chez Valery Larbaud suppose d'abord de redéfinir ses rapports à la philosophie. Son approche procéderait d'une mise à distance, c'est l'hypothèse d'Anne Chevalier à propos du plotinisme : pour Larbaud, la philosophie serait « hors du domaine littéraire » :

> Nous ne nous attarderons pas à étudier le plotinisme, ce serait une erreur en ce qui concerne Larbaud : tout ce qui est doctrine, théorie, en un mot : philosophie, est hors du domaine littéraire pour lui ; il partage en cela les vues de Croce sur l'esthétique, pour lesquelles il a maintes fois exprimé son admiration et sa sympathie[1].

L'écrivain reprend les thèses de Plotin dans *Le vain travail de voir divers pays...* mais le narrateur, sous le charme de l'anse de Paraggi, à côté de Portofino, détourne en « paresse estivale », selon l'expression d'Anne Chevalier, la méditation sur les concepts de Plotin, « procession » et « conversation » : « Meilleur pour le moment, nous en tenir à cette petite extase qui consiste à regarder les jeunes nageuses partir du fond de l'anse de Paraggi vers la haute mer ensoleillée[2]... » Cependant, même si la philosophie se dissout dans « le bain des Nymphes[3] », elle n'en reste

---

[1] *L'égotisme de Valery Larbaud*, thèse d'Anne Chevalier, 1980, p. 633.
[2] Valery Larbaud : *Le vain travail de voir divers pays...*, nouvelle publiée dans *Commerce*, n° 6, hiver 1925 puis reprise dans le recueil *Jaune bleu blanc*, Paris, Gallimard (NRF, Édition de la Pléiade), 1927, p. 870.
[3] « Et la route de Portofino le long de la mer, et Paraggi où est le bain des Nymphes... Ce paysage de mer et d'oliviers épais ne change pas. », *ibid.*, p. 870.

pas moins, au même titre que le paysage marin, un cadre inspirant. Dans cette perspective, il nous semble que la philosophie classique et contemporaine est trop présente chez Larbaud (avec, entre autres, Plotin, Berkeley, Butler, Bergson, Eugenio d'Ors, Ortega y Gasset, Freud et bien sûr Croce) pour la situer « hors du domaine littéraire ».

Dans sa critique, Larbaud a maintes fois insisté sur une interaction entre l'écrivain et le philosophe. Selon lui, il se peut que le philosophe explique les intuitions des romanciers. Ainsi « l'arrière-pensée » de Flaubert, résumée par Larbaud dans sa préface à *La veuve blanche et noire* (« l'art est non seulement une libération, mais la liberté même ») est développée par Henri Bergson et Graça Aranha : « C'est l'arrière-pensée de Flaubert, et les philosophes se chargeront ensuite de construire la théorie correspondant à cette arrière-pensée (Bergson et surtout Graça Aranha)[4]. » L'inverse est également possible avec Walt Whitman dont les vers éclairent la philosophie hégélienne : « on peut dire que la poésie de Whitman a été, dans le domaine de l'art, le prolongement de la révolution philosophique allemande, et que son œuvre est une espèce d'évangile de la révélation hégélienne[5]... »

La volonté de rapprocher la philosophie de la création artistique n'est pas nouvelle en soi mais le bergsonisme lui a donné une nouvelle impulsion. En 1922, la biographie de Paul Valéry par Albert Thibaudet marque ce retour. Pour le critique bergsonien, il faut « aller chercher dans les profondeurs originelles, communes à la philosophie et à la poésie, une identité d'impulsion qui se traduit par une parenté entre les idées de l'une et les images de l'autre[6] ». À l'exemple de Thibaudet et plus encore à celui de Valéry, on rapprochait à l'époque le philosophe du poète car on estimait que leurs visions respectives, quoique différentes, n'étaient pas foncièrement opposées, dès lors qu'elles exploraient les facultés de la conscience. Ajoutons, que des écrivains de l'intériorité, comme Larbaud, suivent, même à leur corps défendant, une démarche philosophique dans la mesure où ils interrogent, par les moyens de la poésie et de la fiction, les conditions d'accès du sujet à sa vérité. L'œuvre

---

4   Valery Larbaud, « Préface », Ramón Gómez de la Serna, *La veuve blanche et noire*, Paris, Édition du Sagittaire, 1924, p. 6 pour les deux citations. Cette préface a fait l'objet d'une publication séparée dans *La Revue européenne*, en mars 1924.
5   Valery Larbaud, « Walt Whitman 1819-1892 », *Ce vice impuni, la lecture. Domaine anglais*, Paris, Gallimard, 1998, p. 237.
6   Albert Thibaudet, *Paul Valéry*, Paris, Gallimard, 1922, p. 122.

de Larbaud figure ainsi au premier rang des reprises modernistes de la prescription socratique du « connais-toi toi-même ». Mais pour Larbaud toute position philosophique se joue prioritairement sur le plan poétique. C'est d'ailleurs ce qui l'oppose à Eugenio d'Ors, « l'écrivain philosophique », dans une réflexion commune sur « la hiérarchie des esprits[7]. » C'est pourquoi son bergsonisme est avant tout une rêverie poétique en laquelle l'idée de poésie est réévaluée. En même temps, son « cosmopolitisme de critique » propose, par ses références à l'auteur de *L'évolution créatrice*, une vision inédite de l'influence du bergsonisme dans le champ littéraire européen durant l'entre-deux-guerres.

LA CRITIQUE DU BERGSONISME

Larbaud s'est intéressé au bergsonisme par l'intermédiaire de Fargue, ancien élève de Bergson[8]. Une note de son journal de septembre 1909 mentionne que le débat autour du bergsonisme est pour lui un débat central : « Une bonne discussion avec lui, se terminant comme d'habitude par une longue conversation à bâtons rompus sur les formes de l'"intelligence", les limites de la raison, 'l'organisation de l'intuition', etc., etc. Bergson et Benda, etc.[9] ; » Larbaud connaît les ouvrages de Bergson. Outre *Les deux sources de la religion et de la morale*[10], sa bibliothèque contient

---

[7] Dans sa préface aux poèmes de d'Ors, *Trois natures mortes*, poèmes que Larbaud a traduits avec Mercédès Legrand (*Le Roseau d'or*, n° 4, 1927, p. 307-314), Larbaud reprécise la « hiérarchie des esprits » et postule que la poésie pense plus que la philosophie en raison de son rapport plus intime à la langue. D'Ors lui répond en faisant prévaloir le statut de l'écrivain philosophique dans une « lettre ouverte » publiée dans *Le Roseau d'or* et reprise en 1932 dans l'ouvrage *Au grand saint Christophe*.

[8] Selon Roméo Arbour (*Henri Bergson et les lettres françaises*, Paris, José Corti, 1955, p. 325), Fargue s'est engagé sur le chemin de la durée intérieure. Il passe des rappels élégiaques de son enfance aux sensations plus fortes où se reflète le Paris populaire et enfin à une vision obsédante de la 'succulence intérieure'. » Dans son *Journal d'un attaché d'ambassade*, Paul Morand évoque une soirée en compagnie de Fargue qui lui parle de Bergson : « De Bergson, dont il a été l'élève, à Henri IV : "Des yeux avec un feu bleu, s'élevant par saccades comme un feu de rampe. Quel chemin, depuis les *Données immédiates* ! Aujourd'hui, c'est un poète." » *Journal d'un attaché d'ambassade* (éd. M. Collomb), Paris, Gallimard, 1996, p. 250.

[9] Valery Larbaud, *Journal* (édition définitive de Paule Moron), Paris, Gallimard, 2009, p. 705.

[10] Dans sa dixième édition chez Félix Alcan, Paris, 1937.

plusieurs livres sur le philosophe[11], dont celui de Thibaudet[12] de 1923 avec une dédicace de l'auteur. Il est en lien avec des critiques bergsoniens comme Charles du Bos ou Ramón Fernandez. Ce dernier, l'autre critique bergsonien de la *NRF* qui promeut Bergson contre le « stérile jacobinisme de la pensée[13] », lui envoie ses essais. Larbaud est donc très sensible à la rupture que le bergsonisme provoque dans la tradition intellectualiste française inaugurée par Descartes. Nombre de ses écrits critiques sont ainsi nourris de références à Bergson. Par exemple, une chronique du *New Weekly* (juillet 1914)[14] présente l'étude de Péguy[15] qui est une réfutation des arguments de Julien Benda. Larbaud retient du bergsonisme cette définition : « Péguy trouve des formules brillantes : une protestation, une révolte contre le 'Tout-Fait', telle est sa définition du sens ultime de la philosophie de Bergson[16] ».

Autre exemple, en relisant La Rochefoucauld, Larbaud propose une vision de l'amour-propre qu'il compare à l'élan vital :

> On fait remarquer aux écoliers que l'amour-propre = amour de soi = égoïsme (moderne et impropre). On pourrait traduire ou paraphraser : instinct vital, l'élan vital de Bergson, la vie elle-même considérée dans ses actions et réactions par rapport à son milieu, à son habitat[17].

Larbaud connaît également les sources du bergsonisme, il a lu méthodiquement George Berkeley et s'est approprié un enseignement, « l'âme n'est pas dans le monde mais le monde est dans l'âme[18] », que revendique

---

11 Outre le livre d'Édouard Leroy, Larbaud disposait des analyses de Jacques Chevalier sur Bergson.
12 Albert Thibaudet, *Le bergsonisme*, Paris, NRF, 1923.
13 Ramón Fernandez, « Poésie et biographie », *La N.R.F*, n° 195, décembre 1929, p. 826.
14 On peut lire cette chronique dans Valery Larbaud, *Lettres de Paris* (éd. Anne Chevalier), Paris, Gallimard, 2001, p. 92.
15 Charles Péguy, « Note sur M. Bergson et la philosophie bergsonienne », *Cahiers de la Quinzaine*, série du 26 avril 1914, p. 11-53.
16 *Ibid.*, p. 95.
17 Larbaud songe à cette comparaison entre l'amour-propre et l'élan vital à partir d'une maxime de La Rochefoucauld sur l'amour-propre : « C'est en effet la vie, ce monstre qu'il décrit : 'On ne peut sonder la profondeur ni percer les ténèbres de ses abîmes. Là il est souvent invisible à lui-même, il y conçoit, il y nourrit, il y élève, sans le savoir un grand nombre d'affections et de haines ; il en forme de si monstrueuses…' ». Extrait d'un manuscrit publié dans le *Cahier de l'Herne* consacré à Valery Larbaud, cahier dirigé par Anne Chevalier, Paris, Éditions de l'Herne, 1992, p. 191.
18 George Sampson (éd.), *The works of George Berkeley*, London, George Bell and Sons, 1898 (vol. II, III), 1908 (vol. I). L'ouvrage figure dans la « bibliothèque anglaise et américaine » de Valery Larbaud.

le spiritualisme de Bergson. Il s'intéresse aussi à d'autres théories de l'intériorité comme *l'Essai sur l'imagination créatrice* (1900) de Théodule Ribot qu'il relie à un vaste réseau :

> L'examen critique que Valéry fit des théories de Th. Ribot sur l'Attention correspond, dans un autre ordre de recherches, à la réfutation sévère que S. Butler fit des affirmations du même Th. Ribot touchant les phénomènes et le mécanisme de la Mémoire[19].

L'allusion à Samuel Butler est cruciale. Selon Larbaud, les ouvrages du philosophe anglais (romans et essais) devancent les travaux de Bergson : « [...] ce dramatique exposé d'une théorie nouvelle de l'hérédité, cette étonnante anticipation de *L'Évolution créatrice* de Bergson : *La Vie et l'Habitude*[20]. » Ces théories, opposées par certains côtés à celles de Darwin, il les retrouve dans un autre livre de Butler : *Inconscious Memory* (1880). Faisant partie des premiers grands essais sur la mémoire, l'essai identifie le rôle de la mémoire dans le processus de la sélection naturelle.

La revue post symboliste *La Phalange*[21] de Jean Royère, revue dans laquelle Larbaud écrivait régulièrement, se faisait l'écho de ces discussions. Autour de Jean Royère, les chroniqueurs de la revue voyaient en Bergson un défenseur de leurs propres théories visant à libérer la poésie du carcan rationaliste afin d'imposer des rythmes au plus près de l'effusion intérieure. Parmi ces « phalangistes » figure Robert de Souza qui envoya à Larbaud son traité du rythme, *Du rythme en français*, paru à *La Phalange* en 1911. Larbaud lui-même croyait en l'influence du bergsonisme sur la poésie symboliste. « N'a-t-on pas dit que Bergson avait formulé la philosophie latente, ou sous-jacente,

---

19   Valery Larbaud, « Paul Valéry », *Ce vice impuni, la lecture. Domaine français*, Paris, Gallimard, 1941, p. 273-274. Première publication dans *La Revue de Paris* 5, mars 1929, p. 49-69.
20   Valery Larbaud, « Introduction à l'œuvre de Samuel Butler », *Ce vice impuni, la lecture. Domaine anglais, op. cit.*, p. 110. Première publication : *La Revue de France*, n° 19, octobre 1923, p. 449-464.
21   Dans *La Phalange*, Jean Florence avait publié un article, « Nature et méthode de la philosophie (à propos de M. Julien Benda et de sa critique du Bergsonisme) », *La Phalange*, n° 73, 20 juillet 1912, p. 1-15. Benda usa de son droit de réponse pour répliquer à Florence dans *La Phalange*, n° 74, 20 août 1912 : « Réponse à M. Florence », p. 183-186. La polémique se referma sur la dernière réponse de Florence : « Réponse à M. Julien Benda », *La Phalange*, n° 75, 20 septembre 1912, p. 278-285.

du Symbolisme ? » écrit-il dans le livre d'Emeric Fiser, *L'esthétique de Marcel Proust*[22.]

C'est dans ce climat de bergsonisme général que Larbaud compose le cycle de Barnabooth (1908-1913), son héroïsme de l'intériorité est la pierre angulaire du nouveau « roman psychologique[23] » qui s'écrit à l'époque. « Décidément il y a du bergsonisme chez Larbaud » déclare Frédéric Roussille à propos des *Poésies* de 1908. Pour lui, si le poète « s'empare du langage comme de la matière, c'est pour maintenir le langage au sein du monde, dans cette 'mobilité' propre à l'intuition dont parle Bergson[24] ». L'intuition, selon Bergson, n'est pas dans le seul processus de spontanéité, elle est une pénétration, une possession, une connaissance immédiate par l'esprit[25]. Bergson privilégie le dynamisme de l'émotion originelle, celui qui porte la coïncidence initiale entre l'auteur et sa création. Larbaud baigne dans ce courant bergsonien qui sert sa reconstruction poétique du moi, à travers un dispositif fictif d'auctorialité. Dans *Musique après une lecture*, par exemple, l'exaltation sauvage de Barnabooth isole une présence fondatrice, facteur d'identité lyrique, c'est « mon chant à moi » sous les traits d'une « bête lyrique » au pouvoir débridé. « Loin des livres » et contre le paysage (romantique), le « bondissement » de la « bête lyrique » vaut pour lui-même[26].

La poésie de Barnabooth participe sans doute du même contexte épistémologique que la « mobilité » bergsonienne mais Larbaud reprend

---

22 Valery Larbaud, « Préface », Emeric Fiser, *L'esthétique de Marcel Proust*, Paris, Alex Rédier Éditeur, 1933, p. 11-12.
23 L'expression est de Rivière à propos de Proust dans *La NRF* de janvier 1920 : « Marcel Proust [...] est au premier rang de ceux qui viennent nous rendre la vie. Sans peut-être s'y être consciemment efforcé, il renouvelle toutes les méthodes du roman psychologique, il réorganise sur un nouveau plan cette étude du cœur humain, où excella toujours notre génie, mais que le romantisme avait, même chez nous, affaiblie, relâchée, obscurcie. » Cité par Françoise Lioure dans son introduction à la correspondance Larbaud-Rivière, *Valery Larbaud–Jacques Rivière Correspondance 1912-1924* (édition établie et annotée par Françoise Lioure), Paris, Éditions Claire Paulhan, 2006, p. 25.
24 Frédéric Roussille « Images et accès au monde dans *Les poésies d'A.O. Barnabooth* de Valery Larbaud » *Cahiers Valery Larbaud*, n° 51 (*Valery Larbaud et le paysage*), 2015, p. 80. Frédéric Roussille renvoie au texte de Bergson, *La pensée et le mouvant*, Paris, PUF (Quadrige), 2009, p. 56, première édition 1938.
25 Pour Jean-Louis Vieillard-Baron, l'intuition est « le fruit de longs efforts ; nul n'a été plus conscient que Bergson de la valeur de l'effort intellectuel ». *Bergson, Que sais-je ?* Paris, PUF, 2007, p. 3.
26 Pour les citations : « Musique après une lecture », *Les poésies de A. O. Barnabooth, Œuvres*, Paris, Gallimard (Bibliothèque de la Pléiade), 1958, p. 58.

ce contexte à des fins ironiques, notamment avec l'éloge du corps comme principal accès au moi profond. Barnabooth oppose au lyrisme sage de la tradition les processus pulsionnels du corps. Dans « Prologue », le borborygme cherche l'expression du vrai moi à travers la « mobilité » du corps et de ses matières, « mobilité » que marquent « les plaintes de la chair sans cesse modifiées. » Sous cet angle, le borborygme, écho décalé de l'intuition si l'on veut, met en scène la perception du corps intérieur :

> Borborygmes ! borborygmes !...
> Grognements sourds de l'estomac et des entrailles,
> Plaintes de la chair sans cesse modifiée,
> Voix, chuchotements irrépressibles des organes,
> Voix, la seule voix humaine qui ne mente pas.

Ce vrai moi surgi du corporel n'est pas sans parenté avec le moi de Bergson : « ce moi d'en bas qui remonte à la surface. C'est la croûte extérieure qui éclate, cédant à une irrésistible plainte[27] ». D'autres vers, qui interrogent ironiquement les « organes de la pensée », peuvent rappeler la déconstruction bergsonienne des données trop rationnelles de la conscience par l'intermédiaire d'une réévaluation du corps. De fait, le borborygme active les deux substances du corps et de l'esprit mais pour aller plus loin dans la prise en compte du corps intérieur :

> Borborygmes ! Borborygmes !...
> Y en a-t-il aussi dans les organes de la pensée,
> Qu'on n'entend pas, à travers l'épaisseur de la boîte crânienne ?
> Du moins, voici des poèmes à leur image[28]...

Barnabooth raille à la fois la sacralité du domaine subjectif et la mythologie (romantique puis symboliste) de la vie intérieure en faisant basculer la noble intériorité du côté des entrailles. Dans la conquête du lyrisme, l'estomac, l'intestin, rivalisent avec le cœur et l'esprit. Seul le « cœur de vagabond », siège du lyrisme déambulatoire, survivra à la concurrence des « grognements sourds » du chant des entrailles. Le borborygme est ainsi en rupture[29] avec les représentations des néo-symbolistes, cette

---

27 Henri Bergson, *Essai sur les données immédiates de la conscience* (édition sous la direction de Frédéric Worms), PUF, 2011, p. 127.
28 Valery Larbaud, « Prologue », *Les Poésies de Barnabooth*, *Œuvres, op., cit.*, p. 44.
29 Ce qui ne veut pas dire que Larbaud soit en rupture totale avec le symbolisme, la question de cet héritage est plus complexe comme nous le verrons. Il sollicite, d'ailleurs,

génération qui découvre Bergson[30]. Le langage du borborygme est dès lors une version « barbare » de la philosophie bergsonienne qui dit l'incommunicabilité des états profonds. C'est une analyse de l'intériorité « à la blague[31] », laquelle, en mettant à distance les théories, signe un trait particulièrement original du modernisme larbaldien.

L'expression symboliste du *sentiment* semble périmée, ce qui compte désormais, c'est la sensation, plus en accord avec la nouvelle perception du sujet, faite des « phénomènes les plus intimes de la vie psychique[32] ». Avant la « greguería » de Ramón Gómez de la Serna, que Larbaud, dix ans plus tard, traduira en « criaillerie », le borborygme communique le physiologique, il est un cri de « souvenirs et de sensations[33]. » « Spontanée, inarticulée, irrépressible, plus physiologique peut-être qu'intellectuelle, ineffablement intime[34] », la « greguería », décrite par Larbaud, emprunte plusieurs de ses traits au borborygme.

Barnabooth dit ainsi adieu à une conception du moi héritée de la tradition cartésienne. Sur ce point, rappelons tout ce que l'égoscepticisme de Larbaud doit à Laforgue qui met en scène dans sa poésie l'acte de décès du moi. « Prologue » cultive d'ailleurs des ressemblances avec le poème « Suis-je », emblème laforguien de la remise en cause du moi : « Quel vertige!... / Il faut pourtant presser ce mot! Oui, suis-je? suis-je? / Ce corps renouvelé chaque jour est-il mien? » Royère avait bien senti cette présence de Laforgue : « j'ai pensé tout le temps à Laforgue et au Laforgue des *Moralités légendaires*[35] » écrit-il en 1908. Grâce à Laforgue, Larbaud lit Hippolyte Taine et Théodule Ribot. En découvrant leurs

---

l'intermédiaire de Royère pour rencontrer les néo-symbolistes qui comptent dans les milieux bergsonisants, tels Robert de Souza ou Tancrède de Visan, ce dernier est l'auteur de *Paysages introspectifs*, recueil nourri de bergsonisme : « tout son recueil n'est qu'un effort réfléchi pour rejoindre dans leur spontanéité les 'données immédiates de la conscience' » selon Roméo Arbour, *Henri Bergson et les lettres françaises, op. cit.*, p. 232.

30   Sur cette question, voir l'ouvrage de Roméo Arbour, *ibid.*, p. 231.
31   L'expression est empruntée à Larbaud quand il parle d'un poète idéal en référence à Levet : « Je rêvais d'un poète 'comme ça' ... c'est-à-dire capable de faire du Walt Whitman à la blague. » Henry J.M. Levet, *Cartes postales et autres textes, précédés d'une conversation de Léon-Paul Fargue et Valery Larbaud* (édition de Bernard Delvaille), Paris, Gallimard (coll. Poésie), 2001, p. 54.
32   Expression de Larbaud extrait de son article « Ramón Gómez de la Serna », *Littérature*, n° 7, septembre 1919, p. 3.
33   *Ibid.*, p. 6.
34   *Ibid.*, p. 5.
35   Lettre du 5 août 1908, *Correspondance Larbaud-Royère* (éd. Gil Charbonnier), *Cahiers Valery Larbaud*, n° 48, 2012, p. 42.

théories du moi illusoire[36], il remonte jusqu'à Hume[37] et sa conception du moi comme idée fictive. En 1924, dans la préface à *La veuve blanche et noire* de Ramón, il se servira de ses lectures de Laforgue pour renforcer sa propre croyance en la théorie bergsonienne des deux moi, le moi « extérieur » et le moi profond :

> Les différentes phases, circonstances, et événements de ma vie appartiennent au moi extérieur et n'ont pas plus de valeur réelle, — de singularité, — que n'en ont mes vêtements, la bague à mon doigt, ou encore mes pièces d'identité. Laforgue, parlant au nom de l'esprit, en fait l'aveu :
> « *Moi,*
> *Qui ne crois à mon moi qu'à mes moments perdus*[38]. »

Avec « les plaintes de la chair », Larbaud dépasse Laforgue, son modernisme accentue l'engagement du corps dans la conscience. Au *cogito* et à la tradition de l'esprit séparé du corps, la poésie de Barnabooth oppose le « borborygme » qui est *cogito* de la chair traduisant l'expérience du corps intérieur. L'idée d'un corps possédant un régime propre de subjectivité renverse la vision augustinienne de l'« homme intérieur » née du primat de l'esprit. Bien avant les théories de Maurice Merleau-Ponty du corps subjectif et du « moi naturel[39] », Larbaud attribue au corps le statut de sujet que la tradition lui refuse au profit de l'âme. Le « borborygme » fait ainsi perdre au sujet la pureté et la transparence inhérentes à la tradition de l'idéalisme cartésien et kantien. « Je crois plus en mon corps qu'en mon âme[40] » affirme Alberto Caeiro, l'hétéronyme de Fernando Pessoa dans *Le Gardeur de troupeaux*. Larbaud partage ce crédo, crédo moderniste par son inversion ironique des moyens de l'auto-connaissance : le corps plutôt que l'esprit.

---

36 Pour Taine, dans *De l'intelligence*, le moi n'est « qu'un pur fantôme engendré par les mots », cité par Renaud Lejosne-Guignon, « Madrépore et métaphores : Laforgue, la philosophie et la 'nouvelle psychologie' » (dossier Laforgue), *Revue d'histoire littéraire de la France*, n° 117/2, avril-juin 2017, p. 353. Ribot, lecteur de Schopenhauer, déclare que « le moi n'est rien », *ibid.*, p. 354.
37 Larbaud possédait dans sa bibliothèque une étude sur Hume par Thomas Henry Huxley, London, Macmillan & Co., 1902.
38 Valery Larbaud, « Préface », *La veuve blanche et noire, op. cit.*, p. 6.
39 Dans sa *Phénoménologie de la perception*, Merleau-Ponty déplace l'expérience du *cogito*, siège de la subjectivité, vers le corps : percevoir avec son corps, c'est « réveiller l'expérience du monde », *Phénoménologie de la perception II. Le monde perçu* (édition établie et préfacée par Claude Lefort), Paris, Gallimard (Quarto), 2010, p. 895.
40 Fernando Pessoa, *Le gardeur de troupeaux et les autres poèmes d'Alberto Caeiro* (préface et traduction d'Armand Guibert), Paris, Gallimard (Poésie), 1960, p. 138.

L'exploration du corps, la mise en avant de ses besoins et de ses instincts, ouvre une troisième voie entre le corps et l'esprit que suit le Barnabooth du *Journal* dans ses phases d'introspection. La psychologie du *Journal intime* connaît des élans bergsoniens mais là encore l'ironie est présente avec la mention du corps. Le héros, désireux d'être « sapient de lui-même[41] », essaye différents modes d'auto-connaissance. Il tente d'atteindre la vérité de son moi grâce à « une introspection inflexible », une discipline de l'esprit que Jacques Rivière appelle « un effort d'inquisition contre soi-même[42] » :

> […] et sans cesse encore je porte sur cette plaie vive le fer rouge de mon mépris-de-moi-même et la pierre infernale de mon introspection inflexible. Duel à mort entre moi-même et lui, dans la maison fermée de mon âme […][43].

Mais cette quête échoue car les moyens volontaristes qu'elle utilise se heurtent au nouveau mal du siècle initié par Bergson et résumé dans on essai sur le *Rire* : « ainsi, jusque dans notre propre individu, l'individualité nous échappe[44]. » Pour lutter contre « les sentiments postiches[45] » et l'arbitraire des mots qui ne peuvent que refléter les postures du moi, Barnabooth décide de s'en remettre à son corps, à ses instincts, ses impulsions, à tout ce qui constitue son rythme vital :

> Que gagnerai-je à me contraindre, mon corps vit une vie respectable et normale et décente ; pourquoi donc ne m'abandonnerais-je pas à mon instinct, à mes impulsions les plus naturelles[46].

Confronté à ces états contradictoires, le héros se laisse guider par une intuition de soi-même, attitude que la formule de Jacques Rivière, « tâtonnement de la vie intérieure[47] », résume bien car elle peut sug-

---

41 Valery Larbaud, *Le Journal intime de Barnabooth*, *Œuvres*, *op. cit.*, p. 117.
42 L'expression apparaît dans une lettre de Rivière à Larbaud du 10 juillet 1913. Rivière évoque l'influence du *Journal de Barnabooth* sur la composition de son célèbre article, « Le roman d'aventure ». Françoise Lioure, *Valery Larbaud–Jacques Rivière. Correspondance 1912-1924*, *op. cit.*, p. 78.
43 Valery Larbaud, *Le Journal intime de Barnabooth*, *Œuvres*, *op. cit.*, p. 117.
44 Henri Bergson, *Le rire. Essai sur le comique* (présentation Frédéric Worms), Paris, PUF, 2016, p. 118.
45 Valery Larbaud, *Le Journal intime de Barnabooth*, *Œuvres*, *op. cit.*, p. 282.
46 *Ibid.*, p. 276.
47 Lettre de Rivière à Larbaud, voir Françoise Lioure, *Valery Larbaud–Jacques Rivière. Correspondance*, *op. cit.*, lettre 17, p. 77 : à propos du *Journal intime de Barnabooth* « Tout ce

gérer cette troisième voie entre le corps et l'esprit qui a pour visée, non pas tellement la connaissance mais l'expression d'une différence, d'une extrême singularité du sujet, à partir de sa volonté d'approcher la perception pure.

Le débat sur le bergsonisme se poursuit après la guerre. En 1919, la *NRF* publie une longue étude de Raymond Lenoir. L'importance des concepts de Bergson, l'intuition et la mobilité, est rappelée mais en conclusion l'auteur prétend que le bergsonisme est périmé, la guerre a fait naître une phase de reconstruction réclamant une nouvelle discipline de l'esprit : « cette volonté d'un ordre humain, écrit Lenoir, suppose une maîtrise de l'intelligence qui récuse le bergsonisme[48] ». Le recueil des *Enfantines*, publié en 1918, participe des débats qui tentent de concilier les apports du bergsonisme avec la réaffirmation d'un ordre classique dans l'esprit des *Considérations* de Jean Schlumberger, premier article de la *NRF* en 1909.

Larbaud ne réfute ni le symbolisme ni le bergsonisme mais il crée un contraste entre la mobilité des imaginaires et une esthétique marquée par un art très maîtrisé, surtout dans *L'heure avec la figure*, l'enfantine du rapport intime au temps et à la durée. Face à une horloge, un enfant, profitant du retard de son maître de solfège, poétise sa perception :

> Il ne faut pas bouger : le moindre mouvement ferait chavirer le canot où, sur l'océan du temps, un petit garçon pagaye de toutes ses forces entre cinq heures et six heures. [...] Cinq heures sept... Oh ! plus vite, le Temps, plus vite. Dix petites pensées vont s'atteler à la grande aiguille et tâcher de la faire descendre un peu plus vite vers sa petite sœur qui l'attend tout bas, entre V et VI[49]...

La confrontation au « Temps » fait songer à l'expérience de l'horloge narrée dans l'*Essai*[50].

Bergson oppose notre conscience de la durée au temps objectif et divisible des physiciens. Dans *L'heure avec la figure*, le personnage accède aux différents niveaux de sa conscience en fonction d'une durée propre

---

que j'ai dit sur le roman psychologique d'aventure, sur la description de la formation des sentiments, et de ce tâtonnement de la vie intérieure, c'est vous qui me l'avez étroitement dicté. »
48 Raymond Lenoir, « Réflexions sur le bergsonisme », *La NRF*, n° 75, décembre 1919, p. 1089. Lenoir est également l'auteur d'une étude qui a eu un certain retentissement à l'époque, « La pensée française devant la guerre », publiée à *La NRF* du 1er octobre 1919.
49 Valery Larbaud, *L'heure avec la figure, Enfantines, Œuvres, op. cit.*, p. 432.
50 Henri Bergson, *Essai sur les données immédiates de la conscience, op. cit.*, p. 95.

qu'il arrache au temps mesurable de l'horloge et de ses divisions chiffrées, symboles du temps qui rythment les automatismes du moi superficiel. La perception du moi dans sa durée propre, c'est le temps de la vie psychologique profonde, celle que décrit Alexandre Gefen : « la psyché enfantine en une catabase minuscule qui permet d'atteindre la logique non linéaire de la conscience[51] ».

Quant à la « Figure », elle désigne l'élément déclencheur de l'imaginaire, trait magique dissimulé dans le marbre de la cheminée :

> Figure, nous nous comprenons sans paroles. J'ai gardé ton secret, prince enchanté ; je n'ai dit à personne qu'il y avait une Figure dans les veines de la cheminée ; et j'ai empêché les gens de regarder de ton côté. (Mais les grandes personnes ne savent rien voir, heureusement)[52].

L'imaginaire produit par la « Figure » correspond à une autre approche du réel, un réel perçu du dedans, non pas par analyse mais par la perception de notre moi qui dure. Cette « continuité mélodique de la vie intérieure[53] », comme l'écrit Bergson, trouve dans l'image poétique son langage. La « Figure » motive ainsi une suite de métaphores que Marcel Thiébaut a décrite dans ses *Évasions littéraires*[54]. L'image finalement bergsonienne car extra temporelle, « un canot » sur « l'océan du temps », désigne la « Figure » comme le principe d'une pensée métaphorique, meilleur moyen de traduire la vision hypersubjective née des perceptions de la durée « par où le monde imaginaire se déverse sur le monde réel » selon les termes de Rivière[55]. La métaphore, reflet du personnage qui rêve et du poète qui écrit, libère l'individualité profonde, difficilement accessible en dehors des moyens autres que la poésie. *Le motif de la figure* engage donc une réflexion sur les pouvoirs de la rhétorique. Il procède d'une mise à jour des lois de l'analogie grâce à une prose poétique

---

51 « C'est avec l'histoire que les enfants jouent », Alain Schaffner (dir.), *L'Ère du récit d'enfance en France depuis 1870*, Arras, Artois Presses Université, 2005, p. 268.
52 Valery Larbaud, *L'heure avec la figure, op. cit.*, p. 432.
53 Henri Bergson, *Essai sur les données immédiates de la conscience, op. cit.*, p. 95.
54 Marcel Thiébaut, *Évasions littéraires*, Paris, Gallimard, 1935, chapitre consacré à Larbaud, p. 50 à 103, p. 60 et 61 pour le commentaire des citations.
55 Rivière commente l'art des *Enfantines* et de *Fermina Márquez* dans ses conférences de mars 1918, *L'évolution du roman après le symbolisme ; Deux conférences de Jacques Rivière, Charles-Louis Philippe et ses amis, Valery Larbaud et Marcel Proust*, Bulletin des amis de Jacques Rivière et d'Alain-Fournier, n° 112, 2ᵉ semestre 2014, p. 104, dossier réalisé par David Roe.

qui consacre la métaphore comme voie d'accès privilégiée aux mondes possibles, au redécoupage du réel par l'imaginaire.

La nouvelle de Virginia Woolf, *La marque sur le mur* (1917), contemporaine de *L'heure avec la figure*, crée un même effet de vie psychologique profonde non dénué, d'ailleurs, de bergsonisme[56]. Le thème est assez proche de celui de Larbaud puisqu'il s'agit également d'une rêverie tirée d'une trace énigmatique sur un mur. Comme dans l'enfantine, une pensée métaphorique surgit des écritures de la mentalisation, « je peaufine mentalement une image[57] » se dit à elle-même la narratrice. Autre élément comparable, *La marque sur le mur* creuse un décalage entre deux temporalités, celle de la « surface » et celle de la « profondeur ». Au temps officiel et trop homogène que structure l'almanach de Whitaker (lequel archive année par année les grands moments de l'histoire britannique), la narratrice oppose un monde des « profondeurs », « un monde que la pensée pourrait découper comme un poisson fendant l'eau de ses nageoires [...] Quel calme règne dans ces profondeurs [...][58] ». Le moi en surface est un univers vide car uniquement orienté vers le conformisme dans les rapports humains :

> À dire vrai c'est curieux, cet instinct que nous avons de préserver notre image de l'idolâtrie et de toute autre manœuvre qui pourrait la ridiculiser ou l'éloigner du modèle, au point de lui faire perdre sa crédibilité. Mais est-ce aussi bizarre après tout ? C'est une question importante. Supposons que le miroir se brise, que le reflet disparaisse, anéantissant la figure romanesque environnée de forêts profondes et verdoyantes, ne laissant subsister que cette coquille humaine qui est ce que les autres voient – comme le monde deviendrait aussitôt irrespirable, superficiel, nu et envahissant ! Un monde où il ne ferait pas bon vivre. Les uns en face des autres dans les transports publics, train ou métro, nous sommes devant un miroir ; cela explique le flou et l'éclat vitreux de nos regards.

Briser l'illusion de « cette coquille humaine qui est ce que les autres voient », c'est désormais le rôle dévolu à l'avenir du roman et à sa nouvelle pensée métaphorique confrontée au « réalisme de la description » :

---

[56] La « durée bergsonienne » a souvent été convoquée pour commenter l'intériorité de Virginia Woolf, voir l'ouvrage de Naomi Toth, *Woolf, Sarraute, une autre phénoménologie de la perception*, Paris, Classiques Garnier, 2016. Concernant l'influence, en général, du bergsonisme sur Woolf et le groupe de Bloomsbury, on se reportera à la biographie de Bergson par Philippe Soulez et Frédéric Worms, *Bergson*, Paris, Flammarion (Grandes biographies), 1997, p. 147.
[57] Louis Aragon, *Œuvres romanesques*, Bibliothèque de la Pléiade, T. I (édition publiée sous la direction de Jacques Aubert), Gallimard, 2012, p. 883.
[58] *Ibid.*, p. 886.

> Et à l'avenir, les romanciers reconnaîtront de mieux en mieux l'importance de ces réflexions, car bien sûr il n'y en a pas qu'une seule, mais un nombre presque infini ; ce sont là les profondeurs qu'ils exploreront, les fantômes qu'ils traqueront, renonçant de plus en plus au réalisme de la description et prenant pour un fait acquis une lointaine connaissance de la réalité, à l'instar des Grecs ou de Shakespeare peut-être[59].

Avec son approche du réel centrée sur « les profondeurs à explorer », Larbaud fait partie de ces romanciers annoncés par la narratrice de *La marque sur le mur*. Mais si l'écrivain de *L'heure avec la figure* imagine effectivement de nouvelles causalités dans la vie psychique avec la dimension « non linéaire de la conscience », il le fait en référence à la rhétorique, et notamment à l'art de la *figure*. Les dispositifs d'allégorie (le « Temps », la « Figure ») et d'analogie (présence des métaphores) sont retenus en vertu de leur pouvoir d'évocation[60], vecteur de « mobilité » mais aussi en fonction de leur capacité à structurer le discours. Pareil contraste entre mobilité et structuration, qui fait sentir la maîtrise du trait et de la composition, caractérise chez Larbaud cette nouvelle *mimésis* de la psyché et de la perception qui réconcilie l'art (l'intelligence, la maîtrise classique) avec la poésie dans ce qu'elle a d'intuitif.

C'est parce qu'il fait partie des débats littéraires, en atteste son omniprésence dans les revues, que le bergsonisme, avec ses valeurs phares comme l'intuition et la mobilité, propose un cadre inspirant aux écrivains de la vie psychique. Ce qui les attire, c'est ce climat de « fête spirituelle[61] » inhérent à la culture bergsonienne de l'époque. Novatrices et même modernistes par certaines de leurs approches, les théories de Bergson ont en effet de quoi séduire même si elles ne se répandent pas par influence directe mais par un système d'imprégnation diffusé par la critique. Ainsi ce sera à Thibaudet de clore provisoirement le débat opposant l'intuition bergsonienne à l'intelligence conceptuelle. Son article de septembre 1923, publié à la *NRF*, « Conclusions sur le bergsonisme », synthétise ces éléments jugés contradictoires en une formule ironique, reflet des polémiques de l'époque : « Faute de familiarité

---

59 *Ibid.*, p. 883 pour les deux citations.
60 *Cf.* Valéry et sa « logique imaginative » des phénomènes d'imagerie mentale décrits dans l'*Introduction à la méthode de Léonard de Vinci*, texte de référence pour Larbaud, Paul Valéry, *Œuvres*, T. I, Paris, Gallimard (Éditions de la Pléiade), 1957, p. 1194.
61 Comme le rappelle Raymond Lenoir dans son article, « Réflexions sur le bergsonisme », art. cité, p. 1079.

avec l'intelligence on demeure un mystique, faute de familiarité avec l'intuition, on devient un scolastique[62] ». L'article redéfinit par ailleurs l'« élan vital » et sa philosophie de l'extrême mobilité, « dire non à tout ce qui est arrêté » :

> Dire *non* à tout ce qui est arrêté, réalisé en choses, juger impur et artificiel tout ce qui n'est pas schème dynamique pur, connaître l'univers sous la figure de ce schème dynamique qu'est l'élan vital, se connaître soi-même sous la figure de ce schème dynamique qu'est le centre vivant d'indétermination, voilà en quoi consiste l'idée ou plutôt l'élan vraiment original du bergsonisme[63].

Thibaudet réoriente le bergsonisme vers la prescription delphique du *Connais-toi !* : « Dialogue où le dogmatisme et le scepticisme n'apparaissent que comme les longues et les brèves d'un unique vers harmonieux, sur le thème infiniment varié du *Connais-toi*[64] *!* ».

La connaissance de soi-même qui « dit *non* à tout ce qui est arrêté » voisine avec les ambitions du monologue larbaldien, lequel entend restituer l'élan vital de la pensée, c'est-à-dire « l'impétueuse sortie d'une puissante masse de pensées » afin d'éclairer notamment les processus de décision. En suivant un « courant sentimental » pouvant s'apparenter au « schème dynamique » de Thibaudet, le « monologueur » cède à la mobilité des flux de conscience. Également au sommaire du numéro de septembre 1923 de la *NRF*, le premier chapitre *de Mon plus secret conseil...* apporte la preuve, par le romanesque intérieur, d'une reprise du *Connais-toi !* sous l'angle des rapports entre sujet et vérité :

> Eh bien, ne suis-je pas le même ? Ne puis-je me délivrer quand je veux du réseau que mes actions ont tissé autour de moi ? Certainement. Examine donc avec impartialité les pièces du procès. La première de toutes ... J'ai honte. Non : pas de respect humain, la vérité[65] ».

Mais en tâchant de connaître sa vérité, son « naturel », on se heurte au jeu du masque et des postures et il faut réagir à « l'influence de l'opinion ». Cette attitude, qui n'est pas étrangère à la culture bergsonienne des

---

62 Albert Thibaudet, « Conclusions sur le bergsonisme », *la NRF*, n° 120, septembre 1923, article de tête, p. 259.
63 *Ibid.*, p. 259.
64 *Ibid.*, p. 268.
65 Valery Larbaud, *Mon plus secret conseil...*, version publiée par le n° 120 de *la NRF*, septembre 1923, p. 317.

différents moi (avec le moi social surajouté au moi individuel) change dès lors la perception des rapports sociaux[66]. Larbaud admet la nécessité d'un moi social qui rend difficile la distinction entre l'être authentique et le paraître aux masques divers. L'actualisation de ce *topos* moraliste dialogue autant avec la division bergsonienne du moi qu'avec les théories de Butler. Ce dernier, dans *La Vie et l'Habitude*, dont la traduction est contemporaine à l'écriture d'*Amants…*, analyse la révolte du moi contre une « communauté d'identité[67] ».

Dans un cas comme dans l'autre, Bergson ou Butler, Larbaud ne transpose pas des théories, même si, au plan du style, la traduction de *La Vie et l'Habitude* et l'écriture d'*Amants…* s'influencent réciproquement[68]. En fait, les théories butleriennes de la fragmentation de l'identité et le moi bergsonien ne sont que les arrière-plans d'une poésie vouée à l'examen des divisions du sujet, cet « émiettement de moi-même » que Jacques Rivière décrit à Paul Claudel[69]. Sur ce plan, le poète et le philosophe partagent d'ailleurs le même espoir : recevoir « l'âme tout entière » selon l'expression de Platon citée par Bergson[70]. Mais l'unité

---

66 « C'est triste, ces déformations que nous fait subir le souci ou l'influence de l'opinion. Oui, mais c'est aussi l'humble ruse de l'esprit. Il veut être de telle ou telle façon, occuper telle ou telle position, et pour cela il commence par feindre qu'il est de telle façon, ou qu'il mérite d'occuper cette position ; le reste vient par degrés, et à la fin il se trouve qu'il est devenu cela, qu'il occupe cette position. Nous avons beau faire, nous ne pouvons pas être absolument naturels, et nous n'avons pas grand avantage à l'être. Le sourire du marchand, la manière du médecin, l'allure militaire. Ce sont les masques grossiers, mais dès qu'on les quitte on est contraint d'en mettre d'autres ». Valery Larbaud, *Amants, heureux amants…, Œuvres, op. cit.*, p. 637-638.

67 « De plus, au point de vue pratique, la fragmentation de l'identité est chose beaucoup plus importante que sa continuité. Nous voulons être nous-mêmes ; nous ne voulons pas que quelqu'un d'autre prétende faire partie intégrante de notre personnalité. Cette communauté d'identité s'accorde mal avec les nécessités de notre vie quotidienne. » Samuel Butler, *La Vie et l'Habitude* (chap VI. *L'identité personnelle*), traduction de Valery Larbaud, Paris, Gallimard, 1922, p. 101.

68 Sur ce point, on rapprochera la phrase d'*Amants…*, « Nous avons beau faire, nous ne pouvons pas être absolument naturels, et nous n'avons pas grand avantage à l'être », de celle de *La Vie et l'Habitude* : « Nous voulons être nous-mêmes ; nous ne voulons pas que quelqu'un d'autre prétende faire partie intégrante de notre personnalité ».

69 « Je ne pourrai jamais me combler qu'en me détruisant sans cesse. Et je n'ai pas à m'y contraindre : naturellement, toute ma vie se passe à cet émiettement de moi-même. » Lettre du 7 avril 1909 citée par Françoise Lioure, *Valery Larbaud–Jacques Rivière Correspondance 1912-1924, op. cit.*, p. 22.

70 « Le matin quand sonne l'heure où j'ai coutume de me lever, je pourrais recevoir cette impression, ξύν ὅλῃ τῇ ψυχῇ, selon l'expression de Platon. » dans *La République*, *Essai sur les données immédiates de la conscience, op. cit.*, p. 126.

se trouve dans la conversion du moi de l'artiste à sa propre profondeur comme l'explique Larbaud dans la préface au livre de Ramón Gómez de la Serna, *La veuve blanche et noire*, dominée par l'intertexte bergsonien.

Quoi qu'il en soit, la parution simultanée dans la *NRF* de l'article de Thibaudet sur les conclusions à tirer du bergsonisme et du premier chapitre de *Mon plus secret conseil*... est un signe des temps. Le premier essai de monologue intérieur, à savoir *Les Lauriers sont coupés* d'Édouard Dujardin, pouvait certes annoncer Bergson, par son refus de l'emprise logicienne dans la zone pré verbale, mais il émanait d'abord du contexte symboliste de 1885 (comme le mentionne Dujardin à Larbaud dans une lettre du 7 août 1930). En revanche, dans les années 20, ce sont les thèses de Bergson, très répandues dans la critique, qui s'affirment comme référence en matière de vie psychique et de relations socio-linguistiques. Et ce, en dehors même des monologues et des psycho-récits ; par exemple, le titre du roman de Butler, *Ainsi va toute chair*, traduit par Larbaud, a suscité chez Thibaudet une interprétation dans le sens de « l'élan vital[71] ».

Dans ce contexte, Larbaud adresse à Bergson ses dialogues d'*Allen* en 1927. La réponse du philosophe est brève : sur une carte de visite non datée il « remercie » Monsieur Valery Larbaud pour l'aimable envoi de son curieux et intéressant « Allen[72] ». L'auteur écrit ensuite à Robert Tournaud : « J'ai reçu, à propos d'*Allen*, un certain nombre de lettres intéressantes ou curieuses, de plusieurs pays. J'ai remarqué entre autres, les témoignages de sympathie de H. Bergson et de Mme A. Daudet (à qui le livre n'avait pas été envoyé)[73] ». On peut s'interroger sur le choix du titre, *Allen*. Larbaud a-t-il voulu préserver l'effet d'une « intuition » comme le laisse supposer un passage des *Notes* d'*Allen* : « Le mot 'Allen' a joué dans la détermination de la forme et de la substance de l'ouvrage, le rôle d'une parole magique : autour de lui tout a surgi, tout s'est assemblé[74] ». Il nous semble que les *Notes* d'*Allen* attestent ce qu'il y a de bergsonien dans la méthodologie de Larbaud centrée sur la quête de l'initial, de l'intuition première qui innerve, en conservant l'idée en vie, les grandes étapes de la création. Pour autant, ce retour

---

71 Albert Thibaudet « Le roman domestique », publié dans la *NRF*, n° 127, avril 1924.
72 Document conservé au fonds Larbaud à Vichy.
73 Valery Larbaud, Lettre à Robert Tournaud du 3 novembre 1929, *Lettres d'un retiré* (édition établie et préfacée par M. Bulteau), Paris, La table ronde, 1992, p. 212.
74 Valery Larbaud, « Notes », *Œuvres, op. cit.*, p. 766. Première publication en 1929 aux *Horizons de France*. Le texte d'Allen a été publié à *La N.R.F* en février et mars 1927.

bergsonien sur le fragment natif de l'œuvre contraste avec le reste des *Notes* dominé par le souci classique d'une discipline intellectuelle qui reprend, en sens inverse, la logique de la création.

Concernant les récits « sans histoire » de la dernière période, le philosophe Gabriel Marcel, auditeur de Bergson au collège de France, les commente en référence à un humanisme d'inspiration bergsonienne opposé au rationalisme de Benda[75].

Ce bergsonisme, latent dans les poèmes et les fictions, se trouve renforcé par une série d'articles qui mêle à la création artistique les ressources des influences philosophiques. Et grâce à son « cosmopolitisme de critique[76] », Larbaud fait mesurer l'emprise conflictuelle du bergsonisme en Europe. Certains de ses articles aident en effet à comprendre comment le bergsonisme a façonné (voire unifié) l'identité du champ littéraire européen de l'entre-deux-guerres.

L'ÉMERGENCE D'UN AXE CRITIQUE EUROPÉEN

Le discours d'analyse revêt en effet une couleur bergsonienne qui permet à Larbaud de préciser d'abord sa propre critique du langage en la confrontant aux grands penseurs et poètes de son proche environnement intellectuel. Par exemple, il s'oppose, sur les questions métaphysiques du langage, à Benedetto Croce, même si le philosophe italien reste pour lui la référence suprême. Croce propose une autre définition de l'intuition et les différences sont considérables entre lui et Bergson, notamment sur les questions liées à la mémoire et à la formalisation linguistique des actes de communication. Aux yeux de Croce, « Bergson a eu le mérite de marquer une rupture dans la tradition intellectualiste

---

75 Dans son compte rendu de *Jaune bleu blanc*, Marcel note que l'intériorité « s'oriente vers une compréhension vivante des régimes de vie et de sensibilité les plus différents », intériorité qu'il oppose aux normes de Benda : « Quoi qu'en pense M. Benda, l'humanisme n'est plus en effet et ne peut plus être "l'attachement à un concept", une pure passion de l'intelligence ; de plus en plus, il tend à se dissocier du rationalisme unitaire auquel on a si longtemps voulu le réduire. Peut-être même cette scission est-elle un des phénomènes les plus importants du siècle. » *L'Europe nouvelle*, 21 janvier 1928, p. 74-75.
76 Expression empruntée à Ernst Robert Curtius, « Valery Larbaud », *La Revue nouvelle*, 15 mai 1925, p. 16

française inaugurée par la philosophie cartésienne[77] » mais l'auteur de *La logica* lui reproche d'avoir trop affirmé l'incommunicabilité des états profonds. De plus, pour lui, « Bergson s'arrête là où commence la recherche philosophique de Hegel[78] ». À la différence de Bergson, Croce postule le surgissement d'une forme « toute faite » en référence aux théories de Hegel pour qui la pensée n'est pas avant les mots, elle n'a de consistance que dans les mots. Croce fait donc ressortir une antinomie entre Hegel et Bergson sur la question du langage[79], antinomie d'autant plus intéressante que le philosophe français, aux dires de Croce, n'aurait pas lu Hegel[80]. Pour Croce hégélien, il n'y a donc pas de « résistance de la matière linguistique à l'esprit », or c'est justement ce que lui reproche Larbaud. L'écrivain français croit, au contraire de Croce, à la résistance de la forme. Il dénoncera, d'ailleurs, cet aspect du système de Croce qui contraint à méconnaître « la résistance de la matière à l'esprit ». Sa réfutation s'appuie sur le jugement très négatif de Croce à propos des premiers drames de Claudel :

> [...] et Croce en écrivant, après son tout premier contact avec les drames de Paul Claudel, que c'étaient là des produits de décadence, de coterie fermée, et en conseillant à l'auteur de mener une vie pratique plus active, et de voyager. Erreurs qui n'infirment pas ce qu'il y a d'essentiel dans la doctrine de l'autonomie de l'activité esthétique, mais qui en trahissent les insuffisances dans certains cas particuliers. L'affirmation gratuite de l'antériorité de cette activité sur les trois autres (logique, éthique, économique) et l'inattention à l'égard de la résistance de la matière à l'esprit ont conduit Croce à des contradictions flagrantes[81].

L'objection signale que pour Larbaud subsiste un écart fondateur entre l'image intérieure, l'idée, l'intuition, tout ce qui concerne les processus de mentalisation, et leur réalisation matérielle. Mais quelle que soit l'ampleur de ces divergences, la fréquentation assidue des essais de Croce

---

77 Voir sur cette question l'article de Fabrizia Giuliani, « Benedetto Croce et les idées linguistiques d'Henri Bergson », Claudia Stancati, Donata Chiricò, Federica Vercillo (dir.), *Henri Bergson : esprit et langage*, Hayen (Belgique), Éditions Mardaga, 2001, p. 266 pour la citation.
78 *Ibid.*, p. 269.
79 Voir l'article de Bernard Mabille, « Éloges de la fluidité : Hegel, Bergson et la parole », *Les Études philosophiques*, n° 59/4, 2001, p. 499-516.
80 Anecdote rapportée dans l'article de Fabrizia Giuliani.
81 Valery Larbaud, Préface à l'ouvrage d'Aldo Capasso, *À la nuit et autres poèmes*, Tunis, éd. Mirages, 1935, p. 14.

révèle à Larbaud une pensée rationaliste rénovée qui sert de contrepoids aux approches spiritualistes de Bergson.

C'est dans cet esprit de recherche, constitutif d'un axe critique européen, que Larbaud s'immisce dans « l'histoire contrariée du bergsonisme en Espagne » pour reprendre le titre de la thèse de Camille Lacau saint Guily[82]. Cette thèse nous apprend que Ramón Gómez de la Serna s'est voulu à ses débuts un disciple de Filippo Tommaso Marinetti, le fondateur du futurisme. Il fit un compte rendu du manifeste du futurisme et traduisit les articles du maître dans la revue *Prometeo*. Figure de l'artiste d'avant-garde, Ramón approuve l'éloge du machinisme et adhère au bergsonisme par l'intermédiaire de Marinetti qui s'était approprié « l'élan vital » et la critique du langage. Larbaud a bien senti ce contexte bergsonien quand il présente les premières « Greguerías » de Ramón en 1919 pour la revue *Littérature* :

> Bientôt, mettant de côté tout autre préoccupation, il allait exprimer sa vraie vie intérieure, et tous les imperceptibles mouvements de sa sensibilité : ces rapprochements involontaires, ces images spontanées, frappantes, illogiques, qui se forment au sein de la vie psychique, et que la censure intérieure, servante de la logique et des formes toutes faites de la vie intellectuelle, empêche sévèrement de parvenir jusqu'à la conscience, et, à plus forte raison, de trouver leur expression communicable.
>
> Déjà, en dehors des livres et des plaquettes qu'il faisait imprimer, il avait commencé à noter ses trouvailles et ses découvertes dans cet ordre de faits. Servie par son vocabulaire et son sens du merveilleux des ressources du castillan, il donnait une forme à ces secrets, à ces mouvements confus de la vie intuitive. Ainsi, peu à peu, il se libéra, s'affranchit de ses principes esthétiques, perdit ses préjugés littéraires, renonça définitivement à composer, et se mit résolument à « décomposer ».
>
> Nous voici arrivés aux œuvres énumérées dans la seconde partie de notre bibliographie. En principe, elles sont toutes faites de ces notations d'images spontanées et d'états d'âme, puisées en plein courant psychique, immédiatement, et sans que jamais intervienne le Tout-Fait[83].

Il est aisé d'identifier dans ce commentaire quelques philosophèmes de l'*Essai sur les données immédiates de la conscience* revus par Larbaud. On y retrouve l'attention aux images spontanées pour atteindre, contre « la

---

82   Thèse de doctorat soutenue en 2010 à Paris III.
83   Valery Larbaud, « Ramón Gómez de la Serna », *Littérature*, n° 7, septembre 1919, art. cité, p. 3.

censure intérieure, servante de la logique et des formes toutes faites de la vie intellectuelle », la profondeur de la conscience. On relève de même la prédominance de la « vie intuitive » qui rencontre sa forme propre (« décomposer ») contre les « préjugés littéraires » issus de la vieille rhétorique (« composer »). Larbaud annonce également un idéal d'écriture qu'il cherche lui-même pour ses monologues intérieurs avec la saisie du « plein courant psychique ». C'est par rapport à ses propres recherches qu'il définit la « gregueria » de Ramón, une « 'greguería' intérieure, psychique[84] ». En outre, sa définition et sa traduction (« criaillerie ») exprime, nous l'avons vu, ce qu'il y avait de sous-jacent dans sa poétique du borborygme. Tout l'art de la « greguería » est dans la quête de l'extrême intimité :

> L'important, la seule chose nécessaire, c'est de savoir l'accueillir, c'est de ne pas la refouler, de ne pas la mépriser, et de l'exprimer aussi complètement, d'aussi près que possible, avec tout ce qu'elle contient d'expérience, de prescience, de rappels, d'échos, de prolongements, de vie fragile et passagère[85].

Larbaud envisage ensuite Ramón dans une histoire de la poésie européenne sous le signe de Rimbaud, redécouvert grâce à l'influence de l'élément bergsonien, « cette énergie intuitive affranchie du Tout-Fait » :

> Seul, peut-être, le lecteur qui a étudié Rimbaud, qui l'a compris, comprendra et goûtera pleinement les « criailleries » et l'œuvre de Ramón Gómez de la Serna. Cela ne veut pas dire que le poète espagnol soit devenu, en se libérant des influences de son éducation littéraire, un disciple de Rimbaud. Peut-être ignore-t-il le nom de Rimbaud. Mais c'est que Rimbaud a, le premier, introduit dans la littérature cette énergie intuitive affranchie du Tout-Fait ; et a fait, dans la poésie, cette large place à la surprise des phénomènes les plus intimes de la vie psychique[86].

Dans sa présentation du roman de Ramón, *La veuve blanche et noire*, Larbaud condense ses arguments autour de la notion du « Tout-Fait », certes l'expression est vite passée à l'époque dans le langage commun de la critique mais elle conserve malgré tout ses attaches bergsoniennes. Cela dit, Larbaud personnalise cette notion perçue comme l'ensemble

---
84 *Ibid.*, p. 4.
85 *Ibid.*, p. 5.
86 *Ibid.*, p. 6.

des conventions artistiques et sociales qui entrave, avec l'écueil du « moi superficiel », la sincérité de l'expression poétique :

> Par conséquent, l'artiste aura deux ennemis à combattre, ou plutôt deux barrières à franchir : la première est presque inorganique, comme un fleuve ou comme la coulée d'un glacier : c'est le Tout-Fait de Bergson, c'est la foule historique dont la nature et les mouvements relèvent d'une science exacte : la sociologie[87].

Le bergsonisme de Larbaud est ensuite mis à l'épreuve dans les traductions et commentaires d'un autre poète espagnol, Eugenio d'Ors que Larbaud tenait en grande estime au même titre que José Ortega y Gasset. Pour d'Ors, écrit Camille Lacau saint Guily, Bergson est « un irrationaliste, qu'il faut dialectiquement dépasser pour entrer de plain-pied dans le XXe siècle ». Pour lui, « Bergson n'est pas le philosophe nouveau, l'antonomase intellectuelle de la contemporanéité dans la mesure où le XXe siècle sera le siècle anti-bergsonien par excellence, le siècle de la restauration du classicisme ordonné, rationaliste, méditerranéen, héliomachique[88] ». Conservateur, d'un point de vue politique, d'Ors radicalise les objections de Croce mais pour faire triompher un idéal néoclassique.

Ces tensions, comparables à ce qui se passe en France au même moment, on l'a vu avec l'article de Raymond Lenoir à la *NRF*, confirment le rôle du bergsonisme dans l'émergence d'un axe critique européen autour d'une nouvelle perception de la forme en art et en littérature. Très préoccupé par cette question, Larbaud use de ses ressources de dialecticien pour souligner que la position de d'Ors, loin d'être simple, témoigne effectivement d'un « bergsonisme contrarié ». Dans sa préface à *Caboche* de d'Ors, il cite opportunément un critique suisse qui situe d'Ors plutôt dans le prolongement raisonné, si l'on peut dire, de Bergson :

---

87 Valery Larbaud, préface à *La veuve blanche et noire, op. cit.*, p. 3.
88 Camille Lacau Saint-Guily, « Henri Bergson et les conservateurs espagnols (1907-1940). Première partie : l'anti-bergsonisme politique et axiologique espagnol de la presse conservatrice pendant la Grande Guerre et de la droite radicale à travers José María Salaverría et Eugenio d'Ors (1907-1940) », *Cahiers de civilisation espagnole contemporaine (de 1808 au temps présent). Histoire politique, économique, sociale et culturelle*, Printemps 2013, paragr. 54, version numérisée de l'article.

Il convient de citer cette opinion formulée en 1916 par un critique suisse de langue française, et qui jette une vive lumière sur la position philosophique de Eugenio d'Ors, et tout particulièrement sur *Caboche* : 'sa philosophie va plus loin que celle de Bergson et que le Pragmatisme, car elle considère la Raison comme le meilleur élément de la Réalité, élément qui comprend et domine la Réalité même'[89].

La citation est bien choisie car d'Ors restaure un intellectualisme de facture classique dans une opposition, non pas frontale mais dialectique au Pragmatisme de William James et au bergsonisme. En fait, la synthèse de Larbaud montre que la philosophie d'orsienne dérive du bergsonisme (même si d'Ors cherche à s'en détacher pour des raisons idéologiques) :

Des mots et des formules frappantes, qui ne tardèrent pas à être adoptés par la critique, en Espagne et hors d'Espagne, définissent cette philosophie : il faut que chacun de nous réveille et cultive ce qu'il a d'angélique en lui : le rythme pur et la suprême unité de la vie, en un mot : l'Élégance. La philosophie n'est pas contemplation mais pensée, et la pensée est mouvement, donc action. Mais cette action, pour être efficace, doit se conformer aux Normes suprêmes de l'esprit et naître de la liberté du Moi [...]. D'où un Dualisme, qui donne naissance à ce que d'Ors appelle ; « la doctrine ironique de la connaissance », — ironie : dialogue perpétuel, concessions apparentes suivies de revirements brusques en faveur de la raison libre et souveraine[90].

La « doctrine ironique de la connaissance » est cette lutte intermittente du moi profond contre l'extérieur guidé en cela par « la raison libre et souveraine ». Ce nouvel éloge de la « Raison » est en fait une réfutation « néoclassique » de l'intuition bergsonienne que d'Ors apparente à un retour du romantisme. Dans *Caboche ou la prévision et la nouveauté*, d'Ors ne se montre pas tendre avec Bergson qu'il peint sous les traits d'une « cigogne métaphysicienne » prononçant sa dissertation philosophique (le discours de Bergson à Oxford en septembre 1920) « avec un accent légèrement soudanais[91] ». La correspondance avec Larbaud[92] et les échanges autour de la « hiérarchie des esprits » ont permis à d'Ors de clarifier sa

---

89 Valery Larbaud, préface à la traduction de *Caboche*, conte philosophique traduit par Mercédès Legrand, *La Revue de Paris*, 1ᵉʳ février 1928, p. 624.
90 *Ibid.*, p. 624.
91 Valery Larbaud, Préface à la traduction de *Caboche*, *op. cit.*, p. 639.
92 D'Ors déclare à Larbaud qu'il s'oppose aux « Bergson et compagnie », affirme Anne Polÿo dans sa thèse *Valery Larbaud et l'Espagne*, thèse de doctorat d'État, tome II, 1985, p. 516. Sur ces questions, on peut également consulter la thèse de Laura Mercader Amigó, *En*

position vis-à-vis de Bergson. En 1930, son recueil, *Jardin des plantes* (constitué de trois récits, *Le songe est une vie*, *Caboche*, *Océanographie de l'ennui*) présente une nouvelle édition de *Caboche* avec un avertissement qui, tout en reconnaissant l'apport bergsonien de la *Vie*, réaffirme néanmoins sa fidélité à « l'héroïque postulat de la civilisation d'Occident qui a toujours jugé l'intelligence meilleure que la Vie[93] ».

Larbaud prend d'Ors très au sérieux mais il suit ses débats en poète, ce qui lui plaît ce sont ces glissements de sens d'une théorie à l'autre qui attestent des mutations de la littérature et de l'art et des nouveaux regards portés sur la création. Le bergsonisme a fait naître chez les artistes européens un temps de mutation perceptible aussi bien dans le tous les courants du modernisme. Larbaud lui-même esquissera une théorie, « l'art, c'est de l'arbitraire informé[94] » qui d'ailleurs découle en partie des thèses de d'Ors. Son objet est de faire valoir dans le dialogue entre l'art et la philosophie l'élément littéraire en montrant ce que le bergsonisme fait à la littérature, pour user d'une formule actuelle.

Larbaud fut ainsi amené à remettre en cause le système d'autorité que la philosophie de l'élan vital et de la mémoire spontanée exerce sur les écrivains, notamment sur Proust, l'auteur emblématique de l'influence du bergsonisme sur les lettres françaises[95]. Il livre son point de vue dans sa préface au livre d'Emeric Fiser, *L'esthétique de Marcel Proust*. Fiser était un spécialiste de ces questions, ses ouvrages (*La théorie du symbole littéraire et Marcel Proust*, par exemple) sont abondamment cités dans la thèse de Roméo Arbour. On s'étonne d'ailleurs que cette thèse néglige la préface de Larbaud qui considère « qu'en dégageant l'élément réellement personnel des 'découvertes' », une fois les influences identifiées, on peut toucher chez Proust à « ce qu'il y a d'essentiel, de

---

un principi era… Dibuix, figura i màscara en l'obra d'Eugenio d'Ors, Université de Barcelone, novembre 2015, p. 341-343.

93 Avertissement critique à l'édition de *Caboche* dans le recueil *Jardin des plantes*, traduction de Jean Cassou, Francis de Miomandre et Mercédès Legrand, J.-O. Fourcade, Paris, 1930, p. 100. Le prologue au recueil témoigne en même temps d'une fidélité contrariée au bergsonisme avec l'image de la *vie* intense de la végétation (du jardin des plantes) régulée cependant par l'intelligence des botanistes et de leurs étiquettes, « chaque étiquette enferme une charge de savoir », p. 12 du prologue.

94 Dans une réponse à une enquête sur le roman mené par *Le bulletin des lettres* en 1933. Le texte est reproduit dans le cahier de l'Herne consacré à Larbaud, Cahier sous la direction d'Anne Chevalier, Éditions de l'Herne, *op. cit.*, p. 140.

95 Bergson à lui-même admis une convergence avec Proust, voir la biographie de Philippe Soulez et Frédéric Worms, *Bergson*, *op. cit.*, p. 209.

personnel, de purement original, dans son génie[96] ». En contrepartie, il faut également dégager les sources des idées esthétiques de Bergson selon la même méthode : « mais ne conviendrait-il pas d'aller au-delà de cette formule ? Et la question des sources ne doit-elle pas se poser aussi à propos des idées esthétiques de Bergson[97] ? » se demande Larbaud. Cette manière de neutraliser le débat a dû décevoir Fiser qui n'a peut-être pas perçu la subtilité du propos. Larbaud, lecteur de Plotin et de Berkeley connaissait fort bien les « sources » de Bergson ; les suggérer à Fiser, c'était l'inviter à replacer l'actualité du dossier Bergson-Proust dans le temps « désactualisé[98] » de l'histoire littéraire qui relativise la modernité. Larbaud voulait signifier que l'historicité des sources s'appréhende selon une durée propre (une durée bergsonienne ?) indépendante de la chronologie officielle[99].

Ce plaidoyer implicite en faveur du philosophe comporte aussi une mise en garde adressée à Fiser : considérer le bergsonisme tel un nouveau déterminisme, auquel on soumet les écrivains contemporains, serait une erreur. L'essentiel pour les poètes est de dépasser la doctrine, c'est pourquoi Larbaud est sensible à « l'objectivisme subjectif » de Ramón cité dans la préface de *La veuve blanche et noire* comme exemple de version poétique de la lutte contre le « Tout-Fait » :

> « Objectivisme subjectif » : ainsi définit-il la méthode de son art. « Il faut laisser les images venir à nous ; vers les images, nul pas volontaire. » Et enfin : « Peut-être que cet abandon complet de nous-mêmes aux objets, en annihilant notre personnalité, nous fera paraître la mort moins pénible. » Cet abandon qu'il fait de lui-même aux objets extérieurs et qui n'est qu'une façon d'esquiver le Tout-Fait constitue vraiment le secret de sa libération, de son art, le secret aussi du plaisir et de la force que ses livres nous communiquent[100].

Plongée du moi dans le monde objectif afin d'épuiser toutes les connotations subjectives que recèlent les mots, « l'objectivisme subjectif »

---

96 Valery Larbaud, « Préface », Emeric Fiser, *L'esthétique de Marcel Proust*, (librairie de la revue française), Paris, Alexis Redier éditeur, 1933, p. 11.
97 *Ibid.*, p. 10.
98 Valery Larbaud, « Sir Thomas Wyatt », *Domaine anglais, op. cit.*, p. 600. Article paru dans *Commerce*, n° 4, printemps 1925.
99 C'est en s'appuyant sur cette durée qu'on peut se porter, par-delà les sources, au plus « près de l'œuvre originelle, du vase où brille le feu nouveau », *ibid.*, p. 603.
100 Valery Larbaud, préface à *La veuve blanche et noire, op. cit.*, p. 9.

de Ramón communique avec la crise du langage initiée par Bergson et son issue dans l'expression poétique. En commentant l'« objectivisme subjectif » de Ramón, Larbaud décrit finalement un aspect de la nouvelle condition du poète européen face au langage, comme José Ortega y Gasset a voulu le faire dans *La deshumanisation de l'art* (1925) en rassemblant sous une bannière commune, la « même équipe lyrique », Proust, Morand, Giraudoux, Joyce, Ramón.

En même temps, l'antibergsonisme de d'Ors et son retour à la « Raison » permettent à Larbaud de replacer l'émergence de cet axe européen dans la continuité d'une tradition de la raison universelle qui consolide, à travers les siècles, contre les nationalismes, l'unité intellectuelle, morale et politique de l'Europe[101], ce que d'Ors appelle « l'héroïque postulat de la civilisation d'Occident. »

CONCLUSION : VERS UNE HERMÉNEUTIQUE DU SUJET

Pour autant, le trait le plus notable de la critique du bergsonisme chez Larbaud est sa contribution à réévaluer l'idée de poésie dans le système de la connaissance. La lutte contre le « Tout-fait » invite ainsi à voir dans le style de Péguy (*Note sur M. Bergson et la philosophie bergsonienne*) la manifestation de « l'élan vital » mais pour mieux mesurer l'élan donné à la poésie, perçue comme « la marche triomphale de l'esprit transportant avec lui tous ses trésors » :

> C'est un style qui suit étroitement les pensées qu'il exprime, ou plutôt qui les saisit dès qu'elles jaillissent, et nous donne, plutôt qu'un défilé d'idées bien dressées l'image de l'impétueuse sortie d'une puissante masse de pensées. Il n'y a là aucune raideur, rien n'y a été préparé : c'est la marche triomphale de l'esprit transportant avec lui tous ses trésors[102].

---

[101] En citant la formule de d'Ors, la « Sainte Continuation », Larbaud rapproche d'Ors du patriotisme européen « tel que l'entendent Montesquieu et Voltaire », « l'impérialisme » de d'Ors est ainsi interprété : « il est bien entendu que cet impérialisme s'oppose aux nationalismes, formes 'anecdotiques', irrationnelles, démagogiques, de la Réalité à laquelle la Raison, qui est une et universelle, tend à imposer sa loi. », présentation d'Eugenio d'Ors et de *Caboche*, *La Revue de Paris*, *op. cit.*, p. 623-624.
[102] *Ibid.*, p. 94.

On retrouve la même attente dans sa lecture des poèmes de T.S. Eliot. La spontanéité des rythmes permet « l'arrivée à la conscience de vieux souvenirs avec leur atmosphère et le petit détail par lequel la partie éclairée de conscience de la mémoire les a saisis[103]. » Avec ce motif du style au plus près des idées, Larbaud guette un moment de fusion entre le moi créateur et le style. Or le bergsonisme enseigne d'aller plus loin dans la fusion entre l'œuvre et son créateur, en cela, il répond à l'égotisme de Larbaud, en quête de la plus étroite intimité entre l'artiste et son œuvre. Sur ce plan, l'appropriation larbaldienne du bergsonisme sert une poétique du sujet lyrique qui légitime l'idée d'un « moi introuvable », d'une « équation individuelle » communicable seulement par l'art, pour reprendre des formules de la préface bergsonienne à *La veuve blanche et noire*. Le sujet lyrique de « l'objectivisme subjectif » n'est plus dès lors dans l'expression du sentiment mais il aspire à une connaissance du sujet par lui-même ouvrant une nouvelle dimension herméneutique, « qu'est-ce qui est moi en moi ? » se demande Larbaud dans cette même préface.

Gil CHARBONNIER
Aix Marseille Université, CIELAM,
Aix-en-Provence, France

---

103 Valery Larbaud, « Une renaissance de la poésie américaine (suite) », *La Revue de Paris*, 15 septembre 1921, article repris dans *Domaine anglais, op. cit.*, p. 499.

BIBLIOGRAPHIE

ARAGON, Louis, *Œuvres romanesques*, T. I, (édition publiée sous la direction de Jacques Aubert), Paris, Gallimard (Bibliothèque de la Pléiade), 2012.
ARBOUR, Roméo, *Henri Bergson et les lettres françaises*, Paris, José Corti, 1955.
BENDA, Julien, « Réponse à M. Florence », *La Phalange*, n° 74, 20 août 1912, p. 183-186.
BERGSON, Henri, *La pensée et le mouvant*, Paris, PUF (Quadrigue), 2009.
BERGSON, Henri, *Essai sur les données immédiates de la conscience*, (éd. Frédéric Worms), Paris, PUF, 2011.
BUTLER, Samuel, « La Vie et l'Habitude », *L'identité personnelle* (chap. VI.) (traduction Valery Larbaud), Paris, Gallimard, 1922, p. 97-105.
CAPASSO, Aldo, *À la nuit et autres poèmes*, Tunis, Mirages, 1935.
CHARBONNIER, Gil (éd.), *Correspondance Larbaud-Royère, Cahiers Valery Larbaud*, n° 48, 2012.
CHEVALIER, Anne (éd.), *Valery Larbaud. Cahier de l'Herne*, n° 61, Paris, Éditions de l'Herne, 1992.
CURTIUS, Ernst Robert, « Valery Larbaud », *La revue nouvelle*, 15 mai 1925.
FERNANDEZ, Ramón, « Poésie et biographie », *La N.R.F*, n° 195, décembre 1929, p. 824-829.
FLORENCE, Jean, « Nature et méthode de la philosophie (à propos de M. Julien Benda et de sa critique du Bergsonisme) », *La Phalange*, n° 73, 20 juillet 1912, p. 1-15.
FLORENCE, Jean, « Réponse à M. Julien Benda », *La Phalange*, n° 75, 20 septembre 1912, p. 278-285.
GIULIANI, Fabrizia, « Benedetto Croce et les idées linguistiques d'Henri Bergson », Claudia Stancati, Donata Chiricò, Federica Vercillo (dir.), *Henri Bergson : esprit et langage*, Hayen (Belgique), Éditions Mardaga, 2001, p. 265-272.
GÓMEZ DE LA SERNA, Ramón, *La veuve blanche et noire* (traduit par Jean Cassou), Paris, Édition du Sagittaire, 1924.
LACAU SAINT-GUILY, Camille, « Henri Bergson et les conservateurs espagnols (1907-1940). Première partie : l'anti-bergsonisme politique et axiologique espagnol de la presse conservatrice pendant la Grande Guerre et de la droite radicale à travers José María Salaverría et Eugenio d'Ors (1907-1940) », *Cahiers de civilisation espagnole contemporaine (de 1808 au temps présent). Histoire politique, économique, sociale et culturelle*, n° 10, printemps 2013, s. p.
LARBAUD, Valery, « Ramón Gómez de la Serna », *Littérature*, n° 7, septembre 1919.

LARBAUD, Valery, *Mon plus secret conseil...*, *La NRF*, n° 120, septembre 1923, p. 295-331.
LARBAUD, Valery, *Jaune bleu blanc*, Paris, Gallimard (NRF), 1927.
LARBAUD, Valery, « Préface », Eugenio d'Ors, *Trois natures mortes*, *Le Roseau d'or*, n° 4, 1927, p. 307-314.
LARBAUD, Valery, « Préface », Eugenio d'Ors, *Caboche* (conte philosophique traduit par Mercédès Legrand), *La Revue de Paris*, 1er février 1928.
LARBAUD, Valery, « Préface », Emeric Fiser, *L'esthétique de Marcel Proust*, Paris, Alex Rédier Éditeur, 1933, p. 11-12.
LARBAUD, Valery, *Ce vice impuni, la lecture. Domaine français*, Paris, Gallimard, 1941.
LARBAUD, Valery, *Œuvres*, Paris, Gallimard (Bibliothèque de la Pléiade), 1958.
LARBAUD, Valery, *Lettres d'un retiré* (édition établie et préfacée par M. Bulteau), Paris, Gallimard (La table ronde), 1992.
LARBAUD, Valery, *Ce vice impuni, la lecture. Domaine anglais, suivi de pages retrouvées* (éd. Béatrice Mousli), Paris, Gallimard, 1998.
LARBAUD, Valery, *Lettres de Paris* (éd. Anne Chevalier), Paris, Gallimard, 2001.
LARBAUD, Valery, *Journal* (éd. définitive Paule Moron), Paris, Gallimard, 2009.
LEJOSNE-GUIGNON, Renaud, « Madrépore et métaphores : Laforgue, la philosophie et la 'nouvelle psychologie' » (Dossier Laforgue), *Revue d'histoire littéraire de la France*, n° 117/2, juin 2017, p. 345-366.
LENOIR, Raymond, « La pensée française devant la guerre », *La NRF*, n° 73, 1er octobre 1919, 641-669.
LENOIR, Raymond, « Réflexions sur le bergsonisme », *La NRF*, n° 75, décembre 1919, 1077-1089.
LEVET, Henry J.M., *Cartes postales et autres textes, précédés d'une conversation de Léon –Paul Fargue et Valery Larbaud*, (éd. Bernard Delvaille), Paris, Gallimard, 2001.
LIOURE, Françoise (éd), *Valery Larbaud–Jacques Rivière. Correspondance 1912-1924*, Paris, Éditions Claire Paulhan, 2006.
MABILLE, Bernard, « Éloges de la fluidité : Hegel, Bergson et la parole », *Les Études philosophiques*, n° 59, 2001/4, p. 499-516.
MERLEAU-PONTY, Maurice, *Phénoménologie de la perception II. Le monde perçu* (édition établie et préfacée par Claude Lefort), Paris, Gallimard (Quarto), 2010.
MORAND, Paul, *Journal d'un attaché d'ambassade* (éd. M. Collomb), Paris, Gallimard, 1996.
D'ORS, Eugenio, *Trois natures mortes* (traduit par Valery Larbaud et Mercédès Legrand), *Le Roseau d'or*, n° 4, 1927, p. 307-314.
D'ORS, Eugenio, *Caboche* (conte philosophique traduit par Mercédès Legrand), *La Revue de Paris*, 1er février 1928.

PÉGUY, Charles, « Note sur M. Bergson et la philosophie bergsonienne », *Cahiers de la Quinzaine*, série du 26 avril 1914, p. 11-53.

PESSOA, Fernando, *Le gardeur de troupeaux et les autres poèmes d'Alberto Caeiro* (préface et traduction d'Armand Guibert), Paris, Gallimard (Poésie), 1960.

ROUSSILLE, Frédéric, « Images et accès au monde dans *Les poésies d'A.O. Barnabooth* de Valery Larbaud », *Cahiers Valery Larbaud*, n° 51 (*Valery Larbaud et le paysage*), 2015, p. 59-83.

SAMPSON, George (éd.), *The works of George Berkeley*, London, George Bell and Sons, 1898 (vol. II, III), 1908 (vol. I).

SCHAFFNER, Alain (dir.), *L'Ère du récit d'enfance en France depuis 1870*, Arras, Artois Presses Université, 2005.

SOULEZ, Philippe et WORMS, Frédéric, *Bergson*, Paris, Flammarion (Grandes biographies), 1997.

THIBAUDET, Albert, *Paul Valéry*, Paris, Gallimard, 1922.

THIBAUDET, Albert, « Conclusions sur le bergsonisme » (article de tête), *La NRF*, n° 120, septembre 1923.

THIBAUDET, Albert, *Le bergsonisme*, Paris, NRF, 1923.

THIBAUDET, Albert, « Le roman domestique », *La NRF*, n° 127, avril 1924.

THIÉBAUT, Marcel, *Évasions littéraires*, Paris, Gallimard, 1935.

TOTH, Naomi, *Woolf, Sarraute, une autre phénoménologie de la perception*, Paris, Classiques Garnier, 2016.

VALÉRY, Paul, *Œuvres*, T. I, Paris, Gallimard (Édition de la Pléiade), 1957.

VIEILLARD-BARON, Jean-Louis, *Bergson*, Que sais-je ?, Paris, PUF, 2007.

VALERY LARBAUD ET HENRI BERGSON

La gare de Cahors comme lieu de transition

Dans l'œuvre de Valery Larbaud on trouve maints types de transgressions. Les mots, les sujets, les identités, les lieux et le temps sont rendus transitoires, dans un mouvement permanent[1]. En ce sens, ses textes ‹ traduisent › l'expérience de la modernité : ils nous rapprochent, en nous le faisant ressentir, d'un état d'esprit ambivalent entre la perception d'un monde accéléré par l'industrialisation et l'impossibilité de représenter cette expérience humaine de manière adéquate. Le motif du voyage en train, très récurrent dans son œuvre, en est un excellent exemple : Des poèmes tels que « Ode » peuvent être lus comme des tentatives de saisir à travers leur esthétique la nouvelle perception de la relation lieu-temps, car ici l'expérience du voyage est présentée dans la composition du poème comme un mouvement constant[2]. Au contraire, le poème « L'ancienne gare de Cahors », quant à lui, transforme un lieu réel et statique en un espace de transition entre le passé et le futur : ce poème crée un lieu de mémoire, un espace où passé et futur se trouvent juxtaposés au présent, réalisant une « durée » au sens bergsonien du terme.

Le motif du train en mouvement constitue, évidemment, une image populaire dans la littérature de la modernité, comme nous le trouvons souvent chez Larbaud. « La prose du Transsibérien » de Blaise Cendrars en est un autre exemple emblématique. Cependant, le motif de la gare ferroviaire y est aussi important : le bâtiment stable contraste avec l'expérience de l'accélération et de la répétition des allers et retours. La gare devient donc un lieu où culminent les nouvelles sensations du voyage en train. C'est ainsi qu'au début d'*À la recherche du temps perdu* de Marcel Proust, la gare apparaît comme point de référence pour les

---

1 Je remercie Aurélien Jarry les corrections de style.
2 Voir Vera Elisabeth Gerling, « La traduction comme modèle de la transgression du texte, du sujet et de l'identité chez Valery Larbaud », *Cahiers Valery Larbaud*, n°53 (dir. Amélie Auzoux et Gil Charbonnier) 2017, p. 129-146.

situations d'adieu et de retour. Le petit sentier, parcouru précipitemment, devient souvenir dans lequel se joignent plusieurs événements du passé et du futur. Ainsi, la description évocatrice du je lyrique nous rapproche de l'expérience imaginée du narrateur :

> Je me demandais quelle heure il pouvait être ; j'entendais le sifflement des trains qui, plus ou moins éloignés, comme le chant d'un oiseau dans une forêt, relevant les distances, me décrivait l'étendu de la campagne déserte où le voyageur se hâte vers la station prochaine ; et le petit chemin qu'il suit va être gravé dans son souvenir par l'excitation qu'il doit à des lieux nouveaux, à des actes inaccoutumés, à la causerie récente et aux adieux sous la lampe étrangère qui le suivent encore dans le silence de la nuit, à la douceur prochaine du retour[3].

Le narrateur à la première personne a pourtant l'intention explicite de déterminer le temps présent (« je me demandais quelle heure il pouvait être »), ce qu'il ne réussit que plus tard à réaliser en regardant l'horloge : « Bientôt minuit ».

La détermination de l'instant précis et techniquement valable s'oppose donc à une expérience individuelle imaginée du présent, située au seuil contingent entre le passé et le futur. De plus, il est manifeste que le je-narrateur peine à décrire avec précision ce type d'expérience. Ainsi le sifflement des trains est comparé au chant d'un oiseau dans la forêt, la nature semble être encore plus familière que la technique. De par cette multitude d'images, incrustées dans un rythme spécifique reflétant la rapidité de l'expérience, la gare constitue un lieu privilégié pour représenter l'accélération de la vie moderne. Selon la reflexion nocturne du narrateur, à la gare le moment actuel se produit en tant qu'intermédiaire entre l'avenir (« douceur prochaine du retour ») et le passé (« la causerie récente »).

Cet extrait de la *Recherche* illustre parfaitement les possibilités offertes par les moyens esthétiques de la littérature pour nous rapprocher d'expériences qui dépassent la logique scientifique. Cela nous amène aux questions centrales de notre analyse : Comment l'expérience moderne de la perception du temps peut-elle s'intégrer dans un texte ? Est-il est possible de transmettre une expérience contingente par et dans le langage ? Comment approcher l'indicible, les aspects de la vie humaine

---

3 Marcel Proust, *À la recherche du temps perdu*, Paris, Gallimard (Quarto), 1999, p. 13.

qui restent hors du sens, hors de ce qu'on peut décrire avec des mots et selon la logique scientifique ? Une ‹ traduction › de la réalité du vécue est-elle possible ? C'est à l'époque de la modernité que la croyance en la possibilité de représenter le monde par le langage se perd définitivement. Déjà chez Charles Baudelaire les correspondances entre le monde et le langage étaient considérées comme contingentes et donc non fiables.

Pour modéliser ce processus, je propose de partir d'un concept culturel de « traduction » en un sens abstrait, d'une idée du processus de traduction qui accepte la différence non résiliable entre le monde et le texte, mais qui, cependant, poursuit la possibilité de créer un rapprochement potentiel à ces expériences, non pas comme une reproduction mimétique de la réalité, ni une traduction littérale du sens de nos expériences, puisqu'une équivalence parfaite entre vie et texte, une traduction « fidèle » reste impossible. J'aimerais définir ce type de traduction selon les termes de la « version interlinéaire » dont parle Walter Benjamin dans son fameux essai « La tâche du traducteur[4] ». Pour lui, l'original et la traduction seront toujours soumis à des changements constants, leur relation réciproque est donc toujours en mouvement et reste non-définitive. Il n'existe dès lors aucune identité commune entre l'original et la traduction, les deux étant beaucoup plus qu'une version de la même idée. Cependant, il y a toujours une interdépendance réciproque entre les deux, le traduisible et l'intraduisible étant toujours présents.

De même, chez Maurice Merleau-Ponty, on retrouve le concept de « traduction » dans un contexte similaire. Pour lui, la compréhension de ce que l'on perçoit est une sorte de traduction, c'est-à-dire un texte. Toujours selon lui, il n'y a pas d'équivalence entre le visible et son explication philosophique, cette « traduction » n'étant qu'une version fragmentaire, mais toujours liée à la réalité « inutilisable si l'on ne dispose pas du texte[5] ». Il s'agit donc ici encore d'une relation de dépendance réciproque. Puis, si on suit la critique de la représentation dans la théorie de la différence, le langage et sa réalisation sont également en mouvement perpétuel. Pour Jacques Derrida, le langage écrit ne reste jamais identique, il se trouve en éternel mouvement, toujours soumis à

---

4   Walter Benjamin, « Die Aufgabe des Übersetzers », *Gesammelte Schriften* IV/1, Frankfurt am Main, Suhrkamp, 1972 [1923], p. 9-21.
5   Maurice Merleau-Ponty, *Le visible et l'invisble*, Paris, Gallimard, 196, p. 58.

la « différence[6] ». L'écriture est donc contingente, non contrôlable dans son existence changeante.

Selon notre hypothèse, les poèmes de Valery Larbaud offrent une telle possibilité d'un rapprochement vers la complexité de l'expérience vécue. Ses textes produisent et traduisent des expériences pour s'approcher du vécu, même au-delà de ce qui est perceptible consciemment, de ce qui est explicable, en incluant aussi tout ce qui échappe à une représentation mimétique. Dans notre cas, c'est l'expérience de la temporalité qui est traduite.

Cette recherche d'une traduction de l'expérience vécue en texte est selon nous une caractéristique fondamentale de l'œuvre de Larbaud. Revenons à l'exemple de son poème « Ode[7] » qui thématise le voyage dans les trains de luxe (comme l'Orient Express) en tant qu'expérience moderne de déplacement. Le moi lyrique cherche à traduire une expérience en texte, dans ce cas, l'expérience corporelle, sensuelle du voyage en train. Et c'est par l'esthétique, notamment par l'emploi d'onomatopées, que ces vers peuvent engendrer, par la lecture, un rapprochement sensuel vers cette expérience de « glissement nocturne à travers l'Europe illuminée ». Ce processus (impossible) est même thématisé à la fin du poème : « Ah ! Il faut que ces bruits et ce mouvement / Entrent dans mes poèmes et disent / Pour moi ma vie indicible[8]. »

Dans notre analyse, on part de l'idée que la vitesse de la machine n'est pas célébrée, chez Larbaud, comme une réalisation de la modernité industrielle, en tant qu'affirmation du progrès, comme le prétendent certaines précédentes analyses[9]. Au contraire, sa poésie rend plutôt perceptible le nouveau potentiel d'expérience créé par le chemin de fer, lequel change et modifie fondamentalement les ordres géographiques établis ainsi que les définitions de la distance et du temps. Le chemin de fer, comme nouveau moyen de transport, apporte de nouveaux modes d'expérience qui façonnent fortement la modernité historique : mouvement, vitesse, écoulement du temps, fugacité des images perçues[10]. La simultanéité du passé et du futur dans le présent devient ici virulente.

---

6   Jacques Derrida, *L'écriture et la différence*, Paris, Seuil, 1967.
7   Valery Larbaud, *Œuvres*, Paris, Gallimard (Bibliothèque de la Pléiade), 1958, p. 44s.
8   Valery Larbaud, *Œuvres*, *op. cit.*, *p.* 45.
9   Par exemple Peter Baker, *Obdurate Brilliance, Exteriority and the Modern Long Poem*, Gainsville, University of Florida Press, 1991, p. 15.
10 Selon Wolfgang Wehle les nouveaux moyens de transports ont rendu possible de nouvelles expérience vécues, surtout la notion de l'ubiquité. Wolfgang Wehle, « Lyrik im Zeitalter

HENRI BERGSON

Selon notre hypothèse, la notion de temps est fondamentale dans l'œuvre de Valery Larbaud, et celle-ci en reflète une nouvelle perception, laquelle se manifeste également dans la philosophie de son contemporain Henri Bergson qui a eu une grande influence sur l'auteur. Dans son article dans ce même volume, Gilles Charbonnier nous offre un panorama sur le bergsonisme de Valery Larbaud. Même si pour notre auteur non philosophique, son bergsonisme serait plutôt une « rêverie poétique[11] », Charbonnier le considère très sensible à la rupture intellectuelle provoquée par Henri Bergson. Selon lui, « Larbaud baigne dans ce courant bergsonien[12] ».

Pour Larbaud, Bergson est donc un point de repère pour la réflexion sur la modernité qui trouve son moyen d'expression dans la littérature. Il y a par exemple l'œuvre de Ramón Gómez de la Serna, qu'il promeut en France[13] et qu'il lit lui-même comme une expression lyrique de la perception du monde à l'âge moderne. En faisant allusion à Bergson, il montre comment Ramón offre des possibilités de se libérer du « tout-fait » absolu et stable, le remplaçant par des objets en mouvement[14]. Son œuvre serait donc une expression esthétique de l'expérience de vie à l'époque moderne[15].

---

der Avantgarde. Die Entstehung einer "ganz neuen Ästhetik"zu Jahrhundertbeginn », Dieter Janik (éd.), *Die französische Lyrik*, Darmstadt, Wissenschaftliche Buchgesellschaft, 1987, p. 418.

11 Gil Charbonnier, « Le bergsonisme de Valery Larbaud dans l'émergence d'un axe critique européen », *Cahiers Valery Larbaud*, n° 55 (dir. Vera Elisabeth Gerling), 2019, p. 67.

12 *Ibid.*, p. 72.

13 Pour en savoir plus sur Larbaud comme promoteur et traducteur de Ramón, voir Vera Elisabeth Gerling, « Von *Greguerías* zu *Criailleries* : Valery Larbaud als Förderer und Übersetzer von Ramón Gómez de la Serna », *Literaturübersetzen als Reflexion und Praxis* (éd. Vera Elisabeth Gerling et Belén Santana), Tübingen, Narr, 2018, p. 185-201, et María Isabel Corbí Sáez, « La relación literaria de Ramón Gómez de la Serna y de Valery Larbaud. Contribución a un nuevo acercamiento según lo epistolarios de algunos de los ‚Potassons' », *Çédille. Revista de estudios franceses*, n° 7, 2011, p. 75-95.

14 C'est dans un texte sur l'œuvre de Ramón Gómez de la Serna que Larbaud fait allusion au « Tout-Fait » selon Bergson, voir Valery Larbaud, « Ramón Gómez de la Serna », *La Revue Européenne*, n° 13, 1924, p. 10.

15 Pour en savoir plus sur l'importance de Valery Larbaud pour la promotion de ses livres, voir Gerling, « Von *Greguerías* zu *Criailleries* », *op. cit.*

Selon Bergson, le présent ne peut être considéré comme un moment isolé. Plutôt, il est défini comme une durée qui inclut le passé et le futur : « Mais le présent réel, concret, vécu, celui dont je parle quand je parle de ma perception présente, celui-là occupe nécessairement une durée[16]. » Ce présent se situe donc selon lui toujours comme un intermédiaire entre passé et futur, restant lié aux deux. Le moment actuel serait donc un instant contingent et en mouvement sur l'axe du temps : « Il est trop évident [...] que ce que j'appelle 'mon présent' empiète tout à la fois sur mon passé et sur mon avenir[17] ».

Dans cette notion du présent les souvenirs jouent un rôle important. Selon Bergson, entre perception et mémoire il n'y a qu'une différence graduelle. Cependant, la perception se montre plus puissante : « [...] on ne peut trouver entre la perception et le souvenir qu'une différence de degré, la perception déplaçant le souvenir et constituant ainsi notre présent, simplement en vertu de la loi du plus fort. » Tout d'abord, il semble donc que le souvenir n'a pas d'importance pour le moment actuel. « Mon présent est ce qui m'intéresse, ce qui vit pour moi, et, pour tout dire, ce qui me provoque à l'action, au lieu que mon passé est essentiellement impuissant[18]. »

C'est cependant en déplaçant le souvenir que la perception actuelle se constitue. De plus, selon Bergson, les souvenirs s'introduisent dans le présent, au moment où ils obtiennent une importance pour cette perception actuelle. Dans ce processus, celle-ci marque les souvenirs, en les adaptant à la nécessité actuelle : « On chercherait vainement, en effet, à caractériser le souvenir d'un état passé si l'on ne commençait par définir la marque concrète, acceptée par la conscience, de la réalité présente[19]. » En se souvenant, le passé se réactive dans le contexte actuel du sujet et devient partie intégrante du présent :

> Sans doute il engendrera des sensations en se matérialisant ; mais à ce moment précis il cessera d'être souvenir pour passer à l'état de chose présente, actuellement vécue ; et je ne lui restituerai son caractère de souvenir qu'en me reportant à l'opération par laquelle je l'ai évoqué, virtuel, du fond de mon

---

16 Henri Bergson, *Matière et mémoire : essai sur la relation du corps à l'esprit*, Paris, PUF, 1968 [1939], p. 152.
17 *Ibid.*, p. 153.
18 *Ibid.*, p. 152.
19 *Ibid.*

passé. C'est justement parce que je l'aurai rendu actif qu'il sera devenu actuel, c'est-à-dire sensation capable de provoquer des mouvements[20].

Dans ce processus de réactivation du souvenir, celui-ci devient image présente et se confond avec une certaine partie du présent individuel et subit donc un décalage, une différence. Même si, d'une part, Bergson souligne que le présent est généralement plus fort que le passé, il fait remarquer d'autre part que les perceptions du passé sont très intenses, alors que les perceptions actuelles ne peuvent jamais saisir la totalité du monde extérieur. Notre vie antérieure forme donc une partie intégrante de la vie actuelle :

> [...] notre vie psychologique antérieure existe même plus pour nous que le monde externe, dont nous ne percevons jamais qu'une très petite partie, alors qu'au contraire nous utilisons la totalité de notre expérience vécue.

Même si les mémoires sont mises à jour à chaque moment, Bergson déclare qu'elles ne sont pas contrôlables, mais discontinues. Les souvenirs ne sont pas délibérément mis à jour, mais subissent des changements incontrôlés lors de leur actualisation, « nos souvenirs s'éclairent d'une manière discontinue dans le temps[21]. »

Selon Bergson, notre concience de la durée se distingue de la notion du temps des physiciens, la perception du temps du sujet serait donc d'une autre profondeur. Le présent se perçoit comme une durée en mouvement entre le passé et le futur, le présent étant un moment fluide, en échange permanent. Comme partie intégrante du présent, le passé engendre et marque le présent, ainsi que l'attente de l'avenir. À notre avis, cette perception du temps moderne se reflète dans « L'ancienne gare de Cahors », texte qui lui donne une incarnation esthétique, « baignée » de bergsonisme.

---

20 *Ibid.*, p. 155.
21 *Ibid.*, p. 162, pour les deux citations.

LA GARE DE CAHORS

L'ancienne gare de Cahors est inaugurée comme terminus de la troisième ligne ferroviaire construite dans le Département du Lot. Ouverte le 20 décembre 1869, cette ligne

> [...] devait relier Monsempron-Libos à Cahors, inaugurant ainsi le premier itinéraire par fer entre Paris et Cahors via Limoges et Périgueux. La gare construite à cette époque existe encore, le bâtiment en est situé Avenue Jean Jaurès. Il est d'ailleurs toujours connu sous la désignation « d'ancienne gare ». Actuellement, il abrite la médiathèque du Pays de Cahors[22].

À l'époque, cela signifiait un immense progrès pour les voyages à travers la France : « En partant de Paris à 13h40 par un train qui comportait des 2e et 3e classes, on parvenait à Cahors le lendemain matin à 11h05 après avoir changé de train à Monsempron-Libos à 9h30[23]. » Cependant, pour permettre une meilleure connexion encore des trains express, la nouvelle (et toujours actuelle) gare de Cahors fut déjà inaugurée en 1884, à cause de la planification d'une nouvelle ligne de chemin de fer entre Montauban et Brive via Cahors. Cette dernière ligne devait permettre à Cahors de devenir un nœud ferroviaire de première importance en raison de l'accroissement du trafic des passagers et des marchandises. Il y avait donc, quinze ans après l'inauguration de la première gare de Cahors, déjà une nouvelle gare pour la remplacer. Il est curieux de voir qu'à l'époque on parlait déjà d'une « ancienne » gare, vu que la contruction des voies ferrées était encore en développement[24]. Ceci souligne, cependant, la vitesse de ce développement ce qui ne resta pas sans influence dans la perception de la notion de « temps[25] ».

---

22 Trains en Quercy, voir : http://archives.quercy.net/patrimoine/chemin_fer/index.html.
23 *Ibid.*
24 Sur le cite Internet http://archives.quercy.net/patrimoine/chemin_fer/index.html on trouve des photographies des deux gares.
25 Kern souligne : « Railroads were not new, but around the turn of the century their hold on political, military, economic, and private life tightened as the railroad network thickened. » Stephen Kern, *The Culture of Time and Space 1880-1918*, Cambridge, Harvard University Press, 1983, p. 213.

LE POÈME

Quand Larbaud a écrit ce poème, il avait tout juste 17 ans[26]. Voyons tout d'abord le poème :

> Voyageuse ! ô cosmopolite ! à présent
> Désaffectée, rangée, retirée des affaires.
> Un peu en retrait de la voie,
> Vieille et rose au milieu des miracles du matin,
> Avec ta marquise inutile
> Tu étends au soleil des collines ton quai vide
> (Ce quai qu'autrefois balayait
> La robe d'air tourbillonnant des grands express)
> Ton quai silencieux au bord d'une prairie,
> Avec les portes toujours fermées de tes salles d'attente,
> Dont la chaleur de l'été craquèle les volets...
> [...][27]

Le poème de notre auteur intitulé « L'ancienne gare de Cahors », est à première vue empreinte d'une exagération lyrique : la station se voit personnifiée, et est décrite avec une mélancolie dramatisée qui déplore la perte de son importance. L'énumération de ces trois éléments : « Désaffectée, rangée, retirée des affaires » donne lieu à cette impression, soulignée par l'homéotéleute. La description du « quai vide », la référence aux « portes toujours fermées » et la déclaration « L'ébranlement des trains ne te caresse plus » confortent cette possible interprétation puisqu'ils parlent d'un passé apparemment perdu.

Ce qui, au premier abord, pourrait nous paraître une simple description de la gare et une expression de la mélancolie, est cependant beaucoup plus que cela. Dans ce poème qui nous présente un lieu bien précis, se superposent plusieurs couches temporelles. Tout d'abord, on y trouve des modifications d'un état à un autre : « Ce quai qu'autrefois balayait / La robe d'air tourbillonnant des grands express » devient

---

26 Voir Christine Kossaifi, « Le *Bateau ivre* du cosmopolitisme larbaldien. Sur les rails de L'Ancienne gare de Cahors », *Cahiers Valery Larbaud*, n° 53, (dir. Amélie Auzoux et Gil Charbonnier) 2017, p. 172.
27 Valery Larbaud, *Œuvres, op. cit.*, p. 51.

« le chatouillement / Des doigts légers du vent dans l'herbe ». Ce qui, autrefois, était l'air des trains, est aujourd'hui le vent.

Ce qui me paraît encore plus important dans ce poème, c'est la coexistence du passé avec le présent. Les souvenirs actualisent le passé, maintiennent le passé dans la description de la gare à l'état actuel : Le passage « Ô gare qui as vu tant d'adieux, / Tant de départs et tant de retours » peut certes s'interpréter comme expression de la mélancolie, toutefois, l'anaphore nous rend ce souvenir perceptible dans l'actualité présente de la lecture.

De plus, la gare abandonnée est appelée « voyageuse » et « cosmopolite » : la gare elle-même ne voyage pas, elle ne devient cosmopolite qu'à travers les voyageurs, et le reste aussi dans le présent, malgré leur absence. Ce poème crée ici une simultanéité ambivalente, non logique. C'est aussi par l'onomatopée, que le passé devient une partie du présent : le silence règne, mais les sons restent toujours présents dans les traces rouillées : « Les rails / Rouges et rugueux de rouille ». À travers la lecture, on éprouve la sensation d'une perception corporelle de cette description, dans laquelle le passé s'entremêle grâce à la création du son par le langage même du poème :

> [...]
> Ô gare qui as vu tant d'adieux,
> Tant de départs et tant de retours,
> Gare, ô double porte ouverte sur l'immensité charmante
> De la Terre, où quelque part doit se trouver la joie de Dieu
> Comme une chose inattendue, éblouissante ;
> Désormais tu reposes et tu goûtes les saisons
> Qui reviennent portant la brise ou le soleil, et tes pierres
> Connaissent l'éclair froid des lézards ; et le chatouillement
> Des doigts légers du vent dans l'herbe où sont les rails
> Rouges et rugueux de rouille,
> Est ton seul visiteur.
> L'ébranlement des trains ne te caresse plus :
> Ils passent loin de toi sans s'arrêter sur ta pelouse,
> Et te laissent à ta paix bucolique, ô gare enfin tranquille
> Au cœur frais de la France[28].

Ce texte crée ainsi une simultanéité entre le passé et le présent, conçoit une perception de cette notion de la « durée » dont parle Henri Bergson,

---

28 *Ibid.*, p. 51s.

où le passé serait une partie intégrante du présent, lequel n'existe qu'à travers la mémoire :

> Nous avons conscience d'un acte *sui generis* par lequel nous nous détachons du présent pour nous replacer d'abord dans le passé en général, puis dans une certaine région du passé : travail de tâtonnement, analogue à la mise au point d'un appareil photographique. Mais notre souvenir reste encore à l'état virtuel ; nous nous disposons simplement ainsi à le recevoir en adoptant l'attitude appropiée. Peu à peu il apparaît comme une nébulosité qui se condenserait ; de virtuel il passe à l'état actuel ; et à mesure que ses contours se dessinent et que sa surface se colore, il tend à imiter la perception[29].

Bergson crée un concept de temps qui ne se réduit pas à sa représentation linéaire par les sciences naturelles. Pour lui, il ne s'agit pas d'un interminable cours de moments identiques. Même s'il accepte ce modèle pour le fonctionnement des sciences mathématiques, il prétend que ce dernier ne suffit pas pour approcher une idée du temps en tant qu'expérience. Il propose plutôt une coexistence et une continuité entre passé et présent, une « continuité de devenir ». Le poème de Larbaud crée une telle durée, dans le sens bergsonien, il crée cette continuité que produit une simultanéité entre le passé et le présent. Le souvenir fait partie du présent. Au moment où le souvenir se matérialise, il engendre des sensations et passe à l'état de chose présente, actuelle. Le présent se constitue, selon Bergson, du passé :

> Votre perception, si instantanée soit-elle, consiste donc en une incalculable multitude d'éléments remémorés, et, à vrai dire, toute perception est déjà mémoire. Nous ne percevons, pratiquement, que le passé, le présent pur étant l'insaisissable progrès du passé rongeant l'avenir[30].

La perception de la gare présentée par Larbaud ne serait pas, pour employer les mots de Bergson, qu'un « simple contact de l'esprit avec l'objet présent ; elle est toujours imprégnée des souvenirs-images qui la complètent en l'interprétant[31]. » En plus des souvenirs qui renvoient au temps du fonctionnement de la gare, le poème nous offre de par son intertextualité aussi un souvenir de la culture classique, puisqu'il nous présente des allusions à L'*Idylle VII*, mais l'intertextualité est déjà

---

29 Henri Bergson, *Matière et mémoire*, *op. cit.*, p. 148.
30 *Ibid.*, p. 167.
31 Henri Bergson, *Matière et mémoire*, *op. cit.*, p. 147.

marquée quand le poème parle de la « paix bucolique[32] ». Voici une multitude d'éléments qui renvoient au passé.

Le poème crée donc une simultanéité d'expériences temporelles et nous montre une autre possibilité de penser la perception du temps. Dans ce sens, la gare « délocalise l'espace et le temps[33]. » C'est un ordre alternatif interne qui surgit des souvenirs du personnage, souvenirs caractérisés par « un glissement perpétuel de la mémoire[34] ». Ce poème contrecarre l'ordre discursif d'un temps linéaire en proposant plutôt comme base conceptuelle une simultanéité achronologique. Ici, l'altérité, ce qui est exclu de la logique humaine, ce refoulement revenant, s'introduit dans le monde propre du moi lyrique, le déstabilise en quelque sorte, mais crée une perception autre de l'instant historique – pour Larbaud une présence actuelle, parsemée de passé.

Le poème échappe à une intégration dans un modèle explicatif qui pourrait suivre un raisonnement logique, il échappe au pouvoir du sujet voyant, puisqu'il ne montre pas. Ici est remise en question notre perception même du temps, de la causalité, de la continuité et de la chronologie.

C'est la présence immatérielle, invisible de ce passé « autre » qui pénètre dans l'actualité du sujet. Dans l'imagination naît une perception de l'histoire au-delà de l'ordre historique établi, ce qui implique une remise en question de la position du sujet qui n'est plus souverain de lui-même. C'est de par cette achronie ou bien simultanéité, et de la désorientation temporelle qui en résulte, par la présence du passé s'immisçant dans l'actualité, que le sujet est remis en question.

Les poèmes de Barnabooth expérimentent alors des pratiques de vie qui délocalisent ou bien translocalisent le discours en vigueur, en nous proposant une perception du monde au-delà des constellations scientifiquement admises. Ici, les distances spatio-temporelles se présentent hors de la logique épistémologique établie, il s'agit plutôt d'une perception du savoir de la vie transtemporel et translocal. C'est dans l'acceptance du mouvement infini de textes, de discours, des espaces et du temps que l'existence se trouve déstabilisée.

---

32 Voir Christine Kossaifi, « Le *Bâteau ivre* », art. cité, p. 182.
33 Voir Gil Charbonnier, « Paysage intérieur et créativité lyrique chez Valery Larbaud », Cahiers Valery Larbaud, n° 51 (dir. Françoise Lioure), 2015, p. 119.
34 Jean-Claude Corger, « L'espace français et la sensibilité géographique de Valery Larbaud », *Valery Larbaud. Les Cahiers de L'Herne*, n° 61, Paris, Éditions de l'Herne, 1992, p. 56.

CONCLUSION

Dans le poème éponyme, la gare de Cahors devient lieu de mémoire par substitution. En fait, chez Larbaud cette idée d'une localisation des souvenirs est aussi présente quand il parle de la Gare de Métaponte en Italie. Métaponte, ancienne colonie grecque, est la ville où Pythagore, apparemment, se serait laissé mourir de faim dans le temple des Muses. Larbaud nous propose ici l'idée d'une gare comme gardienne des souvenirs :

> Et la gare, qui s'est lassée d'attendre le réveil de la ville dont elle porte le nom, a fini par se substituer à elle. La Gare est Métaponte : ses salles d'attente et son buffet sont tout remplis du souvenir immense de Pythagore. Et où serait-il, ce souvenir, sinon ici[35] ?

De même, l'ancienne gare de Cahors serait également un lieu où se gardent les souvenirs. Vu qu'elle n'est plus en service, ceci implique un changement de fonction. La gare, quand elle recevait encore des trains et des voyageurs, représentait l'industrialisation et la modernité du progrès ; le poème, de par son esthétique, la convertit maintenant en lieu de mémoire qui sert à la réflexion sur le processus de modernisation, à la réflexion d'une nouvelle perception du temps au sens bergsonien. Et la gare et le poème deviennent lieux de mémoire dans la juxtaposition ambivalente du passé et du présent. Cette esthétique permet un rapprochement à la notion du temps à l'époque moderne et met en œuvre des idées de la philosophie bergsonienne : le poème traduit cette nouvelle perception du temps en tant qu'expérience vécue d'un passé qui se maintient présent.

Au début du XXe siècle, le voyage en train constitue une nouveauté récente, apte à provoquer l'angoisse du sujet face à cette nouvelle expérience de l'accélération du mouvement sans précédent. Si on reprend le poème de Blaise Cendrars déjà mentionné, on y trouve exprimée cette idée de la peur :

> Car l'univers me déborde
> Car j'ai négligé de m'assurer

---

35 Préface à Paul Devaux, cité d'après Charbonnier, « Paysage intérieur et créativité », art. cité, p. 125.

> contre les accidents de chemin de fer
> Car je ne sais pas aller jusqu'au bout
> Et j'ai peur[36].

Aujourd'hui, cents ans après, nous sommes également confrontés à une nouvelle accélération, dans notre cas, celle de la digitalisation qui provoque une désorientation due à l'univers débordant nos capacités perceptives. Aujourd'hui, il nous faut aussi des stratégies esthétiques pour réagir à cette nouvelle ère d'accélération dans un univers imprégné de données en nombre toujours croissant. Le futur révélera lesquelles se seront avérées pertinentes.

Vera Elisabeth GERLING
Université Heinrich Heine
de Düsseldorf

---

36 Blaise Cendrars, « Prose du Transsibérien et de la Petite Jeanne de France », *Du monde entier, Poésies complètes : 1912-1924*, Paris, Gallimard, 1967, p. 40s.

BIBLIOGRAPHIE

BAKER, Peter, *Obdurate Brilliance, Exteriority and the Modern Long Poem*, Gainsville, University of Florida Press, 1991.

BENJAMIN, Walter, « Die Aufgabe des Übersetzers », *Gesammelte Schriften* IV/1, Frankfurt am Main, Suhrkamp, 1972 [1923], p. 9-21.

BERGSON, Henri, *Matière et mémoire : essai sur la relation du corps à l'esprit*, Paris, PUF, 1968 [1939].

CENDRARS, Blaise, « Prose du Transsibérien et de la Petite Jeanne de France », *Du monde entier, Poésies complètes : 1912-1924*, Paris, Gallimard, 1967, p. 27-45.

CHARBONNIER, Gil, « Paysage intérieur et créativité lyrique chez Valery Larbaud », *Cahiers Valery Larbaud*, n° 51 (dir. Françoise Lioure), 2015, p. 113-132.

CHARBONNIER, Gil, « Le bergsonisme de Valery Larbaud dans l'émergence d'un axe critique européen », *Cahiers Valery Larbaud*, n° 55 (dir. Vera Elisabeth Gerling), 2019, p. 65-94.

CORBÍ SÁEZ, María Isabel, « La relación literaria de Ramón Gómez de la Serna y de Valery Larbaud. Contribución a un nuevo acercamiento según lo epistolarios de algunos de los 'Potassons' », *Çédille. Revista de estudios franceses*, n° 7, 2011, p. 75-95.

CORGER, Jean-Claude, « L'espace français et la sensibilité géographique de Valery Larbaud », *Valery Larbaud. Les Cahiers de L'Herne*, n° 61, Paris, Éditions de l'Herne, 1992, p. 50-58.

DERRIDA, Jacques, *L'écriture et la différence*, Paris, Seuil, 1967.

GERLING, Vera Elisabeth, « La traduction comme modèle de la transgression du texte, du sujet et de l'identité chez Valery Larbaud », *Cahiers Valery Larbaud*, n° 53 (dir. Amélie Auzoux et Gil Charbonnier), 2017, p. 129-146.

GERLING, Vera Elisabeth, « Von *Greguerías* zu *Criailleries* : Valery Larbaud als Förderer und Übersetzer von Ramón Gómez de la Serna », Gerling, Vera Elisabeth, Santana, Belén : *Literaturübersetzen als Reflexion und Praxis*, Tübingen, Narr, 2018, p. 185-201.

KERN, Stephen, *The Culture of Time and Space 1880-1918*, Cambridge, Harvard University Press, 1983.

KOSSAIFI, Christine, « Le *Bâteau ivre* du cosmopolitisme larbaldien. Sur les rails de L'Ancienne gare de Cahors », *Cahiers Valery Larbaud*, n° 53 (dir. Amélie Auzoux et Gil Charbonnier), 2017, p. 171-185.

LARBAUD, Valery, « Ramón Gómez de la Serna », *La Revue Européenne*, n° 13, 1924, p. 7-12.

LARBAUD, Valery, *Œuvres*, Paris, Gallimard (Bibliothèque de la Pléiade), 1958.
MERLEAU-PONTY, Maurice, *Le visible et l'invisble*. Paris, Gallimard, 1964.
PROUST, Marcel, À *la recherche du temps perdu*, Paris, Gallimard (Quarto), 1999.
WEHLE, Winfried, « Lyrik im Zeitalter der Avantgarde. Die Entstehung einer "ganz neuen Ästhetik" zu Jahrhundertbeginn », Dieter Janik (éd.), *Die französische Lyrik*, Darmstadt, Wissenschaftliche Buchgesellschaft, 1987, p. 408-480.

LE POÈTE ET LE TRAIN

Valery Larbaud et le « modernisme ambulatoire »

Depuis le milieu du XIXe siècle, l'imaginaire du train est un imaginaire de la modernité. Imaginaire du transport plus qu'un imaginaire de lieu, il s'oppose aux imaginaires de la terre et à ce que Gaston Bachelard appelle les « rêveries du repos[1] ». Le train serait plutôt à rapprocher des imaginaires liquides mais aussi des rêves de vol étudiés par Bachelard, mais la mobilité y est horizontale et non verticale. On y rêve, non d'ascension, mais de glissement, de traversée de l'espace[2].

En termes d'imaginaire encore, le lien est fort entre mobilité concrète et abstraite, entre transport et cosmopolitisme. Le train symbolise la vitesse, l'irruption du progrès dans les paysages et dans les vies, comme l'a bien montré, par exemple, Claude Pichois dans *Littérature et progrès. Vitesse et vision du monde*[3].

Traiter de la poésie et du train ou des rapports des poètes au train engage plusieurs niveaux de lecture. À un niveau biographique, il s'agit des poètes qui prennent le train et qui écrivent dans le train, ainsi que des effets de ces expériences sur la posture de l'écrivain nomade. À un niveau thématique, il s'agit d'étudier comment les poètes écrivent le train, c'est-à-dire le voyage, l'ailleurs, l'exotisme ou un certain genre de romanesque. Enfin, à un niveau poétique, il faut comprendre comment

---

1   Gaston Bachelard, *La terre et les rêveries du repos* (1948), Paris, Corti, 1982. Outre le sens bachelardien, nous employons le terme d'imaginaire, comme un symbolisme primitif et involontaire, comme l'a conceptualisé Christian Chelebourg, par exemple dans *L'Imaginaire littéraire. Des archétypes à la poétique du sujet* (2000), Paris, Armand Colin (Fac Littérature), 2005.
2   Gaston Bachelard, *L'air et les songes*, Paris, Corti, 1943, et *Poétique de la rêverie*, Paris, PUF, 1968.
3   Claude Pichois, *Littérature et progrès. Vitesse et vision du monde*, Neuchâtel, La Baconnière, 1973. Les imaginaires du train sont particulièrement riches et couvrent une grande variété de situations – de la joie enfantine aux scénarios érotiques. Voir aussi mon anthologie de textes poétiques sur le train : *Sur les rails, De Victor Hugo à Jacques Roubaud*, Bruxelles, Les Impressions nouvelles, 2018.

les poètes écrivent comme le train, comment le train se fait modèle d'écriture.

Cette étude entend analyser l'imaginaire du train chez Valery Larbaud en le replaçant dans le contexte de ce que j'appelle le « modernisme ambulatoire », en le mettant en perspective à la fois avec Morand et Cendrars à la même époque et avec un certain type de littérature contemporaine, où le train sert encore de référent tant biographique, thématique, que poétique. Elle montrera combien le « modernisme ambulatoire » est d'emblée mis à distance par Valery Larbaud et par Barnabooth, son personnage et son hétéronyme, et pourquoi l'ironie face à ce mythe moderniste est indissociable de l'imaginaire du train même.

LES LOUANGES MODERNISTES DU TRAIN

« Ode » est l'un des poèmes les plus souvent cités quand il s'agit de poésie ferroviaire. Si l'on considère le poème précédent « Prologue », dans la section « Borborygmes », comme un envoi, « Ode » ouvre véritablement les *Poésies de Barnabooth*. Le poète s'adresse directement au train :

> Prête-moi ton grand bruit, ta grande allure si douce,
> Ton glissement nocturne à travers l'Europe illuminée[4],

On apprend peu à peu quel genre de train le poète loue, avec les invocations « ô train de luxe ! » et « Ô Harmonika-Zug ! », célèbre train de nuit allemand reliant Delmond, Brême à Vesermund. Suivent les évocations d'un autre train de luxe qui reliait alors Vienne et Budapest, et enfin, du Nord-Express, de l'Orient-Express et du Sud-Brenner-Bahn.

Avec l'injonction « prête-moi », le poète demande pour sa poésie les qualités du train, en particulier les bruits, sourds et vibrants, la « respiration légère et facile » et les « mouvements / Si aisés ». Il envie au train sa facilité, son naturel, et l'absence d'effort, que l'enjambement met en valeur dans ces deux vers. L'imaginaire du train est dans « Ode » celui de la vitesse et du glissement. Barnabooth imagine

---

4 Valery Larbaud, « Ode », *Œuvres*, Paris, Gallimard (Bibliothèque de la Pléiade), 1957, p. 44.

une poésie qui traverse les pays, qui glisse à travers le continent, une poésie qui ait l'air neuve et facile. Il souhaite – il s'agit même d'une forte injonction (« il faut ») – que le poème d'un nouveau genre qu'il est en train d'inventer dans ce recueil phare de la poésie moderniste reflète le rythme du train.

Ce poème et cet imaginaire appartiennent pleinement au « modernisme ambulatoire » que l'on peut définir comme le goût poétique pour les moyens de transports – la voiture, l'omnibus, le tram, le bateau, l'avion – et le mouvement, qui est au cœur des trois niveaux de lecture identifiés, biographique, thématique et poétique. Le train est en effet un des lieux modernistes de l'écriture, comme le café[5]. Il joue alors un grand rôle dans la fabrication de l'écrit, en tant que bureau nomade. Ce modernisme ambulatoire pourrait être illustré par Blaise Cendrars qui affirme : « Si l'on y pouvait mieux écrire, je serais prêt à passer toute ma vie dans les trains, devant une bougie allumée, face à face avec moi-même[6] ». André Billy, l'ami d'Apollinaire, en est aussi un représentant lorsqu'il raconte en 1912 dans *Les Soirées de Paris* qu'il a découvert dans le train la poétique moderniste, c'est-à-dire la beauté des « catalogues, les affiches, les réclames de toutes sortes[7] ».

Cette notion de modernisme ambulatoire est inspirée de celle de « descriptions ambulatoires[8] » que Philippe Hamon propose à partir de Robert Ricatte et de l'exemple des Goncourt à la fin du XIXe siècle. La description ambulatoire correspond en effet à la perception de l'espace par un personnage en mouvement et ses transcriptions par l'écriture, avec la succession rapide des notations, les impressions décousues et la simultanéité. Le modernisme ambulatoire est aussi à rapprocher de ce

---

5   C'est un stéréotype qui a la vie dure, mais qui est plus de l'ordre de l'imaginaire, voire de la posture d'écrivain, que de la réalité. Voir Benoît Lecoq, « Le café », Pierre Nora (dir.), *Les Lieux de mémoire*, t. 3 : « Les France », vol. 2, Paris, Gallimard (Quarto), 1997, p. 853-883.
6   Blaise Cendrars, *Mon voyage en Amérique, Inédits secrets, Œuvres complètes 1910-1935*, présentation par M. Cendrars, Paris, Le Club français du livre, Denoël, 1969, p. 155. Cette remarque du poète peut évoquer des expériences d'écriture ferroviaire contemporaines, comme l'atelier dit « traversée littéraire » proposé par François Bon, en partenariat avec la SNCF, dans une rame du RER C, en avril 2011 : https://www.tierslivre.net/spip/spip.php?article2471.
7   André Billy, « Comment je suis devenu poète », *Les Soirées de Paris*, n°9, 1912, p. 276-280.
8   Le terme est emprunté à Robert Ricatte, qui l'utilise à propos des Goncourt. Il désigne le point de vue d'un personnage en mouvement. Philippe Hamon, *Du descriptif*, Paris, Hachette Supérieur (Recherches littéraires), 1993, p. 175.

que Daniel Grojnowski appelle le « lyrisme ambulatoire », au sujet, par exemple, de *Bruges-la-morte* de Rodenbach[9].

Avec le train, un instrument de locomotion devient un instrument de vision. Le train fait alors partie des nouveaux dispositifs optiques qui donnent naissance à une perception moderne. Clément Chéroux l'a montré au sujet de la photographie en comparant la vision ferroviaire à la captation photographique : elle « n'est pas seulement instantanée, elle est aussi fragmentée et focalisée[10] ». La spécificité du train dans le modernisme ambulatoire est donc liée à la perception propre que l'on a à travers les vitres d'un wagon : des paysages qui semblent glisser lentement au loin tandis que les premiers plans deviennent flous et souvent méconnaissables à cause de la vitesse. La fragmentation de la vision est aussi renforcée par l'architecture des voitures, en compartiment ou en séries de fenêtres semblables, qui ont pu faire penser au format des images photographiques ou des photogrammes de films.

Il faut ajouter l'importance des bruits et du rythme que crée le train qui avance sur les rails dans cet imaginaire. Dans l'introduction du volume collectif sur les littératures du chemin de fer, *Feuilles de rail*, Gabrielle Chamarat rappelle le rôle de Walt Whitman qui « impose en poésie la locomotive comme objet esthétique : esthétique en acte, faite des rythmes et des sons de la machine, autorisant l'ouverture à tous les niveaux de langue, technique ou mythologique ». Elle ajoute que chez Whitman, qu'admire beaucoup Larbaud, « la métrique se libère, devient pouls de la terre, rythme de la modernité[11] ».

Cendrars est sans doute le poète qui est le plus lié au train dans la littérature française. La fascination pour le rail relève chez lui d'une

---

9   Daniel Grojnowski, *Photographie et langage, Fictions, Illustrations, Informations, Visions, Théories*, Paris, Corti, 2002, p. 107.
10 Clément Chéroux, « Vues du train. Vision et mobilité au XIXe siècle », *Études photographiques*, n° 1, novembre 1996, p. 73-88. On peut noter aussi que la perception ferroviaire a des affinités avec les imaginaires du flux qui marquent nos cultures contemporaines : le déferlement d'informations, la saturation d'images, etc. Pour une réflexion approfondie sur la façon dont les moyens de locomotion sont des opérateurs de vision et des médias, voir Wolfram Nitsch, « Médiatopes mobiles. L'effet des moyens de transport sur l'expérience de l'espace urbain », dans Jörg Dünne et Wolfram Nitsch (dir.), *Scénarios d'espace. Littérature, cinéma et parcours urbains*, Clermont-Ferrand, Presses Universitaires Blaise Pascal, 2014, p. 17-37.
11 *Feuilles de rail, littératures du chemin de fer*, s. dir. Gabrielle Chamarat et Claude Leroy, Paris, Paris-Méditerranée, DL, 2006, p. 13.

passion plus générale pour le départ, pour l'acte même de partir[12]. Les horaires de train et tous les possibles qu'ils ouvrent équivalent en effet à la promesse d'un départ, comme il le suggère dans le poème *Le Panama* :

> Je connais tous les horaires
> Tous les trains et leurs correspondances
> L'heure d'arrivée l'heure du départ
> Tous les paquebots tous les tarifs et toutes les taxes[13]

La Prose du transsibérien est plus célèbre encore. Dans ce long poème plus imagé et plus lyrique s'exprime, malgré la guerre, le bonheur de traverser l'Europe et la Russie en train. Il s'agit d'un voyage initiatique qui répond à un désir d'« école buissonnière » si souvent éprouvé « dans les gares devant les trains en partance[14] ». Dans *La Prose du transsibérien*, le train est une grande métaphore de la vie, de sa vitesse, mais aussi d'un destin tout tracé :

> Le train fait un saut périlleux et retombe sur toutes ses roues
> Le train retombe sur ses roues
> Le train retombe toujours sur toutes ses roues[15].

Nombre de poèmes que Cendrars compose dans les années 1910 et 1920 font du train un véritable sujet, qu'il s'agisse du *Panama*, de *La Prose du transsibérien* ou des *Feuilles de route*, poèmes de voyage écrits – ou supposément écrits – dans les trains, les paquebots et les hôtels. *Feuilles de route*, publié en 1924, s'ouvre par exemple sur un poème intitulé « Dans le rapide de 19 h 40 » :

> Ce soir me voici tout à coup dans ce bruit de chemin de fer qui m'était si familier autrefois
> Et il me semble que je le comprends mieux qu'alors
> Wagon-restaurant […]
> Le quart de lune ne bouge pas quand on le regarde
> Mais il est tantôt à gauche, tantôt à droite du train
> Le rapide fait du 110 à l'heure

---

12 « Partir » est le titre qui a été choisi pour regrouper plusieurs de ses œuvres dans la collection « Quarto » chez Gallimard en 2011.
13 Blaise Cendrars, *Le Panama 1913-1914* (1918), *Du monde entier. Poésies complètes, 1912-1924*, Paris, Gallimard (Poésie), 1993, p. 52.
14 Blaise Cendrars, *La Prose du transsibérien* (1913), *ibid.*, p. 33-34.
15 *Ibid.*

> Je ne vois rien
> Cette sourde stridence qui me fait bourdonner les tympans — le gauche en est endolori — c'est le passage d'une tranchée maçonnée
> Puis c'est la cataracte d'un pont métallique [...][16]

Ce poème pourrait être rapproché du texte « Écrit dans une cabine du Sud-Express[17] » que Valery Larbaud publie dans *Jaune Bleu Blanc* où il apparaît comme une sorte de commis voyageur des lettres, que l'auteur présente avec ironie.

Le modernisme ambulatoire, dont Cendrars est un représentant, a pu être perçu de manière stéréotypée à l'époque, comme une littérature exaltant le voyage. C'est ainsi qu'en 1927 Aragon se moque, dans le *Traité du style*, des « littérateurs du verbe *partir* » – au premier rang desquels il place Philippe Soupault, de ce goût moderne pour le voyage dont il s'amuse à inventorier les catégories : les obsédés du départ, de l'aventure, de l'évasion[18]...

Parmi ces « littérateurs du verbe *partir* », il faut aussi situer Paul Morand, écrivain chez qui la vie dans les « wagons-salon » colle parfaitement avec la « vie vécue dans l'agitation et le trouble du monde moderne », comme le formule Michel Décaudin[19]. Son « modernisme ambulatoire » apparaît notamment dans *USA 1927*, où les distances du territoire américain sont avalées par le train. Une autre représentante du modernisme ambulatoire pourrait être Roch Grey, pseudonyme de la baronne d'Œttingen, dans ses poèmes publiés juste avant la Grande Guerre dans *Les Soirées de Paris* où les trains font plusieurs apparitions, comme dans son roman *Billet circulaire* qui se déroule en grande partie dans un train. Chez Paul Dermée et Céline Arnauld, également, couple de poètes proches de dada, le train revient fréquemment comme dispositif optique et comme modèle poétique. Dans « Point de mire », Céline Arnauld utilise un procédé récurrent dans les apparitions modernistes du train : la personnification du train et plus précisément de la locomotive, qui gazouille et ouvre un œil ensommeillé :

---

16 Blaise Cendrars, « Dans le rapide de 19 h 40 », *Feuilles de route* (1924), *ibid.*, p. 9-10.
17 Valery Larbaud, « *Écrit dans une cabine du Sud-Express* » (1926), *Jaune Bleu Blanc*, *Œuvres*, *op. cit.*, p. 947-950.
18 Louis Aragon, *Traité du style* (1928), Paris, Gallimard (L'Imaginaire), 1991, p. 79s.
19 Paul Morand, *Poèmes, Lampes à Arc, Feuilles de température, Vingt-cinq poèmes sans oiseaux, USA*, préface de Michel Décaudin, Paris, Gallimard, (Poésie), 1971, p. 8-10.

> Le gazouillement du train à l'affût du tunnel
> Ouvre un œil noir de sommeil
> Écrasant l'horizon avec des sons nouveaux
> Des phonographes bouches ouvertes
>   des lampes postillons
> S'éparpillent et meurent
> Étranglés par les rails en folie
>
> Lâches on courbe les épaules
> Devant le train fouillant la ville
> Cyclope projetant sa lumière nocturne
> Sur la foule éblouie [...][20]

Dans l'introduction de *Feuilles de rail*, Gabrielle Chamarat faisait remarquer que les métaphores utilisées pour décrire le train avaient recours aux mêmes clichés depuis 1835, comme le « cheval-vapeur » ou le monstre à l'« aspect cyclopéen[21] », et que « [l]'animalisation de la machine figure un moi archaïque, inconnu, désirant, que le sujet ne peut maîtriser[22] ». Il faut remarquer aussi dans ce poème que le train apparaît en même temps que les phonographes et les « sons nouveaux », comme si le train était un média lui-même, ainsi que la dimension angoissante et destructrice d'un progrès technique qui gagne son autonomie et devient dangereux puisque les phonographes sont « étranglés par les rails en folie ».

Pour revenir à Larbaud, si « Ode » est un cas exemplaire, d'autres textes, comme le long poème « Europe », sont représentatifs de ce modernisme ambulatoire. À travers une suite de villes, entre lesquelles on passe en paquebot ou en train s'exprime de manière particulièrement forte un enthousiasme cosmopolite :

> Les trains illuminés glissent dans les tranchées ;
> Les wagons-restaurants sont pleins de gens à table[23] ;
>
> Pour moi,
> L'Europe est comme une seule grande ville[24]

---

20 Céline Arnauld, « Point de mire », C. Arnauld et P. Dermée, *Œuvres complètes*, t. I, V.-M. Schmets (éd.), Paris, Classiques Garnier, 2013, p. 133.
21 Gabrielle Chamarat, *Feuilles de rail*, *op. cit.*, p. 12.
22 *Ibid.*, p. 13.
23 Valery Larbaud, « Europe », poème repris dans *Œuvres, op. cit.*, p. 1189.
24 *Ibid.*, p. 1192.

Quand il se trouve à Paris, le personnage de Barnabooth se félicite que les gares soient « au bout des rues »,

> Les gares chaudes de vapeurs, pleines de trains de luxe,
> Qui nous emporteront où nous voudrons, quand nous voudrons[25]

En suivant Barnabooth qui a « trois tailleurs à Londres, deux à Paris et un à Vienne[26] », on entre dans un imaginaire du train qui est celui de la circulation nocturne et internationale, un imaginaire cosmopolite et presque cosmique. Toutefois, il faut s'interroger sur la suppression partielle du poème « Europe » dans la deuxième édition des *Poésies de Barnabooth* de 1913, avec quinze autres pièces, suppression qui va dans le sens d'une prise de distance de Larbaud par rapport au personnage de Barnabooth.

BARNABOOTH, UN CENDRARS IRONIQUE

Le personnage créé par Valery Larbaud, Barnabooth, était initialement du moins un personnage moderniste un peu caricatural, un « jeune milliardaire[27] » et un « grand patriote cosmopolite[28] ». Ce personnage stéréotypé est construit à partir des souvenirs de Larbaud, notamment de son tour d'Europe de 1902-1908. Dans l'édition définitive de 1913 de *A. O. Barnabooth. Ses Œuvres complètes*, Larbaud retire la biographie de Barnabooth qu'il avait publiée en 1908 et cherche à donner à son personnage des traits plus humains et moins caricaturaux.

Le train est néanmoins incontournable dans la vie du personnage de Barnabooth. Son *Journal* s'ouvre par exemple sur une traversée en Harmonika-Zug d'« une Allemagne qui hésitait beaucoup entre l'hiver et le printemps ». Le train est pour Barnabooth un moyen de transport mais aussi un mode de perception des territoires traversés. Il remarque

---

25 *Ibid.*, p. 1200.
26 *Ibid.*, p. 1190.
27 Comme le dit le sous-titre de ses *Œuvres complètes*.
28 C'est ainsi qu'il est présenté dans la « biographie » qui accompagnait la publication des « œuvres complètes » de Barnabooth. Voir *Œuvres, op. cit.*, p. 1145.

ainsi : « à travers les hautes glaces de mon wagon-salon, j'ai vu venir et s'éloigner toutes les petites villes[29] ». Le train est aussi pour Barnabooth l'occasion de faire des expériences sociales, comme lorsqu'il abandonne le salon pour un compartiment de seconde presque plein pour frayer avec la bourgeoisie, avant de finir dans un wagon de troisième classe. Le train symbolise également la liberté pour Barnabooth qui, après avoir tout vendu, fuit en train. Assis dans son wagon, devant son thé, près de Trieste, il se sent de nouveau libre. Plus tard lorsqu'il quitte Trieste en prenant « un rapide pour Vienne », il explique : « le rapide qui m'emmène où il va me sert d'excuse[30] », de la même façon que, dans *Mon plus secret conseil*, le train est ce qui permet à un homme de fuir une femme et de vivre sa vie[31].

Le train n'est toutefois pas que cet instrument de liberté pour lui. Dans d'autres poèmes de Barnabooth, le motif du train est plus complexe que dans « Ode ». « Centomani », par exemple, composé à partir de souvenirs d'un passage en Basilicate, suit directement « Ode » dans l'édition des *Poésies* de 1913, comme pour en contrebalancer son modernisme. Dans « Centomani », les trains ne glissent plus rapidement et sans bruit à travers l'Europe, mais « ahanent » au contraire sur leurs rails :

> C'est la route de Tito à Potenza ;
> Ce talus de cailloux, c'est la ligne où ahanent
> Les lents et lourds et noirs express Naples-Tarente[32].

« Ode » et « Europe », les deux poèmes explicitement modernistes cités plus haut, contrastent surtout avec « L'ancienne gare de Cahors » publié également dans les *Poésies*.

> Voyageuse ! ô cosmopolite ! à présent
> Désaffectée, rangée, retirée des affaires.
> Un peu en retrait de la voie,
> Vieille et rose au milieu des miracles du matin,
> Avec ta marquise inutile
> Tu étends au soleil des collines ton quai vide
> (Ce quai qu'autrefois balayait

---

29 Valery Larbaud, *A.O. Barnabooth son journal intime* (1913), Paris, Gallimard (L'Imaginaire), 1982, p. 83 et p. 84.
30 *Ibid.*, p. 243 et p. 244.
31 Valery Larbaud, *Mon plus secret conseil*, Œuvres complètes, *op. cit.*, p. 647s.
32 Valery Larbaud, « Centomani », *Poésies de Barnabooth*, *op. cit.*, p. 45.

> La robe d'air tourbillonnant des grands express)
> *Ton quai* silencieux au bord d'une prairie,
> Avec les portes toujours fermées de tes salles d'attente,
> Dont la chaleur de l'été craquèle les volets...
> Ô gare qui as vu tant d'adieux,
> Tant de départs et tant de retours, [...][33]

Dans ce poème, ce n'est plus le train, mais la gare qui est personnifiée : âgée, elle « se repose » dans une sorte de retraite bien méritée. Un peu plus loin apparaît le motif de la rouille sur laquelle insiste l'allitération en [r] : « [...] dans l'herbe où sont les rails / Rouges et rugueux de rouille ». Parce que la rouille est une dégénérescence du fer, la matière moderne par excellence, matière industrielle mais noble comme le verre, « L'ancienne gare de Cahors » exprime une fascination pour les ruines modernes.

L'ironie est néanmoins forte dans ce poème qui fonctionne sur un double discours. S'y joue en effet une tension entre l'idée du train quasi publicitaire et sa réalité dans le présent. Cette tension se lit jusque dans le détail des vers et de la syntaxe, par exemple à travers l'opposition entre le singulier et le pluriel, l'usage des parenthèses ou la répétition des sons en [ã] dans lesquels on entend « avant ». Les points d'exclamations du premier vers sont alors à la fois des rappels de la grande époque et de la mythologie moderniste du train et des marques d'ironie. Dès les *Poésies de Barnabooth*, l'imaginaire moderniste du train, des grands express conquérants et tourbillonnants, semble déjà mort, ce qui surprend un siècle plus tard tandis que, dans notre regard rétrospectif, le recueil paraît se situer en plein âge d'or de cet imaginaire moderniste.

« Ma muse », un autre poème des *Poésies de Barnabooth*, synthétise de manière plus efficace encore ce paradoxe, même si, littéralement, dans ce poème, le nouveau monde est l'Amérique :

> Je chante l'Europe, ses chemins de fer et ses théâtres
> Et ses constellations de cités, et cependant
> J'apporte dans mes vers les dépouilles d'un nouveau monde[34]

---

33 *Ibid.*, p. 51. Voir les analyses du même poème par Vera Elisabeth Gerling dans le présent volume (p. 95-110) et par Christine Kossaifi, « Le *Bateau ivre* du cosmopolitisme larbaldien. Sur les rails de L'Ancienne gare de Cahors », *Cahiers Valery Larbaud*, n°53, Amélie Auzoux et Gil Charbonnier (dir.), 2017, p. 171-185.

34 « Ma muse », *Poésies de Barnabooth*, *ibid.*, p. 60.

Face au train, Barnabooth fait alors figure de Cendrars ironique, comme un cosmopolite, curieux et enthousiaste, qui se moquerait de son propre enthousiasme, un personnage fasciné par le train autant que critique. Ce discours polyphonique est un discours ironique, caractérisé par la mise à distance d'une voix par une autre voix[35].

Certains critiques ont fait de cette distance ironique par rapport au moderne un des traits caractéristiques du modernisme. Dans *Modernité Modernité*, par exemple, Henri Meschonnic insiste sur l'irréversible mélancolie du moderne face à ce qui passe, à ce qui est déjà ancien[36]. Cette vision de la modernité est un cliché qui est particulièrement bien exemplifié par le motif du train. C'est ainsi que les célèbres vers d'Apollinaire extraits de « La victoire » (1917) sont devenus, presque par un effet de catachrèse, « le » « Crains qu'un jour un train ne t'émeuve / Plus », cité par Meschonnic comme l'étendard d'une vision critique de la modernité.

> Nous n'aimons pas assez la joie
> De voir les belles choses neuves
> Ô mon amie hâte-toi
> Crains qu'un jour un train ne t'émeuve
> Plus
> Regarde-le plus vite pour toi
> Ces chemins de fer qui circulent
> Sortiront bientôt de la vie
> Ils seront beaux et ridicules[37]

Si « La victoire » exprime l'accélération du temps humain, Apollinaire n'en tire pas de conclusion mélancolique, mais appelle au contraire à s'engouffrer dans le mouvement, dans ce qu'on perçoit aujourd'hui comme une fuite en avant : « hâte-toi ». Néanmoins, dans ce poème, le train est un symbole du moderne qui fut nouveau et qui deviendra vieux. Sur un plan plus symbolique, le train est le lieu d'une conscience de la perte. Il appartient ainsi à ce *topos* qui court depuis Baudelaire et Benjamin selon lequel la modernité suppose la conscience de son passage et que donc rien n'est jamais absolument moderne.

---

35 Sur l'ironie, voir par exemple Pierre Schoentjes, *Poétique de l'ironie*, Paris, Points (Essais-Inédits), 2001.
36 Henri Meschonnic, *Modernité Modernité* (1988), Paris, Gallimard (Folio Essais), 1993.
37 Guillaume Apollinaire, « La victoire », *Calligrammes, Œuvres poétiques* (éd. M. Adéma et M. Décaudin), Paris, Gallimard (Bibliothèque de la Pléiade), 1965, p. 309.

On peut trouver des échos de cette paradoxale mélancolie du train chez des auteurs contemporains. Chez François Bon, par exemple, il ne s'agit pas de faire apparaître le revers d'une modernité triomphante, mais plutôt le remplacement d'une modernité par une autre, notamment dans *Paysage fer* qui est entièrement traversé par la question de la disparition de l'industrie de l'Est de la France. L'auteur évoque ainsi le train qu'il prend chaque semaine avant l'arrivée du TGV.

> Sur les autres lignes maintenant à grande vitesse les rails filent droit dans la nature presque vierge, toute communication défaite à coup de béton par tunnels et ponts, un grillage bas de chaque côté et rien, pas de ville ni village quand ici tout cela reste, et les premiers monuments aux morts aperçus et tel mémorial de guerre en haut dans la tache évidée d'une forêt, les trois cent cinquante-deux kilomètres dans deux ans peut-être on les avalera en deux fois moins de temps par le train neuf et rapide, tout cela est provisoire qui pue son siècle et sa guerre et ses usines et son sable et le champ noirci de tournesols il reste ces tiges outrageusement droites derrière le chemin bourbeux et ses flaques et le train a des cahots et encore il cesse et encore les bâtiments de gare sont les mêmes [...][38].

Le train est donc, encore aujourd'hui, un bon angle d'attaque de ce phénomène de champ / contre-champ de la modernité[39], de cet équilibre entre modernisme enthousiaste et modernisme critique. Si le double discours est sensible dans le poème d'Apollinaire si souvent cité, l'ironie est plus forte dans le discours de Valery Larbaud sur le train, assumé en partie par son hétéronyme, le personnage de Barnabooth. Elle est renforcée aussi par la double édition de ses *Poésies*, œuvre expurgée qui, dès 1913, fait apparaître une sorte de dégradation burlesque du modernisme.

Pour conclure, il importe de s'interroger sur l'héritage de ce modernisme ambulatoire. Premièrement, l'aspect sulfureux qui nourrissait l'imaginaire cosmopolite du train, que l'on trouve par exemple dans *La Madone des Sleepings* de Maurice Dekobra semble s'être transféré vers d'autres moyens de transport, notamment le paquebot et l'avion. Néanmoins, le train est encore aujourd'hui une figure du départ et de

---

38 François Bon, *Paysage fer*, Paris, Verdier, 2014, p. 22.
39 Cette expression a été employée par Régis Salgado lors du colloque *Valery Larbaud : Cosmopolitisme à l'ère de la globalisation. Traduction et Transgression*, en novembre 2017 à l'université Heinrich Heine de Düsseldorf. J'en profite pour remercier tous les participants du colloque pour leurs nombreuses idées et leur enthousiasme en matière ferroviaire.

la séparation. Lorsqu'un personnage veut fuir, bien souvent, il prend le train[40]. La perception particulière au voyage en train, à la fois sérielle et cadrée qui a beaucoup marqué les écrivains depuis le XIXe siècle, reste également aujourd'hui partie intégrante de l'imaginaire ferroviaire. Cette perception fragmentaire telle qu'elle fascinait les futuristes et les modernistes (Epstein et Marinetti notamment) a été comme renforcée par la phénoménologie : on est plus conscient aujourd'hui de la manière dont les moyens de transport façonnent les paysages mais aussi nos façons de les appréhender.

Anne REVERSEAU
FNRS / UCLouvain

---

[40] C'est notamment le cas dans les situations où un homme cherche à fuir une femme, à en retrouver une autre, et se trouve dans un entre-deux physique et mental, explicite dans le récit de Larbaud, *Mon plus secret conseil* (1923) ou dans celui de Michel Butor, *La Modification* (1957).

Fig. 1 et 2 – Cartes postales de train éditées par Tuck postcard,
Médiathèque de Vichy, Fonds Larbaud.
Cartes envoyées par Valery Larbaud à sa tante entre 1907 et 1909.

BIBLIOGRAPHIE

APOLLINAIRE, Guillaume, *Calligrammes, Œuvres poétiques* (éd M. Adéma et M. Décaudin), Paris, Gallimard (Bibliothèque de la Pléiade), 1965.
ARAGON, Louis, *Traité du style* (1928), Paris, Gallimard (L'imaginaire), 1991.
ARNAULD, Céline, « Point de mire », C. Arnauld et P. Dermée, *Œuvres complètes*, t. I (éd. V.-M. Schmets), Paris, Classiques Garnier, 2013.
BACHELARD, Gaston, *La terre et les rêveries du repos* (1948), Paris, Corti, 1982.
BON, François, *Paysage fer*, Paris, Verdier, 2014.
CHELEBOURG, Christian, *L'Imaginaire littéraire. Des archétypes à la poétique du sujet* (2000), Paris, Armand Colin (Fac Littérature), 2005.
BACHELARD, Gaston, *L'air et les songes*, Paris, Corti, 1943 et *Poétique de la rêverie*, Paris, PUF, 1968.
BILLY, André, « Comment je suis devenu poète », *Les Soirées de Paris*, n° 9, 1912, p. 276-280.
CENDRARS, Blaise, *Mon voyage en Amérique, Inédits secrets, Œuvres complètes 1910-1935*, présentation par M. Cendrars, Paris, Le Club français du livre, Denoël, 1969.
CENDRARS, Blaise, *Du monde entier. Poésies complètes, 1912-1924*, Paris, Gallimard (Poésie), 1993.
CHAMARAT, Gabrielle et LEROY, Claude, *Feuilles de rail, littératures du chemin de fer*, Paris, Paris-Méditerranée, DL, 2006.
CHÉROUX, Clément, « Vues du train. Vision et mobilité au XIXe siècle », *Études photographiques*, n° 1, novembre 1996.
GROJNOWSKI, Daniel, *Photographie et langage, Fictions, Illustrations, Informations, Visions, Théories*, Paris, Corti, 2002.
HAMON, Philippe, *Du descriptif*, Paris, Hachette Supérieur (Recherches littéraires), 1993.
KOSSAIFI, Christine, « Le *Bateau ivre* du cosmopolitisme larbaldien. Sur les rails de L'Ancienne gare de Cahors », *Cahiers Valery Larbaud*, Amélie Auzoux et Gil Charbonnier (dir.), n° 53, 2017, p. 171-185.
LARBAUD, Valery, *A.O. Barnabooth son journal intime* (1913), Paris, Gallimard (L'Imaginaire), 1982.
LARBAUD, Valery, *Œuvres*, Paris, Gallimard (Bibliothèque de la Pléiade), 1957.
LECOQ, Benoît, « Le café », Pierre Nora (dir.), *Les Lieux de mémoire*, t. 3 : « Les France », vol. 2, Paris, Gallimard (Quarto), 1997, p. 853-883.
MESCHONNIC, Henri, *Modernité Modernité* (1988), Paris, Gallimard (Folio Essais), 1993.

MORAND, Paul, *Poèmes, Lampes à Arc, Feuilles de température, Vingt-cinq poèmes sans oiseaux, USA*, préface de Michel Décaudin, Paris, Gallimard (Poésie), 1971.

NITSCH, Wolfram, « Médiatopes mobiles. L'effet des moyens de transport sur l'expérience de l'espace urbain », dans Jörg Dünne et Wolfram Nitsch (dir.), *Scénarios d'espace. Littérature, cinéma et parcours urbains*, Clermont-Ferrand, Presses Universitaires Blaise Pascal, 2014, p. 17-37.

PICHOIS, Claude, *Littérature et progrès. Vitesse et vision du monde*, Neuchâtel, La Baconnière, 1973.

REVERSEAU, Anne, *Sur les rails, De Victor Hugo à Jacques Roubaud*, Bruxelles, Les Impressions nouvelles, 2018.

SCHOENTJES, Pierre, *Poétique de l'ironie*, Paris, Points (Essais-Inédits), 2001.

VALERY LARBAUD NOVATEUR

A. O. BARNABOOTH,
SES ŒUVRES COMPLÈTES
ET L'EXIGENCE D'UN NOUVEAU LECTEUR

Si les années soixante-dix et quatre-vingt du XXe siècle ont éte caractérisées par un foisonnement des théories de la réception c'est bien parce qu'une bonne partie de la production littéraire a soutenu entre ses lignes et ses œuvres un type de lecteur différent à celui postulé par une littérature transitive s'encadrant dans une conception traditionnellement réaliste où auparavant le lecteur ne jouait qu'un rôle passif, centrant toute la responsabilité sur le versant auctorial. À partir de la postmodernité, il a été admis et postulé que seul un lecteur actif et complice pouvait rentrer dans le jeu de l'écriture de l'œuvre littéraire conçue comme texte et donc ouverte à l'infini. Ne dépendant plus directement de l'intention et du vouloir dire immédiat d'un auteur caché derrière les mots, ni d'une réalité reproduite supposément tangible et univoque, l'enjeu de l'œuvre littéraire repose davantage sur l'enchevêtrement de textes qui se font appel les uns les autres, sur les innombrables discours (dont le critique est roi), sur les multiples dialogues et langages qui tissent l'espace textuel. Passant à être considérée comme production, c'est au lecteur actif et complice d'actualiser l'œuvre littéraire par l'acte de lecture.

En art, il est admis que les innovations ne viennent pas spontanément, qu'elles sont le résultat de longs cheminements. Larbaud l'a souvent signalé. Si la question du nouveau lecteur est caractéristique de cette littérature postmoderne, nous pouvons cependant la déceler dans la première moitié du XXe siècle, et très particulièrement chez certains auteurs avides de renouvellement d'une littérature rentrée en crise à la fin du XIXe siècle. Cosmopolite invétéré, polyglotte devancier, inconformiste et hédoniste impénitent, marqué par « ce vice impuni, la lecture » depuis l'enfance, connaisseur et amateur des littératures subversives tous azimuts, ayant très tôt eu une vision universelle de la littérature comme le rappelle Françoise Lioure[1], Larbaud, assoiffé de modernité, a entrevu des sentiers de toute une littérature à venir concédant au lecteur le « droit de cité ». Si les œuvres de maturité telles que la trilogie *Amants, heureux amants…* ou les proses lyriques *Jaune Bleu Blanc*, *Aux couleurs de Rome* et *Allen* éveillent un intérêt certain par rapport à la modernité et à ce nouveau lecteur, dans le cadre de ce numéro des *Cahiers Valery Larbaud* nous voulons porter notre attention sur la deuxième édition du Barnabooth publiée en 1913 pour démontrer jusqu'à quel point Larbaud, installé dans la modernité aux côtés de ses aînés[2], a été devancier et marque déjà dans la période d'avant-guerre les chemins d'une conception nouvelle de la littérature envisageant et convoquant entre les lignes de cette œuvre un lecteur nouveau. Si, les indéterminations, les blancs, les espaces de flottement et de béance de l'écriture, voire même les contradictions retiennent notre attention à ce sujet, les points forts du tryptique la retiennent d'autant plus du fait qu'ils nous permettent d'y observer comment l'auteur hétéronyme *versus* Larbaud articule et définit le pôle lecteur dans une œuvre qui joue à un premier niveau à la transcription d'une quête identitaire du poète fictif A. O. Barnabooth en parallèle à celle d'une écriture.

Dans le premier texte du tryptique de 1913, *Le pauvre chemisier* (une œuvre du tout début de sa carrière), la célèbre interpellation « Il y a des choses qu'il faut saisir au vol » et « morale » finale du conte[3], avertit le lecteur qu'une lecture linéaire et plate ne rendrait évidemment pas honneur à la richesse et à l'épaisseur d'un texte qui se fonde sur la parodie, sur l'ironie, parmi tant d'autres procédés surprenants pour un conte philosophique et moral à l'époque, ‹ un conte qui certes n'en est pas un ›, faisant écho à la célèbre œuvre de Denis Diderot. Un caractère parodique et ironique qui portera sur l'ensemble des *Œuvres complètes*. Si les divers jeux d'écriture fantaisiste qui scandent les poèmes exploitant un nouvel exotisme mettent en alerte les lecteurs, exigeant d'eux une autre approche des textes lyriques, « Le don de soi-même »

---

[1] « L'idée d'Europe dans l'œuvre de Larbaud », *Valery Larbaud et la prose du monde* (éd. Jean Bessière), Paris, PUF, p. 81.
[2] Auguste Anglés, « Valery Larbaud et le premier groupe de la Nouvelle Revue Française », *Valery Larbaud et la littérature de son temps* (éd. Marcel Arland et Roger Caillois), Paris, Klincksieck, 1978, p. 64.
[3] Valery Larbaud, *Le pauvre chemisier*, *Œuvres*, Paris, Gallimard (Bibliothèque de la Pléiade), 1957, p. 39.

dans la section des *Borborygmes* étant un des hauts points[4], les dernières lignes du *Journal intime* sont de même très révélatrices. Alors que les lecteurs pourraient s'attendre à ce qu'A. O. Barnabooth ait l'intention de poursuivre sa vocation littéraire, son *Journal intime* ayant continué le jeu de la quête identitaire en parallèle à celle d'une écriture comme nous le commentons précédemment, le héros avoue finalement qu'il regagne sa ville natale Campamento en compagnie des sœurs Yarza, que seules *Ses œuvres complètes* seront publiées, qu'il cesse d'être auteur. Et ce sont les paroles du perroquet « Loro, Lorito ? Lorito real[5] ! » qui interpellant la complicité du lecteur bouclent le texte et résonnent pour longtemps dans son esprit. Ces points forts de la deuxième édition nous permettent d'envisager une analyse qui porte précisément sur les défis d'un lecteur, capable d'entrer et d'adhérer les féconds jeux d'une écriture emportée par le voyage dans l'espace, qui se veut avant tout voyage selon Michel Butor. Aventure de l'écriture mais aussi et surtout aventure de la lecture envisagée dans les interstices des *œuvres complètes* du « cosmopolite milliardaire ».

Du fait même de la nature du texte littéraire – ses blancs, ses ambigüités, ses contradictions et ses incomplétudes qui appellent à des représentations différentes selon les lecteurs –, mais aussi des directives qui leur sont imposées et qui contrôlent leurs actions, Wolfgang Iser, en analysant l'effet esthétique, accorde un rôle essentiel au lecteur dans le processus dynamique d'interaction qui s'établit entre le texte et ce dernier. Une dynamique d'interaction car l'actualisation du texte demande au lecteur non seulement de relever les balises et les structures indicatrices du « comment c'est fait » mais aussi d'identifier le caractère dialogique et polyphonique du texte, le bagage culturel du lecteur étant donc constamment interpellé. Une interaction dynamique, soulignons-le, qui fonde la créativité de la réception et qui est à la source du plaisir de la lecture tel que Roland Barthes le soutint dans son *Plaisir du texte*[6].

Notre approche de ce nouveau lecteur se base sur la notion de « lecteur implicite » tel que le conçoit Wolfgang Iser comme « l'ensemble des orientations internes du texte de fiction pour que ce dernier soit reçu[7] ».

---

4   *Borborygmes, ibid.*, p. 61.
5   *Journal intime, ibid.*, p. 304.
6   Roland Barthes, *Le plaisir du texte*, Paris, Seuil, 1973, p. 28-29.
7   *L'acte de lecture. Théorie de l'effet esthétique*, Trad. fr. par Evelyne Sznycer, Bruxelles, Pierre Mardaga (Philosophie et langage), 1985, p. 70.

Cet ensemble de stratégies textuelles nous renvoyant à la dimension réflexive du texte qui, tel que le souligne Christine Baron, « [...] reconstitue dans la narration les conditions de production, d'articulation, de réception d'un texte dans une perspective globalisante qui est celle-là même d'une lecture qui excèderait l'explicite du texte[8] ».

Dans ce « jeu royal[9] » ou ce jeu d'agencement que constitue l'écriture, Larbaud a eu très tôt conscience de l'intérêt de ce ‹ retour sur soi › d'une littérature assoiffée de renouvellement, l'article qu'il écrit pour la deuxième édition de *Paludes*[10] l'atteste. Une réflexivité dans ses différents niveaux qu'il ne tardera pas à exploiter car il pressent déjà que c'est l'essence même du fait littéraire. Si, effectivement, ce procédé illustre d'emblée que la littérature doit se dégager de cette vocation de représentation du réel et donc rompre avec cet usage abusif de l'illusion référentielle, c'est avec lui également que se joue avec force la prise en compte du rapport du lecteur à ce jeu de formes qu'est le texte littéraire et à ses défis dans les divers contextes de réception. Le titre disparate de la deuxième édition du Barnabooth, *à priori* de par les genres qui la conforment, pourrait amener les lecteurs non avisés à penser qu'il s'agit d'une œuvre conventionnelle, visant en premier lieu à la transmission d'un message propre au conte, et à l'expression directe et univoque du moi de l'auteur hétéronyme grâce aux poèmes et au journal intime. Cependant, dès les premières pages du *Pauvre chemisier* et, bien plus encore avec les poésies, ces textes vont redoubler les effets de surprises et les déroutements, et ce avec d'autant plus de force dans le *Journal intime. A. O. Barnabooth, ses œuvres complètes : c.a.d. un conte, ses poésies, et son journal intime*. Œuvre inépuisable, qui constitue une mise au point d'une nouvelle écriture, une œuvre d'émancipation où création et réflexion sur la création littéraire se côtoient constamment, exige déjà entre ses lignes un nouveau type de lecteur. Nous aborderons brièvement quels en sont les défis dans *Le pauvre chemisier* et *Les poésies* pour ensuite nous référer à son *Journal intime*.

Barnabooth, auteur, narrateur et personnage, dans l'histoire bien banale de faillite et d'argent du *pauvre chemisier*, avec son « Il y a des

---

8   « La question de l'autoréférence : tentative d'interprétation symbolique et idéologique », *Littérature, Modernité, Réflexivité* (éd. Jean Bessière et Manfred Schmeling), Paris, Honoré Champion, 2002, p. 45-46.
9   *Cf.* par exemple, « Questions militaires », Valery Larbaud, *Œuvres, op. cit.*, p. 1117-1124.
10 « Compte-rendu sur *Paludes* », *La Nouvelle Revue Française*, t. XVII, juillet 1921, p. 93-96.

choses qu'il faut saisir au vol[11] », situe la clé de lecture non seulement de ce texte mais du reste du triptyque. À l'arrière-plan de ce ‹ conte qui n'en pas un › il y a bien toute une critique d'une littérature périmée représentée par les personnages d'Hildegarde et du jeune homme pauvre. Le « milliardaire cosmopolite », « en quête d'absolu » veut se vouer à la littérature, et avec cette œuvre il se situe déjà à l'opposé d'Octave Feuillet et de son *Roman d'un jeune homme pauvre*. Le « riche amateur », le « libertin » a tenté de corrompre des « personnages » de haute dignité pour une certaine littérature (romantique et réaliste), aussi a-t-il « corrompu » l'histoire présentée par l'auteur qui occupa un siège à l'Académie Française. De cette double corruption émane la portée du conte, qui n'est, certes, ni moral, ni philosophique mais qui bien au contraire lance des clins d'œil de façon voilée sur les prises de positions et les horizons vers lesquels Barnabooth auteur tend. Comme le rappelle Jane Grace Opper, *Le pauvre chemisier* oriente déjà l'attention sur le fonctionnement de la narration proprement dite[12]. Si les allusions constantes à cette « littérature périmée et malsaine », « corruptrice » de ses lecteurs, comme le cas du « jeune homme pauvre qui se compare à René, à Werther, au dernier des Abencerages[13] », n'explicitent pas ouvertement la position en littérature de Barnabooth, nous pouvons admettre que les références à toute une littérature à « dépasser » interpellent directement le lecteur. *Le pauvre chemisier* – incipit d'une aventure de découverte d'une vocation et de définition d'une écriture nouvelle en trois temps –, de par l'ironie qui le caractérise, de par les jeux de déroutement, de par l'intertextualité qui le tisse, réussit son rôle puisqu'il captive autrement le lecteur. L'identification avec les personnages de papier et leur histoire doit être dépassée, ce sont les jeux de l'écriture qui retiennent sa curiosité et déclenchent des attentes qui seront comblées ou non... A. O. Barnabooth, dans ses *Borborygmes* et *Europe*, en poursuivant son caractère provocateur, jouant sur l'ironie et la fantaisie, imbriquant dans ses vers l'imaginaire et le réel, jouant sur l'intertextualité va convoquer le lecteur, créant à nouveau des espaces de doute et d'incertitude qui l'attirent d'autant plus.

---

11 Valery Larbaud, *Le pauvre chemisier*, *Œuvres, op. cit.*, p. 39.
12 Jane Grace Opper, *The introspective voyage : an analyse of the first personnarrative in Larbaud's A. O. Barnabooth, ses œuvres complètes, Amants heureux amants* et *Mon plus secret conseil*, Michigan, UMI dissertation, 1974, p. 22-24.
13 *Le pauvre chemisier*, *Œuvres, op. cit.*, p. 35.

Quant à la deuxième partie du tryptique, nous relevons d'abord les réflexions sur la poésie et sur le langage poétique. « Cette âme perdue[14] » qui, ayant renoncé à son passé et à sa richesse matérielle s'adonne « aux splendeurs de la vie commune et ordinaire » dans cette Europe illuminée, qui, « comme une seule grande ville » est « pleine de provisions et de tous les plaisirs urbains[15] » semble s'attacher à la simplicité du langage poétique qui rythme ce « chant à la vie réelle, sans art et sans métaphores[16] ». A.O. Barnabooth choisit une versification libre pour y accueillir « dans ses bras, sur ses genoux, dans son cœur et dans ses vers[17] » toutes les manifestations de la « Nature[18] » au sens le plus large. Cette ‹ apparente › adhésion au réel ne tarde pas à ménager au lecteur des écarts qui retiennent son attention et le séduisent d'autant plus.

Ce langage poétique « proche du ton de conversation[19] » chantant les aspects les plus communs de la vie, proche de l'oralité, ajusté à la quotidienneté ou à la nature, s'avère en lui-même d'emblée une source de plaisir pour l'auteur et ses lecteurs rompant avec le côté artificiel et artificieux de certaines tendances de la poésie, et particulièrement, celle des symbolistes. Les beautés du monde et des espaces parcourus jusqu'aux confins de l'Europe de la modernité, propre à ce nouvel exotisme que pratique le « cosmopolite milliardaire », assouvissent le besoin de dépaysement du poète et de ses lecteurs. Or le langage poétique se doit de plus d'interpeller ces derniers par son caractère transgresseur et envoutant. L'écriture plurilingue qui remonte déjà au premier Barnabooth, qui caractérise à nouveau les *Œuvres complètes* du « Riche amateur », et très particulièrement *Les Poésies*, cette « babélisation fascinante[20] » selon Jean-Jacques Levêque, choquante et attrayante à l'époque de Larbaud, très prisée d'ailleurs à notre ère de la globalisation, revêt des enjeux nouveaux pour les lecteurs : par la complicité qu'elle exige d'eux, et par l'acceptation des défis d'une écriture farcie d'emprunts étrangers. Les poésies d'A. O. Barnabooth illustrent déjà la devise larbaldienne qu'une

---

14 Valery Larbaud, « Alma perdida », *Œuvres, op. cit.*, p. 54.
15 *Ibid.*
16 « Musique après une lecture », *ibid.*, p. 57.
17 *Ibid.*
18 Valery Larbaud, « Conversation avec Léon-Paul Fargue », H. J. M. Levet, *Poèmes*, Paris, La Maison des Amis des Livres, 1921, p. 75.
19 Valery Larbaud, « Walt Whitman. Étude par Valery Larbaud » (Postface), Walt Whitman, *Poèmes*, Paris, Gallimard, 1996, [1918], p. 265.
20 Voir Michel Delon, « Images », *Cahiers de Valery Larbaud*, n° 22, 1983, p. 37.

langue littéraire ne peut être nationale[21] et que le langage littéraire ne peut être au service d'une identité nationale et culturelle, contrairement à ce qui a été revendiqué dans une conception traditionnelle de l'œuvre littéraire. Vera Elisabeth Gerling le rappelle, « la biographie migratoire fictive du je lyrique de Barnabooth [...] équivaut à une décentration de l'idéologie de la Nation basée sur l'idée d'une identité culturelle[22] ». Une audacieuse polyglossie qui provient de cet hédonisme larbaldien, de ce savoir philologique, de ce plaisir du mot, et d'une prise de position non conformiste quant à la conception de l'écriture qui ne peut échapper au lecteur, y compris l'actuel.

Pourtant, l'écriture plurilingue remplit un autre objectif : celui de désencrage de la réalité première, centrant l'attention du lecteur sur la matérialité, la musicalité et la sensualité émanant des mots et de leur combinaison dans les vers. Pour A. O. Barnabooth *versus* Larbaud les mots ne sont plus conçus en tant que porteurs de signifiés codifiés et répertoriés dans les dictionnaires, bien au contraire, ces « mots qui se mettent à briller, à vivre et à respirer[23] », par leur matérialité véhiculent tout un ensemble de sens qui relèvent plutôt de la sensibilité, de l'affectivité, ainsi que du contexte socio culturel, et, par conséquent, leur sens est loin d'être figé[24].

« Cette grande poésie des choses banales : faits divers ; voyages[25] » est en fait l'expression de l'appréhension et conquête du monde à travers les sens. À l'ivresse physique de la course à travers l'Europe chère à la modernité et à ce nouvel exotisme se mêle l'ivresse sensuelle puisque les parcours sont jalonnés de paysages tourbillonnants multicolores, de

---

21 Bien que Valery Larbaud ait exprimé à plusieurs reprises son désir d'écrire « une belle prose française », il a rejeté cette écriture académique porteuse « d'une identité nationale ». Pour lui la langue littéraire doit être bien « vivante et saine » et pour cela doit « être bien nourrie d'emprunts » grâce aux langues étrangères ou aux langues classiques. Cet « air étranger » qu'Aristote réclamait déjà est en fait, pour Valery Larbaud, ce qui va déterminer un beau style en langue littéraire. *Cf.* par exemple « 200 chambres, 200 salles de bains » in *Jaune Bleu Blanc*, « Technique » in *Sous l'invocation de Saint Jérôme* ou encore également dans l'article-conférence sur *Ulysse* de James de Joyce.
22 Vera Elisabeth Gerling, « La traduction comme modèle de la transgression », *Cahiers de Valery Larbaud*, n° 53, 2017, p. 142.
23 Valery Larbaud, « Rouge Jaune Rouge », *Jaune Bleu Blanc*, *Œuvres, op. cit.*, p. 916.
24 Voir à ce sujet María Isabel Corbí Sáez, *Valery Larbaud et l'aventure de l'écriture*, Paris, L'Harmattan, 2010. En particulier notre chapitre II, « Le plaisir des mots et l'aventure de la transgression », p. 69-114.
25 Valery Larbaud, « Alma perdida », *Œuvres, op. cit.*, p. 54.

parfums enivrants, d'une richissime palette de couleurs, et d'une gamme de sonorités très nuancées, une « collection de papillons sonores[26] » selon Léon-Paul Fargue. Ces jouissances multiples que pourvoit cette Europe qui « satisfait ces plaisirs sans bornes / De savoir, et les appétits de la chair / Et ceux de l'estomac, et les appétits / Indicibles et plus qu'impérieux des Poètes [...][27] », ne suffisent pas. A. O. Barnabooth avoue qu'il a quand même besoin de « douceur et de paix[28] ». C'est au sein d'une ville – dans les cent mille replis d'une ville – qu'il va trouver la tranquillité nécessaire pour se vouer à l'écriture poétique avec laquelle il entretient un rapport tout à fait amoureux, voire érotique. La poésie devient « Son amie, sa bonne amie, sa camarade[29] » et c'est avec elle que « Ce soir, mi Socorro, je suis une humble femme / Qui ne sait plus qu'être inquiète et être aimée[30] ». Cette liaison asexuée entre le poète et le langage poétique va donner naissance à cette poésie. Grâce à la « fée » – le poète –, la « jeune mendiante » – le langage poétique – devient poésie. Le poète a pour mission d'immortaliser la « Beauté Invisible », car il est le seul capable de « s'élancer vers elle pour en être frôlé[31] » et de la suggérer à travers le langage poétique qui prend corps dans chacun des poèmes. Cette relation d'amour avec les mots, avec le langage littéraire, définit non seulement le processus de création mais encore celui de réception. André Gide releva très tôt la « stricte et voluptueuse sensibilité » des poèmes de Larbaud. Leur lecture fait appel au monde des sens et le rapport qu'entretient le lecteur doit d'abord être de l'ordre du sensible. L'écriture poétique en elle-même devient donc la Beauté qui doit toucher les sens du lecteur au plus profond de lui-même, suscitant sa participation puisque ces « phrases très longuement, infiniment modulées[32] » exigent de lui de savoir « mettre l'accent où il faut[33] », les formules vocatives très fréquentes dans ces textes concédant, d'ailleurs, au lecteur ce rôle primordial.

Avec Barnabooth, personnage caricatural, grotesque et provocateur, Larbaud explore de nouveaux horizons pour la création poétique.

---

26 Léon-Paul Fargue, « Souvenirs d'il y a deux fois 20 ans : un poète qui a couru le monde », *Le littéraire*, n° 6, 27.04.1946.
27 « Europe, III », *ibid.*, p. 71.
28 « Carpe Diem », *ibid.*, p. 63.
29 *Ibid.*
30 *Ibid.*
31 « L'innommable », *ibid.*, p. 67.
32 « Prologue », *ibid.*, p. 43.
33 « Ma Muse », *ibid.*, p. 60.

L'espace de jeu accordé à l'ironie et à l'humour est plus important que celui de la gravité et de l'apparente sincérité du lyrisme traditionnel. Rappelons les termes adressés à Léon-Paul Fargue par Larbaud « faire du Walt Whitman à la blague[34] ». Procédé fort connu qui établit des distances par rapport aux événements extérieurs décevants ou douloureux, l'ironie permet au poète, outre de surmonter le désenchantement propre à son époque, de se jouer de lui-même et par l'espace de jeu qu'il crée susciter un intérêt d'autant plus grand dans le pôle lecteur. Ce n'est plus le moi du poète à la façon conventionnelle qui intéresse. Les *Poésies* d'A. O. Barnabooth privilégient l'aventure sensuelle et textuelle au détriment de l'aventure lyrique et de cette ‹ apparente › quête identitaire, comme nous le démontrons dans notre article *Poèmes par un riche amateur : de l'aventure lyrique novatrice à l'aventure textuelle*[35].

Le *Journal intime* continue dans cette voie et intensifie tout ce qui a été avancé dans les *Poésies*. La séduction et envoutement du lecteur sont réalisés par la fantaisie et l'ironie, par les effets de surprise et de déroutement, par le versant provocateur, par le besoin de dépaysement amplement conçu qui doit définir le langage littéraire, par la conception de l'œuvre en terme de conquête amoureuse à partager entre auteur et lecteur, ainsi que par l'exigence d'une lecture complice et active capable de rentrer dans les interstices du tissu textuel.

Si la connaissance et la conquête de soi passe par la connaissance des autres au rythme des voyages et des rencontres, la recherche d'une écriture passe par la connaissance et le dépassement des autres écritures. Le journal intime de Barnabooth[36], jouant avec l'ironie est certes loin de l'espace d'introspection d'usage traditionnel, et s'avère surtout comme le lieu privilégié d'innombrables discours et de réflexions – en particulier la réflexion quant au processus de création, au sujet de l'Art en général, et de la littérature, en particulier. « C'est le temps des études philologiques[37] »,

---

34 Valery Larbaud, « Conversation avec Léon-Paul Fargue », *op. cit.*, p. 25-26.
35 *Cf. Anales de Filología Francesa*, n° 17, 2009, p. 69-84.
36 Le *Journal intime* de A. O. Barnabooth appartient au genre du Bildungsroman et se rattache donc au roman du « culte du moi » qui exerce un grand attrait au début du XXe siècle. Traditionnellement conçu comme le genre introspectif par excellence, le journal intime que le « Riche amateur » va exploiter et explorer dépasse amplement le domaine de l'expression du moi et de quête du moi, devenant un espace d'écriture et de gestation d'œuvres à venir.
37 *Journal intime*, *Œuvres*, *op. cit.*, p. 83.

avoue le narrateur au début du texte, des études qui déboucheront sur une conception nouvelle de l'écriture au bout de neuf mois de gestation. Un discours métalittéraire qui continue à remettre en question les fondements de la littérature du XIXe siècle, centrée sur cette *auctoritas* de l'auteur. « Toute l'histoire du XIXe siècle est à refaire dans l'autre sens[38] » nous dit le narrateur.

Le voyage dans l'espace de ce cosmopolite impénitent, doublé de ce parcours initiatique, ne prend fin que lorsque l'auteur hétéronyme atteint sa liberté morale et intellectuelle[39], la libération de l'emprise des valeurs bourgeoises, étouffantes et contraignantes, ainsi que la libération des dogmes philosophiques et artistiques reposant sur celles-ci. Le journal intime est scandé de réflexions de toutes sortes sur la « grande littérature[40] » que le « riche amateur » admire, face à cette « littérature facile[41] » qui a caractérisé le siècle précédent. A. O. Barnabooth, « refusant le destin de ces bourgeois satisfaits de leur argent et des nobles de leur noblesse » avertit son lecteur du début de son processus : « [...] mon tour était venu et je n'étais pas satisfait, moi ; et de toutes parts, le moule craquait et cédait à ma croissance soudaine. [...] Ah, vite... d'autres formes, d'autres idées, quelque chose au-delà de cette satisfaction imbécile. Un autre air, d'autres pensées [...][42] ».

« Le *Journal intime* est un monument littéraire de la famille des 'Essais' et aussi du journal de Stendhal. Marguerite de Navarre aurait dit un 'débat' » : un « débat entre la bête et la pureté[43] » nous dit Jean Vallas. Cette « richesse et son indépendance » qui semblaient « promettre cent romans de grande aventure » ont donné lieu à son journal qui n'est constitué que « d'heures d'hôtel, de visites d'amis, de causeries [...] » et enfin une petite « intrigue avec l'une des filles qui viennent au premier signe qu'on leur fait[44] ». Cette définition du journal intime nous renvoie de même à cette critique du roman – le genre par excellence pour la littérature bourgeoise, un « Genre de demi-mesure » pour lequel « le

---

38 *Ibid.* p. 141.
39 Notons que le premier titre du deuxième Barnabooth était en principe *Le journal d'un homme libre*.
40 *Journal intime*, *Œuvres*, *op. cit.*, p. 173.
41 *Ibid.*, p. 109.
42 *Ibid.*, p. 203.
43 Jean Vallas, « Surréalisme et surréalité chez Valery Larbaud », *Valery Larbaud et la prose du monde*, *op. cit.*, p. 144.
44 *Journal intime*, *Œuvres*, *op. cit.*, p. 236.

cœur lui manque » car cela supposerait la retombée dans les récits traditionnels destinés aux « moraleries ou oracles » : plats et définitivement sans intérêt pour le lecteur. Barnabooth préfère bien au contraire « dans sa vie où rien n'arrive, avoir l'illusion d'être libre, de pouvoir promener sa pensée sur tous les points de l'univers intérieur, et d'avoir en somme, de grandes aventures dans le pays des idées[45] ».

Le poète hétéronyme, dans ce « souci d'y voir clair[46] » par le fait même de s'être d'emblée défait de ses biens matériels, par sa volonté de vivre les expériences des pauvres, par sa recherche de toutes sortes d'aventures (« une vie chevauchée par tous les démons de la sensualité, de l'orgueil, de la sentimentalité, de la sottise [...][47] », se situe déjà aux antipodes de « l'ignoble culte du héros d'une littérature enthousiaste de fête foraine[48] ». Un « personnage vivant » qui par son « poids intrinsèque s'impose au lecteur » avec ce « côté d'imprévisibilité psychologique » qui répond à ce besoin de renouvellement de la littérature selon Auguste Anglès[49]. Le *Journal intime* de A. O. Barnabooth rompt avec les caractéristiques traditionnelles de l'expression des états d'âme en parallèle au voyage dans l'espace. Si le jeu d'exploration de ce moi profond accueille entre ses lignes des souvenirs, des perceptions, des sentiments, des sensations, ce sont davantage les analyses fragmentaires et les pensées par bribes en dehors de tout control qui scandent le texte. Barnabooth rejette les « vues de Claremoris qui puent le renfermé » :

> [...] cet homme, qui dans la vie, ne voit que des lignes ! Comment pourrait-il comprendre les passions qui m'agitent et me guident ? Toute sa conversation est hors de la vie, avec les événements historiques, avec des choses qui ne dépendent de personne et que Dieu seul arrange à son gré[50].

Tout au long de son journal Barnabooth avoue à plusieurs reprises que c'est « sa vie qui l'intéresse », une vie inépuisable qui lui découvre d'innombrables domaines cachés jusqu'alors : « Ma vie m'intéresse prodigieusement. Je me relève, je me déplie, je m'étends dans beaucoup de directions. On a été

---

45 *Ibid., p.* 238.
46 *Ibid.*, p. 118.
47 *Ibid.*, p. 141.
48 *Ibid.*, p. 100.
49 Auguste Anglès, *André Gide et le premier groupe de la Nouvelle Revue Française*, Paris, Gallimard, (t. 3, *Une inquiète maturité*), 1978, p. 383.
50 *Journal intime, Œuvres, op. cit.*, p. 103.

longtemps assis sur moi [...]⁵¹ ». C'est la matière humaine dans toute son ampleur, dans toute sa mouvance et ses contradictions qui doit remplacer cette vie plate, schématique et prévisible des personnages réalistes, fades pour les lecteurs du XXᵉ siècle. « Que la nature humaine est belle qui peut contenir cette folie et cet équilibre, et ces contradictions⁵² » s'écrie-t-il. Barnabooth *versus* Larbaud défend bien ce genre de personnage « inquiet », « affamé d'expériences existentielles », un « Lafcadio avant la lettre » nous dit Ovid S. Crohmàlniceanu⁵³. Une vie entièrement organisée en fonction de ses *Borborygmes* et de ses *Déjections* – une œuvre à venir qui finalement ne verra pas le jour – une vie dédiée en tout et pour tout à l'art. Du fait même qu'il accueille les états de conscience du narrateur qui vont et viennent sans ordre, auxquels s'entremêlent des expériences de tous genres, aux rythmes de ses séjours et de ses rencontres dans les différentes villes, le journal intime s'éloigne de cette composition rectiligne contraignante, organisée en fonction d'une intrigue calculée dans les moindres détails ou selon cette « vieille carcasse rouillée de l'intrigue⁵⁴ » que rejette Larbaud. Le lecteur doit faire face à un manque de linéarité, de cohérence, à une absence d'analyses objectives. Face aux « formules définitives⁵⁵ » de la littérature traditionnelle, le journal offre des « notations tâtonnantes⁵⁶ ». A. O. Barnabooth avoue d'ailleurs qu'il traverse une « crise d'enthousiasme malherbien⁵⁷ » « qu'il néglige beaucoup ce journal⁵⁸ », y omettant de nombreux détails car « tous les moments essentiels de la vie peuvent se passer du langage ». Donner des formules définitives serait admettre une idée univoque et linéaire de la réalité, donc fausser cette dernière, et surtout ôter l'espace de jeu à son lecteur. Cette marche « tâtonnante » du narrateur en quête de soi permet l'inclusion de toutes sortes de digressions⁵⁹ au rythme des souvenirs, de

---

51   *Ibid.*, p. 204.
52   *Ibid.*, p. 229.
53   Ovid S. Crohmàlniceanu, « Un mythe moderne : A.O. Barnabooth, le milliardaire poète », *Europe*, n°798, octobre 1995, p. 36.
54   Valery Larbaud, *Ce vice impuni la lecture. Domaine anglais*, Paris, Gallimard, 1936, [1925], p. 155.
55   Valery Larbaud, *Journal intime*, *Œuvres, op. cit.*, p. 112.
56   *Ibid.*, p. 112.
57   *Ibid.*, p. 115.
58   *Ibid.*, p. 114.
59   Rappelons les termes avec lesquels Larbaud s'adresse à Jacques Copeau lorsqu'il envoie à ce dernier la copie définitive pour l'édition à *La Nouvelle Revue Française* : « [...] j'hésite à vous donner ce journal pour la Revue. *Barnabooth* est essentiellement un livre, une chose

sensations et d'associations. C'est une écriture fragmentaire, discontinue « Tout ce qui est plus utile que l'inutile » selon Jacques Rivière. Barnabooth sent bien que le « roman nouveau[60] » doit avoir recours à tout « ce qui empêche l'histoire de filer[61] », devenant un « conglomérat naturel ». « Le roman ce n'est pas seulement comprendre, c'est sentir[62] », s'agissant beaucoup plus d'une « exploration », donc beaucoup plus attrayante et envoutante pour le lecteur. À l'opposé des « développements[63] » du style balzacien ou zolien c'est une exploration qui rejette les préceptes traditionnels de cloisonnement des genres, des principes de cohérence et de cohésion au service de la vraisemblance, contraignant l'activité créatrice sur tous ses versants. De plus, il défend le besoin de cette faculté critique et morale qui exige différentes perspectives et points de vue, celle du lecteur également grâce aux interpellations. En effet, si le roman réaliste prétend donner une vision univoque de la réalité par l'intermédiaire du narrateur omniscient, Barnabooth, lui, à l'opposé, proclame que « la réalité prouve fausse les théories et qu'elle lui a appris à diviser son ridicule bâton en dix, en cent et en mille parties s'il le faut[64] ».

Comme nous le commentions précédemment, l'exploration intérieure a une moindre part que celle du monde des idées et des textes. Sur sa conception de l'art en général, et de la littérature en particulier, « bien qu'ayant été *sincère* », il avoue avoir « préféré laisser quelque point inexpliqué plutôt que d'admettre une explication tirée de ses souvenirs littéraires[65] ». C'est bien là encore une de ses ruses ou cette « ironie subtile[66] » selon Maike Koffman qui laisse, certes, un espace de jeu d'autant plus grand à ses lecteurs.

---

pour être feuilletée, ouverte à n'importe quelle page, etc. J'ai peur que l'absence d'intrigue, les digressions, etc., le tout coupé par les "à suivre" ne soit d'un mauvais effet. Enfin vous jugerez ». Lettre de Valery Larbaud à Jacques Copeau, 14-08-1914, *Autour de la Nouvelle Revue Française avant 1914* (éd. Monique Kuntz), Vichy, Médiathèque Valery Larbaud, 1993, p. 14.

60 Nous employons ce terme faute de mieux, rejoignant ainsi l'opinion de Valery Larbaud. Celui-ci parlant au pire plutôt de « livre » que de roman.
61 Jacques Rivière, « Le roman d'aventure », *La Nouvelle Revue Française*, Paris, Juillet 1913, p. 760.
62 Charles Louis Philippe, « Préface », *La mère et l'enfant*, 1909.
63 Valery Larbaud, *Correspondance Valery Larbaud – Marcel Ray* (édition établie, annotée et présentée par Françoise Lioure), Paris, Gallimard, 1980, t. 2, lettre du 16-10-1911, p. 142.
64 *Journal intime*, *Œuvres*, *op. cit.*, p. 260.
65 *Ibid.*, p. 282.
66 Maike Koffman, *Entre Classicisme et modernité, La Nouvelle Revue Française dans le champ littéraire de la Belle époque*, New York, Rodopi, 2003, p. 220.

Nous l'avons vu précédemment, dans les *Borborygmes*, le lecteur est bien averti du fait que le lyrisme du « Riche amateur » ne vise pas l'expression de ce moi traditionnel, un moi tangible, univoque et supposément réel. Ce poète, dont la vie est celle d'un « enfant qui ne veut rien savoir, sinon espérer éternellement des choses vagues[67] », écrit « une vie indicible » et « toujours avec un masque sur le visage[68] ». Dans le cadre du *Journal intime* cette question est logiquement poursuivie. Si le genre a été traditionnellement considéré comme l'espace de révélation d'un moi qui se veut sincère[69] que nous mentionnons antérieurement, le narrateur dès le départ nous avertit des risques car « [...] croyant analyser notre caractère nous créons en réalité de toutes pièces un personnage de roman auquel nous ne donnons pas même nos véritable inclinations » pour ensuite conclure que les « [...] prétendus romans de Richardson sont en réalité des confessions déguisées, tandis que *Les Confessions* de Rousseau sont un roman déguisé[70] ». Le narrateur ne semble pas vouloir fixer son « je » alors même qu'il commence à prendre connaissance de son moi – un moi évidemment pluriel, contradictoire, uniquement saisissable par bribes. Pour saisir les enjeux et la portée de ce nouveau traitement, retenons d'abord que Valery Larbaud apparaît comme éditeur de l'œuvre publiée en 1913[71] ou « exécuteur littéraire », donc son nom est très présent à l'esprit du lecteur, puisque nous sommes en présence d'une fiction de journal intime, « dans l'entre-deux du réel et de l'imaginaire[72] » selon Colette Baby Ruiz. Barnabooth est bien celui qui écrit, et c'est un personnage fictif, or nombreux sont les aspects qui lancent des clins d'œil à l'auteur réel. Le pronom « je », pronom par excellence du processus d'introspection,

---

67 Valery Larbaud, « Ode », *Œuvres, op. cit.*, p. 45.
68 « Le masque », *ibid.*, p. 47.
69 Soulignons la différence qui existe dans le geste autobiographique entre vérité et sincérité. À partir de J. J. Rousseau, l'écriture de soi se fonde plutôt sur un pacte de sincérité. Jean-Louis Philippe Miraux, *L'autobiographie ; Écriture de soi et sincérité*, Paris, Nathan Université, 1996, p. 50. Valery Larbaud, par le truchement de son poète hétéronyme, exploite bien cela en jouant précisément sur les limites de la sincérité et la problématique de l'écriture de soi.
70 *Le journal intime, Œuvres, op. cit.*, p. 93.
71 À la différence de la deuxième édition où Larbaud devient l'éditeur, dans la première édition *Poèmes par un riche amateur*, c'est le biographe Tournier de Zamble – hétéronyme également – qui a pour tâche d'éditer le livre, le nom de Valery Larbaud, n'apparaissant nulle part.
72 Colette Baby Ruiz, « Les tribulations incertaines du roman », *Europe*, n° 798, oct. 1995, p. 45.

prisé par la littérature d'avant-garde, visant la rupture avec les personnages rigides, linéaires et plats et annonçant cette « ère du soupçon » en littérature[73] est bien celui qui caractérise le roman moderne[74]. C'est aussi celui qui va permettre le plus de je(ux)[75] car « Disant "je", je ne puis ne pas parler de moi[76] ». Le journal d'A. O. Barnabooth, à l'instar des poèmes, parsème tout au long de ses lignes des détails ténus et fugitifs qui nous rappellent de façon voilée l'auteur réel[77]. Citons, par exemple, les lieux visités ou habités, les villes, les hôtels, les parcours réalisés… et les lectures, les différents discours sur l'art très proches de ceux de l'écrivain vichyssois. Ces « bio-graphèmes » ou ce « pluriel de charmes[78] » selon Barthes, présents dans les interstices du texte redoublent le jeu de masques déjà entrepris dans les poèmes, illustrant déjà ce que Larbaud défendra plus tard dans sa préface à la *Veuve blanche et noire* de Ramón Gómez de la Serna, « En art tout est autobiographique et rien ne l'est[79] ».

Ces je(ux) qui cohabitent et tissent le texte ne demandent pas aux lecteurs de s'identifier à un personnage quelconque ni à une vision du monde déterminée. Nous le mentionnons antérieurement, le journal est avant tout l'espace où entreprendre d'innombrables « causeries[80] » et débats que A. O. Barnabooth entreprend noir sur blanc, invitant ses lecteurs à y prendre part.

Si tout au long de son périple, la connaissance de soi a passé par la connaissance, l'imitation et la distanciation d'autrui[81], la connaissance

---

73 Au contraire de personnages de la fiction réaliste ou naturaliste qui apparaissaient de façon supposément tangible et concrète, dotés de traits bien définis, de caractères distinctifs, ne présentaient aucune faille… les héros de cette modernité naissante, grâce à ce « je » permettant une saisie du moi, entrent dans cette étape d'évanescence, de mouvance qui aboutira à cette « ère du soupçon ». Nathalie Sarraute, *L'ère du soupçon*, Paris, Gallimard, 1972.
74 Jean Rousset, *Narcisse romancier, essai sur la première personne dans le roman*, Paris, Corti, 1972, p. 7.
75 *Cf.* le terme « jeu » dans son double sens : celui d'espace créé par le mouvement et d'activité ludique.
76 Emile Benvéniste, voir Jean Rousset, *Narcisse romancier*, *op. cit.*, p. 7.
77 Voir à ce sujet notre *Valery Larbaud et l'aventure de l'écriture*, en particulier « Le je(u) de l'écriture avec les espaces du moi », *op. cit.*, p. 115-158.
78 Roland Barthes, *Sade, Fourier, Loyola*, Paris, Seuil (Tel Quel), 1971, p. 13.
79 Valery Larbaud, « Préface », Bernard Delvaille, *Essai sur Valery Larbaud*, Paris, Seghers (coll. « Poètes d'aujourd'hui »), n° 100, 1963, p. 90-91.
80 Valery Larbaud, *Journal intime*, *Œuvres*, *op. cit.*, p. 236.
81 Retenons que A. O. Barnabooth se plaint souvent de sa manie à se laisser influencer par autrui ou simplement à copier les opinions d'autrui. *Cf.* par exemple, *Journal intime*, *op. cit.*, p. 102.

et la conquête de son écriture passe par la connaissance, imitation et dépassement d'autres écritures. L'importance des lectures chez A. O. Barnabooth avec ce « début des études philologiques » est indéniable. Le journal est scandé d'allusions à de nombreux auteurs (Valery Larbaud lui-même et d'innombrables autres en dehors de tout cloisonnement géographique, linguistique, culturel et temporel[82]), les intertextes étant très variés. Le Barnabooth érudit se reproche, d'ailleurs souvent, son recourt fréquent aux citations[83], convoquant ses souvenirs littéraires explicitement ou de façon voilée. Le caractère dialogique et polyphonique de cette écriture interpellant le lecteur avec d'autant plus de force.

Valery Larbaud, une dizaine d'années après la publication des *Œuvres complètes de A. O. Barnabooth*, parlant de la portée de la technique du monologue intérieur affirma à propos des personnages : « Leur sensibilité est la nôtre [...] quand ils agissent, quand ils pensent et quand ils éprouvent une émotion, nous nous sentons toujours un peu désignés, un peu découverts, un peu compromis[84] ». L'utilisation du pronom « je » permet cette étroite interpellation du lecteur, ce « je » appelant un « tu » selon Benvéniste que nous commentions précédemment. Barnabooth est bien le précurseur de ces personnages rapprochant leurs lecteurs à l'acte même d'écriture, leur demandant de lever les yeux du texte pour réfléchir, exigeant d'eux ce compromis d'une lecture non passive ni pressée[85], exigeant l'acceptation de ce dépaysement amplement conçu dont nous parlions précédemment, la conception du langage et de l'œuvre littéraires en termes de cours et conquête amoureuse, l'exploration ludique des jeux de l'écriture et du tissage textuel... Dans l'actualisation de l'œuvre, des multiples dialogues qui s'établissent entre l'auteur hétéronyme, l'auteur réel par le truchement de sa créature de fiction et le lecteur, celui de l'Art en général, et de l'œuvre littéraire en particulier nous a semblé fondamental puisque c'est là où s'inscrit ce nouveau lecteur capable de rentrer dans une écriture qui s'éloigne des

---

82 Voir à propos du caractère devancier de la notion d'intertextualité chez Valery Larbaud notre *Valery Larbaud et l'aventure de l'écriture, op. cit.*, en particulier l'« Introduction » au chapitre IV.
83 *Journal intime, op. cit.*, p. 233.
84 Valery Larbaud in Gabrielle Moix, *Valery Larbaud et l'évolution des formes littéraires*, Bern, Peter Lang, 1989, p. 79.
85 *Ce vice impuni la lecture. Domaine anglais, op. cit.*, p. 155.

paramètres traditionnels. « Loro... Lorito ? Lorito réal ! » suggérant le caractère communicatif de l'œuvre littéraire, convoquant le « lecteur implicite » à ce dialogue ouvert, mais aussi par son biais[86], les lecteurs des divers contextes de réception.

María Isabel CORBÍ SÁEZ
Université d'Alicante

---

86 « Le lecteur implicite/virtuel se distingue bien entendu du lecteur réel [...] On remarquera cependant que même dans les cas limites la réaction du lecteur réél reste déterminée par la position du lecteur virtuel. C'est à travers le rôle romanesque qui lui est réservé que le lecteur réel réagit au texte ». Vincent Jouve, *L'effet personnage dans le roman*, Paris, PUF, 1992, p. 19.

BIBLIOGRAPHIE

ANGLÈS, Auguste, « Valery Larbaud et le premier groupe de la *Nouvelle Revue Française* », Marcel Arland et Roger Caillois (éd.), *Valery Larbaud et la littérature de son temps*, Paris, Klincksieck, 1978, p. 59-65.

ANGLÈS, Auguste, *André Gide et le premier groupe de la Nouvelle Revue Française* (t. 3, *Une inquiète maturité*), Paris, Gallimard, 1978.

BABY RUIZ, Colette, « Les tribulations incertaines du roman », *Europe*, n° 798, oct. 1995, p. 48-54.

BARTHES, Roland, *Sade, Fourier, Loyola*, Paris, Seuil (Tel Quel), 1971.

BARTHES, Roland, *Le plaisir du texte*, Paris, Seuil, 1973.

BARON, Christine, « La question de l'autoréférence : tentative d'interprétation symbolique et idéologique », Jean Bessière et Manfred Schmeling (éd.), *Littérature, Modernité, Réflexivité*, Paris, Honoré Champion, 2002, p. 43-58.

CORBÍ SÁEZ, María Isabel, *Valery Larbaud et l'aventure de l'écriture*, Paris, L'Harmattan, 2010.

CORBÍ SÁEZ, María Isabel, « *Poèmes par un riche amateur* : de l'aventure lyrique novatrice à l'aventure textuelle », *Anales de Filología Francesa*, n° 17, 2009, p. 69-84.

CROHMALNICEANU, Ovid S., « Un mythe moderne : A.O. Barnabooth, le milliardaire poète », *Europe*, n° 798, octobre 1995, p. 29-36.

DELON, Michel, « Images », *Cahiers de Valery Larbaud*, n° 22, 1983, p. 30-36.

DELVAILLE, Bernard, *Essai sur Valery Larbaud*, Paris, Seghers, coll. « Poètes d'aujourd'hui », n° 100, 1963.

FARGUE, Léon-Paul, « Souvenirs d'il y a deux fois vingt ans : un poète qui a courur le monde », *Le Littéraire*, 1ᵉ année, n° 6, 27.04.1946.

GERLING, Vera Elisabeth, « La traduction comme modèle de la transgression », *Cahiers de Valery Larbaud*, n° 53, 2017, p. 129-146.

ISER, Wolfang, *L'acte de lecture. Théorie de l'effet esthétique*, trad. franç., Bruxelles, Pierre Mardaga (Philosophie et langage), 1985.

JOUVE, Vincent, *L'effet personnage dans le roman*, Paris, PUF, 1992.

LIOURE, Françoise, « L'idée d'Europe dans l'œuvre de Larbaud », in *Valery Larbaud et la prose du monde*, éd. Jean Bessière, Paris, PUF, p. 75-92.

LARBAUD, Valery, *Œuvres*, Paris, Gallimard (Bibliothèque de la Pléiade), 1958.

LARBAUD, Valery « Compte-rendu sur *Paludes* », *La Nouvelle Revue Française*, t. XVII, juillet 1921, p. 93-96.

LARBAUD, Valery, « Conversation avec Léon-Paul Fargue », Henri Jean-Marie Levet, *Poèmes*, Paris, La Maison des Amis des Livres, 1921.

LARBAUD, Valery, « James Joyce », *La Nouvelle Revue Française*, t. XVIII, avril 1922, p. 385-409.

LARBAUD, Valery, *Ce vice impuni la lecture. Domaine anglais* [1925], Paris, Gallimard, 1936.

LARBAUD, Valery, *Sous l'invocation de Saint Jérôme* [1946], Paris, Gallimard, 1973.

LARBAUD, Valery, « Lettre du 16-10-1911 », *Correspondance Valery Larbaud – Marcel Ray*, édition établie, annotée et présentée par Françoise Lioure, Paris, Gallimard, 1980, t. 2, p. 142.

LARBAUD, Valery, « Lettre de Valery Larbaud à Jacques Copeau datée de 14-08-1914 », Monique Kuntz (éd.), *Autour de la Nouvelle Revue Française avant 1914*, Vichy, Médiathèque Valery Larbaud, 1993, p. 14.

LARBAUD, Valery, Postface « Walt Whitman. Étude par Valery Larbaud », Walt Whitman, *Poèmes* [1918], Paris, Gallimard, 1996, p. 227-265.

MIRAUX, Jean-Louis Philippe, *L'autobiographie. Écriture de soi et sincérité*, Paris, Nathan Université, 1996.

MOIX, Gabrielle, *Valery Larbaud et l'évolution des formes littéraires*, Bern, Peter Lang, 1989.

OPPER, Jane Grace, *The introspective voyage : an analyse of the first personnarrative in Larbaud's A. O. Barnabooth, ses œuvres complètes, Amants heureux amants* et *Mon plus secret conseil*, Michigan, UMI dissertation, 1974.

PHILIPPE, Charles Louis, « Préface », *La mère et l'enfant*, 1909.

RIVIÈRE, Jacques, « Le roman d'aventure », *La Nouvelle Revue Française*, n° 9, Juillet 1913, p. 748-765.

ROUSSET, Jean, *Narcisse romancier, essai sur la première personne dans le roman*, Paris, Corti, 1972.

VALLAS, Jean, « Surréalisme et surréalité chez Valery Larbaud », Jean Bessière, *Valery Larbaud et la prose du monde*, Paris, PUF, p. 137-152.

VALERY LARBAUD OU L'INVENTION DU MARCHÉ DE LA TRADUCTION[1]

Valery Larbaud n'a pas inventé la traduction. Cependant, il a inventé une certaine manière de traduire qui tienne compte des lois du marché et s'inscrive dans une logique économique dont n'est pas absent le souci de la rentabilité, même si la curiosité intellectuelle et la volonté de faire découvrir au public la littérature étrangère dictaient sa conduite. Rappelons qu'on parle de marché dès lors qu'existent des échanges obéissant à une offre et répondant à une demande entre des partenaires dont le but est de donner de la valeur à un produit. La demande n'est pas spontanée, elle est suscitée de diverses manières, notamment par la promotion du bien offert.

Dans le cadre de la traduction, les partenaires sont multiples et le produit échangé est double : il y a d'abord l'auteur et son œuvre, devenu bien d'échange et de consommation par l'intermédiaire d'un éditeur, qui en fixe le prix. Cet éditeur à qui il cède ses droits paie un traducteur, qui le transforme en un nouveau bien, que l'éditeur ou le diffuseur remet sur le marché, engendrant de nouvelles tractations. Dès la fin du XIXe siècle, furent instaurées des dispositions réglementant les échanges entre les marchés nationaux et protégeant les éditeurs des traductions pirates. En 1886, fut signée la Convention internationale de Berne concernant le droit d'auteur à laquelle adhérèrent de nombreux pays. En 1931, l'Institut pour la Coopération Intellectuelle de la Société des nations, l'ancêtre de l'Unesco, instaura l'*Index Translationum* à la demande d'organisations internationales d'auteurs, d'éditeurs et de bibliothécaires. Dans le cadre d'accords internationaux, ce sont les littératures nationales et les auteurs qui sont protégés. Mais dans ce même cadre, le processus de formation d'un marché international de la traduction engendre des changements dans l'acte de la traduction et fait

---
1 Je remercie Régis Salado pour sa relecture de mon article.

naître des fonctions nouvelles. On voit ainsi apparaître la professionnalisation d'agents, d'éditeurs, de traducteurs et d'intermédiaires, dont le champ d'action est à la fois l'intraduction, c'est-à-dire la traduction d'une langue étrangère en langue nationale, et l'extraduction, la traduction de la langue nationale en langue étrangère, et cette professionnalisation contribue à harmoniser le fonctionnement du marché.

Si Larbaud commença très jeune des traductions et les donna à des revues, il fut par la suite à l'origine de véritables chantiers. La traduction intégrale de Samuel Butler et de Walt Whitman, dans le domaine anglais, mais aussi de Ramón Gómez de la Serna, dans le domaine espagnol, et l'entreprise d'envergure que fut la traduction d'*Ulysse* de James Joyce témoignent de la mutation de ce type de production littéraire et des moyens mis en œuvre pour y parvenir. Nous verrons d'abord comment l'histoire particulière de Larbaud mais aussi le contexte international ont décidé de la pratique de sa traduction. Nous étudierons ensuite de quelle manière notre écrivain a pu faire évoluer le marché de la traduction : en passant d'artisan-traducteur à chef d'entreprise, puis à éditeur et directeur de collection. Pour finir, nous exposerons comment le traducteur, comme agent économique, permet à une nation d'accroître son capital culturel et lui donne une importance internationale, qui n'est pas qu'économique.

COMMENT LARBAUD DEVINT TRADUCTEUR

Dans un premier temps, nous allons étudier comment une transformation s'est opérée au cours de sa vie, comment Larbaud en est arrivé à devenir un véritable chef d'entreprise de la traduction, ayant le souci de la rentabilisation de son affaire et cela dans le cadre d'une internationalisation des échanges.

Avant tout l'acte de traduire chez notre auteur provient de son goût pour la littérature étrangère, et de son envie de la faire connaître au public, et, ce qui est fondamental pour lui, d'en faire son métier. Dès 1901, à 20 ans, il se présente au directeur de *La Plume* dirigée par Karl Boës[2], comme un angliciste capable d'alimenter une rubrique de la revue

---

2   Béatrice Mousli, *Valery Larbaud*, Paris, Flammarion, 1998, p. 79.

qui s'appellerait : « Une œuvre étrangère en traduction ». Et le 15 août de la même année paraissent dans la revue ses premières publications, des traductions de ballades écossaises et irlandaises[3].

Son activité de traducteur devint par la suite encore plus intense en raison de deux événements très différents : le premier, son projet de thèse sur le poète Walter Savage Landor, le deuxième, la première guerre mondiale. Du premier, on pourrait dire qu'il est responsable à double titre de l'intensification de l'activité de traducteur de Larbaud, premièrement parce qu'il fut entrepris et lui fit connaître l'Angleterre, deuxièmement parce qu'il n'aboutit pas et le mena à faire des traductions plutôt que des travaux universitaires qu'il jugeait stériles et peu profitables au public, qui ne les lirait pas. Le point de départ de sa traduction de Landor dont il conçut peu à peu l'idée qu'elle deviendrait intégrale fut la traduction d'un fragment de *Hautes et basses classes en Italie*, qui forme la dixième partie de l'ouvrage. Celle-ci acceptée par la *NRF* qui la publia en 1911 fut précédée d'une notice qu'il rédigea lui-même et qui en faisait la promotion[4]. La première guerre mondiale accéléra encore l'activité de traducteur de Larbaud. Celui-ci, d'abord infirmier volontaire à Vichy, se vit contraint de cesser cette activité en raison de son état de santé et gagna l'Espagne. Pour calmer son angoisse, comme l'a montré récemment Amélie Auzoux[5], ou/et dans une intention politique, comme l'écrit Pascale Casanova, dans la *République des lettres*[6], ce fut à partir de 1915-1916 que Larbaud entreprit une activité encore plus intense de traducteur et qu'il conçut pour la première fois l'idée d'une traduction intégrale, non plus de Landor, mais de Samuel Butler, qu'il avait découvert au début de la guerre. Dans le même temps, Larbaud

---

3   Larbaud propose ensuite à Boes des études sur les poètes « récents » des États-Unis, John Greenleaf Whittier, James Russell Lowell, Walt Whitman et Sidney Lanier. Il assouvissait dans ces années son goût pour la littérature américaine en fréquentant assidument la librairie parisienne Brentano et en effectuant des traductions orales, rêvant même de proposer « la vie des poètes en exemple aux ouvriers. » (*La Phalange*, 20 avril, 1909). Voir G. Jean-Aubry, *Valery Larbaud, sa vie et son œuvre : La jeunesse (1881-1920)*, Monaco, Éditions du Rocher, 1949, p. 64.
4   Voir Béatrice Mousli, *op. cit.* p. 178-179.
5   Amélie Auzoux, « André Gide et Valery Larbaud, deux traducteurs en guerre, 1914-1918 », Christine Lombez (dir.), *Atlantide*, n° 5, *Traducteurs dans l'histoire, traducteurs en guerre*, 2016, http://atlantide.univ-nantes.fr, p. 35.
6   Pascale Casanova, *La République mondiale des lettres*, Paris, Points, 1999, p. 23-25. Il n'est pas question dans ces pages de Butler, mais de la traduction en général comme geste politique.

s'intéressa à un autre domaine linguistique, le domaine espagnol dans lequel il excella et produisit de nombreuses traductions, dont certaines intégrales. C'est en 1916 qu'il découvrit grâce à un article paru dans *ABC*[7] un auteur qu'il allait étudier pendant dix ans et qu'il défendre contre tous : Ramón Gómez de la Serna. En 1918, il le rencontra même personnellement au « Pombo » où l'écrivain madrilène tenait table ouverte tous les samedis soir et lui demanda l'autorisation de traduire son œuvre[8]. Ce fut chose faire en 1918, quand Larbaud donna à *Hispania* quelques pages de traductions de l'écrivain espagnol[9], travail pour lequel, avoua-t-il, il éprouva plus de difficultés que pour traduire de l'anglais.

On le voit, ce sont d'abord des raisons personnelles qui menèrent Larbaud sur le chemin de la traduction. Mais si ce travail qui aurait pu rester « artisanal » acquit une plus grande dimension, c'est en raison d'une conjoncture économique favorisant un plus grand développement à la fois national et international.

DU MARCHÉ « SPIRITUEL » AU MARCHÉ ÉCONOMIQUE

Si l'on dépasse le cadre particulier de la vie de Larbaud pour étudier le cadre plus vaste de la conjoncture du marché dans lequel s'inscrivent ses traductions, il faut prendre en compte deux espaces, mais le premier est d'ordre culturel, le second politique. Les deux se retrouveront dans le marché économique.

L'espace littéraire européen fut créé au XVIe siècle, en même temps que les pays se constituaient en entités littéraires et culturelles, et entraient en rivalité. Chaque pays avait sa propre langue : l'Italie qui tirait sa supériorité de son héritage romain, la France et les revendications nationales de la Pléiade, l'Angleterre, l'Allemagne. Les pays d'Europe centrale entrèrent eux aussi en rivalité quand ils se constituèrent en états indépendants. Le cas des deux Amériques est différent, dans la mesure

---

7   Voir Béatrice Mousli, *op. cit.*, p. 279.
8   *Ibid.*, p. 280-281.
9   Voir Valery Larbaud, *Journal*, Paule Moron (éd.), Paris, Gallimard, 2009, p. 631-632.

où l'on y maniait une langue déjà utilisée en Europe. Exercer une langue et l'exporter, c'est montrer l'importance de sa culture, mais c'est aussi se montrer fort politiquement. Pour Amélie Auzoux[10], Larbaud aurait conçu la traduction de *The way of Flesh*, effectuée pendant la première guerre mondiale, comme un moyen de se rendre supérieur aux Allemands qui n'avaient pas encore traduit ce livre de Butler et donc de montrer que, dans ce domaine, les Français étaient plus forts que les Allemands.

La traduction a une valeur culturelle et politique certes, mais aussi financière, dans la mesure où elle est l'objet de transaction et cette valeur dépend de sa valeur propre, mais aussi de celle du pays qu'elle représente. C'est Paul Valéry, qui, dans *Regards sur le monde actuel*[11], *rapproche pour la première fois l'« économie spirituelle »*[12] *de l'« économie matérielle »* : « L'économie spirituelle comme l'économie matérielle, quand on y réfléchit, se résument l'une et l'autre fort bien dans un simple conflit d'évaluations. » Il avait écrit quelques lignes plus haut : « Je dis qu'il y a une valeur nommée "esprit", comme il y a une valeur *pétrole*, *blé* ou *or*. J'ai dit *valeur*, parce qu'il y a appréciation, jugement d'importance, et qu'il y a aussi discussion sur le prix auquel on est disposé à payer cette valeur : *l'esprit*. On peut avoir fait un placement de cette valeur ; on peut la *suivre*, comme disent les hommes de la Bourse ; on peut observer ses fluctuations, dans je ne sais quelle cote qui est l'opinion du monde sur elle. On peut voir dans cette cote qui est inscrite en toutes les pages des journaux, comment elle vient en concurrence ici et là avec d'autres valeurs. Car il y a des valeurs concurrentes [...]. Toutes ces valeurs qui montent et qui baissent constituent le grand marché des affaires humaines. » La traduction qui est plurielle, plus que l'œuvre originale qui est unique, s'inscrit dans un marché économique qui devient dans les années 20 de plus en plus international.

On pourrait néanmoins dire que c'est malgré lui que Larbaud se retrouva au milieu de transactions économiques, car son intention première était d'être un passeur et un intermédiaire, désireux de supprimer les frontières par ses traductions. On pourrait même dire que, croyant trouver une littérature universelle[13], il rencontra un marché avec des

---

10 Amélie Auzoux, art. cité, p. 38.
11 Paul Valéry, *Regards sur le monde actuel*, « La liberté de l'esprit », Paris, Gallimard, 1945, p. 265.
12 *Ibid.* p. 264.
13 Même idée chez Giovanni Battista Angioletti, dans « Larbaud l'Européen », *La Nouvelle Revue Française*, 1957, p. 156, qui parle de la littérature comme d'un « fil de soie qui

échanges économiques. En effet, il y a pour lui « une grande différence entre la carte politique et la carte intellectuelle du monde », qui est elle-même différente de la « carte des linguistes[14] », car il ne s'appuie pas sur l'idée de nation, mais sur celle de « domaine linguistique » : en premier lieu, les domaines français, italien et allemand, qu'il voit même comme un seul et qu'il appelle « le grand domaine métropolitain du monde moderne. » En second, viennent les domaines anglais et espagnol, qui seront les siens. Mais Larbaud est dépendant du contexte international : dans le cadre d'une globalisation émergente, la littérature se révèle un commerce comme un autre. Car la langue est celle d'un pays : si l'espagnol est la langue du cosmopolitisme de *Fermina Márquez*, elle est aussi celle de l'Espagne et de l'Argentine. Il est en effet révélateur que ce soit la même année, en 1910 que Gallimard publie *Fermina Márquez* et que fut créée la première banque française exclusivement chargée d'intensifier les relations entre l'Amérique Latine, en collaboration avec l'Italie : la « Banque Française et Italienne pour l'Amérique du Sud ». Entre 1902 et 1913, les investissements français en Amérique Latine passèrent en effet de trois à huit milliards de francs[15] et à partir de 1923, Larbaud accepta de donner régulièrement des articles pour *La Nación*, une revue argentine. En Argentine, Larbaud à la fois intraducteur et extraducteur, devint un véritable cambiste chargé d'exporter d'un espace à un autre des textes dont il fixe la valeur littéraire. Il ne s'intéressait pas à la littérature sud-américaine, par exotisme, mais parce qu'il pouvait la mettre en correspondance avec la littérature européenne, ou la rattacher à sa grande œuvre de cosmopolitisme.

Néanmoins si Larbaud se retrouva un agent économique comme malgré lui dans le cadre des échanges internationaux, il me paraît avoir voulu exercer son activité de traducteur comme une activité économique à part entière, et en cela il inventa une nouvelle pratique de la traduction.

---

  pouvait encore lier les divers pays de l'Europe. » Ce fil de soie partait notamment de toutes les revues littéraires européennes.
14 Valery Larbaud, *Ce vice impuni, la lecture. Domaine anglais, suivi de Pages retrouvées* (éd. Béatrice Mousli), Paris, Gallimard, 1998, p. 56.
15 Voir Georges Lafond, *L'effort français en Amérique latine*, Paris, Payot, 1917, p. 301-302, cité par Guy Martinière, « L'image de l'Amérique Latine dans 'Fermina Márquez' », *Valery Larbaud et la littérature de son temps*, Paris, Klincksieck, 1978, p. 210-211.

LARBAUD, DE L'ARTISAN-HOMME DE LETTRES AU CHEF D'ENTREPRISE

En effet, dès sa prime jeunesse, il entendait gagner sa vie comme homme de lettres et à ce titre, il considérait le produit littéraire, dont la traduction, comme un bien économique, qu'il devait monnayer. Le début de la publication de ses traductions fut contemporain aussi de sa mise sous tutelle et avide de revenus, il chercha par tous les moyens à vivre de la littérature et cela passa d'abord par des traductions, en relation avec son *ethos*. Il est révélateur que c'est après un voyage à Londres où, en compagnie de M. Voldoire, il signa des contrats pour l'entreprise familiale qu'il changea la manière de promouvoir ses ouvrages. Dans un premier temps, nous verrons que Larbaud organise son activité de traducteur comme une activité économique personnelle, mais nous verrons aussi qu'à la différence des productions littéraires personnelles, les traductions engendrent des transactions économiques beaucoup plus nombreuses.

On l'a vu, la première initiative prise par Larbaud pour devenir un homme de lettres est de proposer une traduction à un directeur de revue. Si ce geste est audacieux, il n'est pas moins révélateur de son époque : c'est ainsi que les traductions paraissent dans ces années-là. Mais Larbaud n'entendit pas en rester là et c'est ce qui signe son esprit d'entreprise : il fit imprimer à ses frais, une plaquette à l'enseigne de la « Nouvelle collection britannique » reprenant le texte et sa notice. Un antiquaire parisien, Victor Beaumont, devait en diffuser les numéros. Mais s'il y a eu un deuxième exemplaire de la collection, la réédition de la *Chanson du vieux marin* de Coleridge, la série s'arrêta là, faute de lecteurs. Beaumont ne faisait pas de promotion, comme Larbaud le déplorait dans une lettre qu'il écrit à Léon-Paul Fargue[16] et notre auteur devait assurer lui-même la promotion de ses œuvres dans la *Phalange*[17], car il avait dès ce moment le souci de rentabiliser ses investissements. Larbaud prit

---

16 Voir Béatrice Mousli, *op. cit.*, p. 180.
17 Dans une lettre écrite le 19 juin 1911, Royère propose à Larbaud de faire la promotion de sa traduction dans le numéro 30 de *La Phalange*, voir Gil Charbonnier (éd.), *Correspondance Valery Larbaud-Jean Royère (1908-1918)*, *Cahiers Valery Larbaud*, n° 48, Clermont-Ferrand 2012, p. 82-87.

alors conscience de l'aporie temporaire d'une telle entreprise, liée à trois facteurs : une diffusion trop confidentielle, trop peu de promotion et un auteur peu connu. L'offre est ici supérieure à la demande, mais celle-ci peut être créée, par une promotion plus importante et si l'on augmente le nombre de produits. Il faut donc donner plus de valeur au produit, de la valeur culturelle certes, mais aussi de la valeur financière. Ayant divisé les moyens de production, Larbaud assurait lui-même la promotion de son ouvrage comme nous l'avons vu. Larbaud fit donc entrer assez vite ses traductions dans un marché qui dépassait celui des revues pour celui des ouvrages indépendants, fussent-ils très modestes au départ.

Une des transformations que Larbaud opéra dans le domaine de la traduction, employer le terme de transgression me paraît un peu trop fort, est d'entreprendre la traduction de l'intégralité de l'œuvre d'un auteur étranger.

Alors infirmier à Vichy pendant la seconde guerre mondiale, Larbaud accepta de travailler à une traduction du roman de George Meredith, *Lord Osmont et son Aminta*. C'était une suggestion d'André Gide, poussé par Gaston Gallimard, soucieux d'enrichir sa production par des œuvres étrangères. Mais Meredith ne convint pas à Larbaud et il se remit à travailler sur Walt Whitman[18]. Il avait connu ce dernier, dès 1902, puis en 1909, par les traductions de Léon Bazalgette au Mercure de France que l'auteur lui-même lui avait envoyées. Les jugeant peu satisfaisantes, il fit de sa critique un quasi-écrit théorique où il définissait sa poétique de la traduction[19]. Le chantier autour de la traduction de Whitman est révélateur de l'esprit artisanal avec lequel s'élabore à cette époque une traduction. Il rassemblait entre autres Jules Laforgue, André Gide, Jean Schlumberger et Paul Claudel, mais il inaugurait toutes les difficultés aussi bien idéologiques que politiques ou personnelles qui naissent lors d'un travail collectif. D'une part certains s'opposèrent au fait qu'une œuvre présentant de jeunes homosexuels fût publiée au moment où des hommes du même âge se faisaient tuer, et Claudel fit défection, car il ne voulait plus collaborer avec Gide, dont il venait de découvrir l'homosexualité. Finalement une traduction de morceaux choisis allait paraître en 1918. Poursuivant cette quête de l'intégralité, Larbaud

---

18 Voir Lionel Bedouret, « Larbaud et l'Amérique », *La Nouvelle Revue Française*, 1957, p. 188-189.
19 Béatrice Mousli, *op. cit.*, p. 242.

entreprit par la suite de traduire toutes les œuvres de Samuel Butler. La traduction d'*Erewhon* parut en 1919, suivie de celle d'*Erewhon revisited*, d'abord parue en extraits dans *La Revue de France*[20], *puis de celle de* The Way of All Flesh, des *Note-Books* et de *Life and Habit*[21]. Cette manière de faire répondait à un désir personnel, mais se trouvait être aussi un moyen de promouvoir son travail : Larbaud a en effet compris qu'on fait plus de profit avec une série d'ouvrages qui se répondent, en l'occurrence ici qui soient du même auteur. Il a compris aussi, mais cela dès 1915, rompu aux techniques commerciales, qu'il fallait assurer la promotion d'un produit. Il entourait la publication de ses traductions d'articles de revues, de conférences, de rencontres variées avec ses lecteurs.

Signe aussi d'un Larbaud entrepreneur, il voulut ouvrir l'offre, pour laisser le choix au lecteur, comme dans une société libérale qui facilitait la concurrence. Il n'avait d'ailleurs pas hésité à s'emparer de Whitman traduit au *Mercure de France*, pour en améliorer la traduction qu'il jugeait mauvaise. Son travail lui apporta une reconnaissance symbolique : c'était un moyen, en étant exhaustif, d'être reconnu comme un bon critique, mais aussi financière. Multiplier les ouvrages c'est multiplier les revenus, et il était toujours en attente d'un succès qui le satisferait sur le plan financier.

LARBAUD ÉDITEUR ET DIRECTEUR DE COLLECTION

Ce qui apparaît comme une innovation encore plus importante, c'est qu'à partir de 1915, donc assez tôt, en même temps qu'en chef d'entreprise, Larbaud se transforma en éditeur. Cela signifie trois choses : non seulement, il continua d'assurer la promotion de ses ouvrages, en faisant notamment des conférences, et en cela, il est à la fois érudit et homme de communication, mais il exerça aussi dans une maison d'édition la fonction de directeur de collection et aussi, superviseur des traductions.

---

20 Larbaud évoque ce livre dans une lettre envoyée à G. Jean-Aubry le 2 avril 1922. Frida Weissman (ed.), *Valery Larbaud–G. Jean-Aubry : Correspondance, 1920–1935*. Paris : Gallimard, 1971, p. 16.
21 En français, *La Vie et l'Habitude*. G. Jean-Aubry annonce sa publication dans une lettre envoyée à Larbaud, le 16 août 1922, *ibid.*, p. 16.

Redoutable démarcheur, il se proposait d'acheter à un moindre coût les droits des éditeurs, en discutant au préalable avec les héritiers qu'il contactait directement[22]. Il ne pouvait pas non plus travailler seul : un directeur de collection a autour de lui plusieurs traducteurs patentés, qu'il supervise.

Je passe sur ses activités de promotions. Je vais parler aussi rapidement de ses activités de directeur de collection. Il a par exemple créé une collection de traductions dans le cadre de la *Revue européenne*, la « Collection de la *Revue Européenne* », d'abord publiée par la librairie Émile-Paul, par les éditions du Sagittaire, dirigées par Simon Kra[23]. Il conseillait l'éditeur néerlandais Stolls dans l'édition d'œuvres étrangères. Je vais surtout évoquer comment il organisa les traductions d'une manière collective.

Il y a en effet une différence entre les envies de Larbaud et sa capacité de les réaliser. De ce fait, il a été dans l'obligation de s'entourer de collaborateurs aussi bien pour traduire des œuvres en espagnol que des œuvres en anglais. Quand Larbaud décida de lancer une traduction de Gómez de la Serna, il rassembla autour de lui des gens capables de le faire conformément à ses désirs[24]. Ayant rencontré Mathilde Pomès à la Maison des écrivains, alors qu'elle était sur le point de quitter la France pour un an, il lui demanda de traduire l'écrivain espagnol et pour cela, vérifia si elle correspondait à ce qu'il attendait. L'ayant accréditée, il la lança dans ce grand chantier[25]. Il y a à ce sujet du choix des traducteurs un échange de lettres très intéressant entre Larbaud et G. Jean-Aubry. On dit souvent que Larbaud se méfiait des universitaires, en distinguant notamment les traducteurs militants dont il se réclamait des traducteurs érudits. Mais en réponse à Jean-Aubry qui désire écarter des professeurs, Larbaud ne paraît pas aussi catégorique[26]. D'ailleurs le choix de Mathilde Pomès allait dans ce sens, puisqu'elle était agrégée

---

22 Dans une lettre envoyée à G. Jean-Aubry le 10 mai 1928 (Frida Weissmann (éd.), *Correspondance, op. cit.*, p. 34-35), Larbaud avoue son ignorance quant à la possibilité ou non de publier dans le *Manuscrit autographe* des manuscrits d'écrivains anglais. Il est intéressant pour notre article que Larbaud veuille publier ces auteurs dans le *Manuscrit autographe* pour « lancer la revue en Angleterre ».
23 Celles-ci publient outre Ramón Gómez de la Serna, Miguel de Unamuno, Gabriel Miró et Ramón Pérez de Ayala. Voir Béatrice Mousli, *op. cit.*, p. 332-333.
24 *Ibid.*, p. 329-331.
25 Voir Mathilde Pomès, « Valery Larbaud et l'Espagne », *La Nouvelle Revue Française*, 1957, p. 150-152.
26 Voir la lettre envoyée à G. Jean-Aubry le 22 mars 1930, *Correspondance*, Paris, 1971, p. 62.

d'espagnol et s'apprêtait à partir à l'étranger, pourvue d'une bourse d'études. Après l'avoir mise à l'essai, Larbaud adouba cette pure universitaire. Jean Cassou et Marcelle Auclair faisaient aussi partie de son équipe de traducteurs hispanophones.

Le grand chantier que fut la traduction d'*Ulysse* de Joyce a été organisé tout à fait différemment. Joyce, à la différence de Ramón Gómez de la Serna, n'est pas une découverte de Larbaud, mais de l'américaine Sylvia Beach, propriétaire de la librairie « Shakespeare and Company ». Alors que Larbaud, était en proie à une forte grippe et contraint de rester au lit, et qu'il était donc disponible, celle-ci lui offrit quelques numéros de *The Little Review* où avaient paru les treize premiers épisodes d'*Ulysse*. En effet, depuis qu'elle avait rencontré l'écrivain chez le poète Antoine Spire et qu'elle l'avait ensuite reçu dans sa librairie, elle n'avait de cesse de le faire connaître en France[27]. Découvreuse d'un écrivain qu'elle trouvait exceptionnel, elle attendait de Larbaud qu'il jouât le rôle de passeur et même d'éditeur, car Joyce était interdit de publication sur les territoires américain, anglais et irlandais[28]. Ce que Sylvia Beach avait espéré se produisit, Larbaud fut absolument subjugué par l'ouvrage et voulut en traduire des extraits. Mais auparavant, il fallait publier le livre en anglais. Pour ce faire, Sylvia Beach transforma sa librairie en maison d'édition et Larbaud se transforma en « porte-drapeau[29] » en tenant une conférence pour faire connaître Joyce au public français[30]. L'ouvrage sortit le 2 février 1922 des presses de l'imprimeur dijonnais, Maurice Darantière. Il restait maintenant à traduire le livre[31]. Larbaud devint un véritable chef d'entreprise car il ne pouvait seul traduire le livre[32]. Il choisit un premier traducteur, Auguste Morel, dont il vérifia

---

27 Signalons qu'elle connaissait Joyce par *Dedalus et Dubliners*.
28 Le procès qui a eu lieu aux USA en février-mars 1920 aboutit à la condamnation pour obscénité des éditrices de la *Little Review* ce qui, dans les faits, rend impossible une publication dans les pays de langue anglaise, non seulement les États Unis mais aussi le Royaume-Uni et l'Irlande.
29 Selon l'expression utilisée par Giovani Battista Angioletti, art. cité, p. 155.
30 Voir la conférence de Valery Larbaud sur Joyce dans *Ce vice impuni, la lecture. Domaine anglais, suivi de Pages retrouvées*, Béatrice Mousli (éd.), Paris, Gallimard, 1998, p. 581-593.
31 Une bonne édition facilite la traduction. Dans une lettre envoyée à G. Jean-Aubry le 14 novembre 1929, Larbaud évoque la joie que lui procure l'annonce de l'édition des *Œuvres Poétiques complètes* de Landor, Valery Larbaud, *Correspondance*, *op. cit.*, p. 40.
32 Régis Salado m'a fait remarquer que le processus n'a pas été du tout linéaire. Larbaud, surchargé de travail, prit ses distances par rapport à la traduction d'*Ulysse* entre l'automne 1924 et 1926, Morel travaillant alors sous sa supervision.

les compétences, en le faisant retraduire les pages traduites par Jacques Benoist-Méchin pour la conférence à la Maison des Amis des Livres en 1921. Mais devant les difficultés rencontrées par le jeune homme, Larbaud accepta le rôle de réviseur, en faisant de Sylvia Beach, Adrienne Monnier et Léon-Paul Fargue[33] des traducteurs de passages mal traduits par Morel, notamment les passages obscènes. Stuart Gilbert intégra tardivement l'entreprise, à la demande de Joyce[34]. Le chantier autour d'*Ulysse* fut plus qu'une traduction d'une langue à une autre. Tout d'abord, Joyce Irlandais, écrivait en anglais, sur un territoire étranger. Deuxièmement, *Ulysse* fut publié pour la première fois en France et promu au rang de grand œuvre par un critique français.

LE DOUBLE RÔLE DU TRADUCTEUR

On peut dire que Larbaud fit évoluer le statut des traducteurs et put accélérer leur professionnalisation. Les œuvres de grande ampleur leur donnaient une activité à plein temps. On manque d'informations concrètes sur les revenus de Mathilde Pomès ou de Stuart Gilbert, voire de G. Jean-Aubry, mais j'ai pu trouver dans des lettres échangées entre Adrienne Monnier et Larbaud des indications de revenus de la traduction d'*Ulysse*[35]. Le traducteur tel que le concevait Larbaud est comme

---

33   Le rôle de Fargue fut limité, d'après ce que l'on sait, à la seule traduction de certains passages en vue de la conférence du 7 décembre 1921 à la Maison des Amis des Livres.
34   C'est ainsi qu'il définit sa tâche dans la lettre envoyée à G. Jean-Aubry le 30 août 1927, Frida Weissmann (éd.), *Correspondance, op. cit.*, p. 31. Voir aussi Valery Larbaud, *Lettres à Adrienne Monnier et Sylvia Beach, 1919-1933*, Paris, Imec éditions, 2004, p. 162-163, où Larbaud raconte ses séances de traduction. Dans une lettre envoyée à Adrienne Monnier le 10 jenvier 1928, il annonce qu'il abandonne la traduction d'*Ulysse* et qu'il ne souhaite plus de rétribution pour cela, *Ibid.*, p. 333-334. Changement d'avis le 21 avril 1928, où il écrit qu'il « terminera seul la révision d'*Ulysse* », *op. cit.*, p. 335.
35   Adrienne Monnier, dans une lettre datant du 15 mai 1929, s'engage à attribuer à Larbaud, quelle que soit l'édition à laquelle elle cèdera les droits d'*Ulysse*, 5 % du prix fort pour ses droits de traducteur, c'est-à-dire autant que l'auteur lui-même. C'est ce qui se passera quand elle cèdera les droits à J.-O. Fourcade en octobre 1929, puis lors de la cession de l'ouvrage en avril 1937 à Gallimard. Voir Valery Larbaud, *Lettres à Adrienne Monnier et Sylvia Beach, op. cit.*, les lettres se trouvant p. 348-354 qui évoquent les droits de traducteur de Larbaud pour *Ulysse*.

lui un agent économique. Il y a bien un processus de spécialisation et de professionnalisation d'un ensemble d'agents, éditeurs, traducteurs, agents littéraires dont témoigne la division du travail éditorial entre la production nationale et l'import-export, avec la création d'un secteur de vente et d'acquisition de droits, et le rôle croissant que jouent les agents littéraires dans l'intermédiation.

Mais le traducteur, agent littéraire ou espion, reste pour ce dernier le créateur d'une valeur littéraire, aussi bien sur le plan financier que symbolique, qui fait d'une œuvre nationale une œuvre internationale. Il enrichit la littérature de son propre pays en la dotant d'une nouvelle œuvre dans sa langue. Cette valeur est aussi renforcée par l'ancienneté de l'ouvrage, qui est une valeur non pas nationale, mais historique. Par le fait aussi que les hommes manient les livres, en aient besoin, les transforment, les réactualisent, en font des objets de rencontres, de présentation, de promotion, grâce aux traductions, leur valeur en est ainsi augmentée. Comme l'écrit Paul Valéry, la richesse provient aussi de l'opinion du monde, ou pour reprendre une expression de Valery Larbaud, l'or spirituel est bien un capital littéraire. En fait le capital littéraire est ce que recherche le traducteur, et ce qui lui donne l'occasion de rentrer dans un marché économique.

Ainsi la recherche que fait Larbaud du livre le plus vendable, du traducteur le plus compétent ou le plus à même de traduire comme lui, et des meilleurs intermédiaires n'a pas comme but le meilleur profit financier, mais le meilleur produit intellectuel, qui de fait aura la plus grande valeur, et, à terme, une fois celle-ci reconnue, générera le plus de profit. Le cas de la traduction d'*Ulysse* de Joyce illustre parfaitement ce propos. Suite à la plainte déposée par la *Society for the Prevention of Vice*, la publication des épisodes d'*Ulysse* à la *Little Review* est suspendue en octobre 1920 – elle avait commencé en mars 1918, en tout 14 épisodes sur les 18 que contient le roman. La traduire est d'abord lui permettre d'être publiée. En effet, jusqu'à la levée de l'interdiction du roman aux USA en décembre 1933, à l'issue d'un second procès, les lecteurs qui voulaient se procurer le texte original d'*Ulysses* ne pouvaient le faire que via des éditions imprimées et publiées en Europe continentale. La traduire lui donna ainsi plus de valeur, fit connaître son auteur, qui devint un grand écrivain par son extraterritorialité qu'il appelait de ses vœux. Joyce est une sorte d'écrivain apatride :

le français n'est pas ici la langue de la France, mais un vecteur pour faire connaître une œuvre.

Pour conclure, je dirais qu'il est indéniable que Larbaud a bien créé et développé le marché de la traduction, d'abord personnellement, puis collectivement, avec tous les aspects que nous avons exposés. Savant connaisseur des littératures étrangères, il sut se faire découvreur de talents, éditeur, promoteur, directeur de collection, correcteur et superviseur[36]. Son génie et sa particularité furent d'être à la fois un grand écrivain, un grand angliciste doublé d'un grand hispaniste, un grand traducteur et un grand traductologue, mais aussi un chef d'entreprise. Il n'était pas pour rien le descendant du fondateur des eaux de Vichy Saint-Yorre. Mais l'aspect économique ne prit jamais le dessus sur l'aspect culturel : Larbaud ne réalisa jamais le profit pour le profit, il aima tous les auteurs qu'il traduisit et donnait la plus grande valeur non à la traduction qui rapportait le plus, mais à celle qui enrichissait aussi bien la littérature de la langue de départ que celle de la langue d'arrivée. Il contribua à l'enrichissement de la littérature universelle ou à l'enrichissement universel de la littérature. Comme on veut.

Delphine VIELLARD
CARRA – Université de Strasbourg

---

[36] Vera Elisabeth Gerling nous présente Valery Larbaud comme traducteur et promoteur de l'œuvre de Ramón Gómez de la Serna, voir « Von *Greguerías* zu *Criailleries* : Valery Larbaud als Förderer und Übersetzer von Ramón Gómez de la Serna », Vera Elisabeth Gerling et Belén Santana López (éd.) : *Literaturübersezen als Reflexion und Praxis*, Tübingen, Narr, p. 185-203.

BIBLIOGRAPHIE

AUZOUX, Amélie, « André Gide et Valery Larbaud, deux traducteurs en guerre, 1914-1918 », Christine Lombez (dir.), *Traducteurs dans l'histoire, traducteurs en guerre*, *Atlantide*, n° 5, 2016, http://atlantide.univ-nantes.fr, p. 33-42.

ANGIOLETTI, Giovanni Battista, « Larbaud l'Européen », *La Nouvelle Revue Française*, 1957, p. 155-159.

BEDOURET, Lionel, « Larbaud et l'Amérique », *La Nouvelle Revue Française*, 1957, p. 185-191.

CASANOVA, Pascale, *La République mondiale des lettres*, Paris, Points, 1999.

CHARBONNIER, Gil (éd.), *Correspondance Valery Larbaud-Jean Royère (1908-1918)*, *Cahiers Valery Larbaud* 48, 2012, p. 82-87.

GERLING, Vera Elisabeth, « Von *Greguerias* zu *Criailleries* : Valery Larbaud als Förderer und Übersetzer von Ramón Gómez de la Serna », Vera Elisabeth Gerling, Belén Santana López (éd.), *Literaturübersetzen als Reflexion und Praxis*, Tübingen, Narr, 2018, p. 185-203.

JEAN-AUBRY, G., *Valéry Larbaud, sa vie et son œuvre : La jeunesse (1881-1920)*, Monaco, Éditions du Rocher, 1949.

LARBAUD, Valery, *Ce vice impuni, la lecture. Domaine anglais, suivi de Pages retrouvées*, Béatrice Mousli (éd.), Paris, Gallimard, 1998.

LARBAUD, Valery, *Lettres à Adrienne Monnier et Sylvia Beach, 1919-1933*, Paris, Imec Éditions, 2004.

LARBAUD, Valery, *Journal*, Paule Moron (éd.), Paris, 2009.

LAFOND, George, *L'effort français en Amérique latine*, Paris, Payot, 1917.

MARTINIÈRE, Guy, « L'image de l'Amérique Latine dans 'Fermina Márquez' », *Valery Larbaud et la littérature de son temps*, Paris, Klincksieck, 1978.

MOUSLI, Béatrice, *Valery Larbaud*, Paris, Flammarion, 1998.

POMÈS, Mathilde, « Valery Larbaud et l'Espagne », *La Nouvelle Revue Française*, 1957, p. 149-154.

WEISSMAN, Frida (éd.), *Valery Larbaud–G. Jean-Aubry : Correspondance, 1920-1935*. Paris : Gallimard, 1971.

MODERNITÉ ET TRANSGRESSION

CHANT ET CONTRE-CHANT DE LA MODERNITÉ CHEZ VALERY LARBAUD

L'usage critique du terme de « modernité » ne va pas sans poser problème, tant il se prête aux interprétations les plus diverses. Michel Décaudin signalait déjà cette difficulté il y a près de quarante ans dans son étude intitulée « Modernité de *Barnabooth* » : « Il faudrait bannir le mot 'modernité' de notre langage critique pour cause d'incitation au désordre intellectuel. » Cet appel liminaire à l'interdit était toutefois immédiatement suivi de cette alternative : « Ou ne le convoquer qu'avec une fiche d'identité détaillée mentionnant le plus de signes particuliers possibles[1]. » Indiquer quelques-uns de ces « signes particuliers » susceptibles de qualifier la modernité de l'œuvre de Larbaud, c'est ce à quoi je vais m'employer ici, en prenant pour point de départ la conception baudelairienne de la modernité, dans la mesure où celle-ci présente des caractéristiques qui trouvent des prolongements dans les écrits larbaldiens. On pourra alors envisager divers exemples des formes prises par la modernité chez Larbaud, en soulignant leur ambivalence, qui se marque notamment dans la distance prise par le créateur de Barnabooth vis-à-vis de cette forme spécifique de la modernité qu'est l'avant-garde. Enfin, on terminera en indiquant comment la lecture des textes de Larbaud, par les ressources qu'elle peut offrir dans le contexte d'hyper-modernité qui est le nôtre, garde une actualité certaine.

Si la modernité renvoie à des réalités et à des domaines très variés – histoire, philosophie, histoire des techniques ou histoire des idées, etc. –, on s'accorde pour attribuer à Baudelaire le mérite d'avoir été le premier à définir ce terme dans le champ de la création artistique. Dès « Le Salon de 1846 », Baudelaire, contre les tenants de l'académisme,

---

[1] Michel Décaudin, « Modernité de *Barnabooth* », *Valery Larbaud, La prose du monde*, études réunies par Jean Bessière, PUF, 1981, p. 93-104. La citation constitue l'incipit de l'article.

affirme l'existence d'une « beauté moderne[2] », alliance de termes qui ne va pas du tout de soi à une époque où le terme « moderne » n'a pas encore reçu ses lettres de noblesse esthétiques. Cet « élément nouveau » requiert de l'artiste qu'il exprime la beauté propre à son temps, quête pour laquelle il doit s'affranchir des autorités qui prétendent légiférer sur la question du beau. La modernité artistique telle que la conçoit Baudelaire est d'abord un combat pour l'autonomie de la création, une contestation par l'artiste des critères hétéronomes auxquels on prétendait l'assujettir, ce en quoi la modernité en art rejoint le programme d'émancipation de la modernité philosophique mis en œuvre par les Lumières. Jalon essentiel sur la voie de l'autonomie, le texte sur « L'exposition universelle de 1855 » voit Baudelaire revendiquer le droit pour l'artiste de ne relever que de lui-même, façon, comme le voulait Kant, de « sortir de la minorité[3] » en prononçant la déliaison de l'art et de la sphère théologico-politique : « L'artiste ne relève que de lui-même. Il ne promet aux siècles à venir que ses propres œuvres. Il ne cautionne que lui-même[4]. » En même temps qu'est formulée cette revendication d'autonomie, l'accent est mis sur la valeur du « nouveau[5] » et de « l'innovation », valorisation qui, si elle suppose un renouvellement des formes artistiques (les *Petits poèmes en prose* en sont un exemple éloquent), est aussi affaire de sujets. Or, le sujet par excellence qui s'offre à l'attention de l'artiste moderne, c'est le spectacle de la grande ville, que Baudelaire met en avant dans « Le Peintre de la vie moderne » (1863) où, pour la première fois, la « modernité » est définie dans son sens esthétique. C'est ainsi que la notion se trouve indissolublement liée à cette expérience-clé que fait le « peintre de la vie moderne », celle d'une dissolution jouissive dans la foule[6]. Quant à

---

2 La section XVIII et dernière du « Salon de 1846 », intitulée « De l'héroïsme de la vie moderne » s'achevait sur ce constat : « mais il y a un élément nouveau, qui est la beauté moderne ». Charles Baudelaire, *Critique d'art, suivi de Critique musicale*, Paris, Gallimard (folio essais), 1992, p. 156.
3 Cette expression fameuse constitue un point central du programme énoncé par Kant dans « Qu'est-ce que les Lumières ? » (*Was ist Aufklärung ?*, 1784).
4 « L'Exposition universelle (1855) », Charles Baudelaire, *Critique d'art, op. cit.*, p. 241.
5 Il est significatif à cet égard que l'édition des *Fleurs du Mal* de 1861 s'achève sur l'exhortation à « trouver du *nouveau* ».
6 Il faudrait ici citer intégralement la géniale description baudelairienne, véritablement fondatrice pour l'avènement d'une sensibilité artistique moderne ; on se contente d'en rapporter quelques expressions essentielles dont on pourra percevoir la résonance chez

la fameuse définition de la modernité elle-même – « la modernité, c'est le transitoire, le fugitif, le contingent, la moitié de l'art, dont l'autre moitié est l'éternel et l'immuable[7] » –, elle instaure un partage entre le « transitoire » et « l'éternel » qui fait dire à Antoine Compagnon que « toutes les idées baudelairiennes sont doubles[8] ». Cette dualité, qui s'attache à la beauté du présent sans pour autant oublier qu'« il y a eu une modernité pour chaque peintre ancien[9] », peut éclairer l'ambivalence du rapport à la modernité dans les écrits de Valery Larbaud, en particulier si on la met en rapport avec un autre trait de la modernité baudelairienne dont hérite le créateur de Barnabooth. Ce trait réside dans la nature oppositionnelle de la modernité. Telle qu'elle se présente chez Baudelaire, la modernité esthétique est en effet pour partie résistance à la modernité sociale, au sens de la « modernisation », c'est-à-dire de tout un ensemble de transformations dont l'auteur des *Fleurs du Mal* a été le féroce contempteur. Cette modernisation, liée aux progrès techniques, a vu s'imposer, dans les mentalités autant que dans les structures de la société, l'esprit de calcul et le culte de la production, l'asservissement des hommes au « dieu de l'Utile[10] ». D'où la promotion chez Baudelaire des figures du dandy et du flâneur, qui ont en commun de se soustraire à l'utilitarisme régnant. À cet égard, le personnage du « Riche Amateur » inventé par Larbaud s'inscrirait parfaitement dans le sillage de ces figures baudelairiennes incarnant le défi au règne de l'utile. Chacun de ces types, le dandy et le flâneur chez Baudelaire, l'amateur chez Larbaud, participe en effet de cette

---

Larbaud : « La foule est son domaine [...]. Pour le parfait flâneur, pour l'observateur passionné, c'est une immense jouissance que d'élire domicile dans le nombre, dans l'ondoyant, dans le mouvement, dans le fugitif et l'infini. Être hors de chez soi, et pourtant se sentir partout chez soi ; voir le monde, être au centre du monde et rester caché au monde [...]. L'observateur est un *prince* qui jouit partout de son incognito. L'amateur de la vie fait du monde sa famille [...]. Ainsi l'amoureux de la vie universelle entre dans la foule comme dans un immense réservoir d'électricité. [...] C'est un *moi* insatiable du *non-moi*, qui, à chaque instant, le rend et l'exprime en images plus vivantes que la vie elle-même, toujours instable et fugitive. » Charles Baudelaire, « Le Peintre de la vie moderne », section III : « L'artiste, homme du monde, homme des foules et enfant », *Critique d'art, op. cit.*, p. 351-352.
7 *Ibid.*, section IV : « La Modernité », p. 354.
8 Antoine Compagnon, *Les cinq paradoxes de la modernité*, Paris, Seuil, 1990, p. 38.
9 Cette phrase suit immédiatement la définition de la modernité dans « Le Peintre de la vie moderne ».
10 L'expression se trouve dans le poème v des *Fleurs du Mal*.

même stratégie d'une modernité oppositionnelle et provocante, qui revendique « un art autonome et inutile, gratuit et polémique, épatant le bourgeois[11]. »

En ce qui concerne la quête de l'autonomie, c'est-à-dire le refus pour le créateur de s'assujettir à des principes extérieurs, ou hétéronomes, qu'ils soient d'ordre moral, religieux, économique ou politique, il me paraît peu contestable que la conception de la littérature et du rôle de l'écrivain qui se dégage de la vie et de l'œuvre de Valery Larbaud correspond tout à fait à une situation d'autonomie effective. Certes, lorsque sa vocation d'écrivain s'affirme, au tournant du siècle, l'autonomie du champ littéraire est déjà acquise, à la suite d'une série d'étapes qui ont pour nom, entre autres, Baudelaire, Flaubert ou Mallarmé (en peinture on pourrait nommer Courbet, Manet ou Cézanne), mais il n'en demeure pas moins vrai que cette autonomie trouve une expression particulièrement remarquable dans le cas de Larbaud, qui à la fois revendique et met en œuvre une éthique du pur plaisir littéraire. Aucune raison de contester sur ce point l'autorité de Saint-John Perse, ni celle de Larbaud lui-même dont l'auteur d'*Anabase* cite à ce propos le *Journal*, dans « Larbaud ou l'honneur littéraire », texte qui figure en ouverture du numéro d'hommage de *La Nouvelle Revue Française* publié à la mort de l'écrivain :

> Le principe même du « plaisir », la notion initiale du « plaisir » comme élément secret, sacrant toute chose, demeurait bien pour lui à la base de toute incitation humaine, fût-elle d'ordre intellectuel ou spirituel. Répondant à un poète français qui l'interrogeait sur sa pensée littéraire, il dit dans son Journal : « En quatre pages serrées, je lui ai résumé la partie de ma vie consacrée à l'activité littéraire et je lui ai exposé, sous une forme condensée, mes idées actuelles sur diverses questions littéraires, ou plutôt sur *la* question littéraire : le plaisir avant tout[12]. »

Quant à la dynamique du nouveau et à la prise en compte de la « beauté moderne », qui constituent les deux traits fondateurs de la modernité esthétique, elles se vérifient également chez Larbaud, à la fois dans sa capacité à expérimenter des formes littéraires innovantes, dans son inclination à se faire parfois « peintre de la vie moderne », et, *last but not least*,

---

11 Antoine Compagnon, *Les cinq paradoxes de la modernité, op. cit.*, p. 28.
12 *La Nouvelle Revue Française*, « Hommage à Valery Larbaud », 1er septembre 1957 (réédition de 1990), p. 13.

par la façon dont il a donné à lire, dans ses écrits de critique ou par ses traductions, certains des écrivains les plus neufs de son temps, de Walt Whitman à William Faulkner et de James Joyce à Ramón Gómez de la Serna ou Italo Svevo, entre autres. Si Larbaud mérite donc, à plus d'un titre, d'être reconnu comme un acteur majeur de la modernité littéraire du début du XXe siècle, cette juste reconnaissance ne doit pourtant pas occulter le fait que les traits de modernité qui caractérisent son œuvre s'y trouvent constamment contrebalancés par d'autres éléments qui amènent à nuancer une identification trop exclusive de cet écrivain à une modernité qui viserait essentiellement la célébration du temps présent et du nouveau. De cette oscillation qui mitige l'élan moderniste dans l'œuvre de Larbaud, on trouve plusieurs exemples, et cela dès les débuts littéraires de l'écrivain.

Le premier exemple qui se présente chronologiquement concerne le rapport à l'œuvre de Walt Whitman, tel que les *Poèmes par un Riche Amateur* permettent de l'envisager. Dans la « Biographie de M. Barnabooth » qui accompagnait les poèmes dans l'édition de 1908, Larbaud place explicitement la vocation poétique du Riche Amateur sous le patronage de l'auteur des *Feuilles d'herbe*, figure majeure de la modernité poétique en ce commencement du XXe siècle, en France notamment où les grands poèmes en vers libres de Whitman ont impressionné toute une génération de jeunes poètes. Mais cette référence est tout à fait ambigüe dans les *Poèmes par un Riche Amateur*. La filiation whitmanienne de Barnabooth est en effet simultanément énoncée et mise à distance dans le livre de 1908, à travers le jeu d'un paratexte fictif attribuant à un critique le jugement suivant : « les vers de l'un [Barnabooth] semblent être une grossière parodie des poèmes de l'autre [Whitman]... », jugement que corroborent les propos de Barnabooth en personne concernant son projet de « poème-catalogue », où cette forme caractéristique du grand style épique whitmanien se trouve grossièrement caricaturée :

> Quand j'écrirai mon poème des poèmes, ce sera aussi une espèce de catalogue de tout ce qu'on peut avoir pour de l'argent : les plaisirs, les maisons, les meubles, les bijoux ; [...]. Oui, un poème-catalogue des biens exprimant le Bien absolu... [...] un poème de la richesse ! Le poème épique moderne, si longtemps rêvé[13]...

---

13 « Biographie de M. Barnabooth », Valery Larbaud, *Œuvres*, Paris, Gallimard (Bibliothèque de la Pléiade), 1958, p. 1150.

Certes, ces propos tirés de la biographie fictive de Xavier Tournier de Zamble, qui sera supprimée de l'édition de 1913, ne préjugent pas de la modernité des poèmes eux-mêmes[14], en revanche ils jettent un éclairage révélateur sur la façon dont la référence à la modernité, whitmanienne en l'occurrence, peut faire l'objet d'une mise à distance parodique dès cette entrée du jeune Larbaud sur la scène littéraire. Plusieurs poèmes de la première édition, éliminés de l'édition de 1913, hésitent ainsi entre une authentique inspiration whitmanienne – comme « Chant de la variété visible[15] » – et le pastiche tirant vers la parodie, comme c'est à mon sens le cas du poème « Le devoir avant tout. Fragments d'un poème des *Aspirations*[16] ». Au chant poétique moderne si puissamment incarné par l'auteur des *Feuilles d'herbe*, Larbaud-Barnabooth répond par ce « chant à côté » qu'est la parodie[17].

Le second exemple où me paraît s'inscrire une ambivalence dans le rapport à la modernité concerne le cosmopolitisme lui-même, cette marque spécifique de la modernité larbaldienne, qui se traduit de manière si frappante dans les textes par la présence sensible des langues et des noms étrangers, noms de lieu en particulier. Le motif cosmopolite du voyage et des noms étrangers est d'emblée mis en avant dans le recueil des *Poésies* de Barnabooth qui s'ouvre, après le prologue, sur le poème « Ode » où s'égrène la litanie des toponymes et des noms de trains : Vienne et Budapesth (graphié avec un « h » final), Harmonika-Zug, Nord-Express entre Wirballen et Pskow, Orient-Express, Castille et mer de Marmara, Orient-Express et Sud-Brenner-Bahn... Dans cette pièce liminaire, Larbaud-Barnabooth donne le ton d'une poésie aux accents internationaux, qui aspire à exprimer cette « beauté moderne »

---

14 À propos de la contribution de Larbaud à un renouvellement des formes poétiques, Michel Décaudin propose cette conclusion nuancée dans « Modernité de *Barnabooth* » : « [...] plus que d'un véritable vers libre, il s'agit fréquemment d'un vers 'libéré', qui ruse avec les structures traditionnelles, les contourne, les prolonge, sans réellement les détruire. » (Michel Décaudin, « Modernité de *Barnabooth* », *op. cit.*, p. 103). Cette appréciation synthétique n'est pas remise en question par l'étude détaillée de la prosodie larbaldienne que mène Gabrielle Moix dans *Poésie et monologue intérieur. Problèmes de l'écriture dans l'œuvre de Valéry Larbaud*, Fribourg, Éditions Universitaires de Fribourg Suisse, 1989.
15 Valery Larbaud, *Œuvres, op. cit.*, p. 1158.
16 Valery Larbaud, *Œuvres, op. cit.*, p. 1158-1160.
17 Pour une analyse plus détaillée de cette relation ambivalente à la modernité whitmanienne, on se permet de renvoyer à notre étude, « Profits et périls de l'admiration : Larbaud face à Whitman », *Cahier Valery Larbaud*, n°45, *Valery Larbaud écrivain critique*, Clermont-Ferrand, Presses Universitaires Blaise-Pascal, 2008, p. 75-103.

que représente le déplacement en train de luxe à travers le continent européen, et même au-delà. Suivant la préconisation baudelairienne qui enjoint à l'artiste de dire la beauté du présent, Barnabooth s'exclame : « Ah ! il faut que ces bruits et que ce mouvement / Entrent dans mes poèmes [...][18] ». Or, si le poète s'exhorte dans ce poème liminaire à capter dans ses vers la vibration moderne du voyage ferroviaire, là n'est toutefois pas le tout de la poésie. Un peu plus avant dans le recueil, un autre poème fait en effet entendre le contre-chant ou contrepoint de cet éloge du dynamisme de la machine et de la polyphonie des noms étrangers. Il s'agit de « L'ancienne gare de Cahors », 9e pièce du recueil et poème aux accents élégiaques, qui dit la retombée mélancolique de l'élan cosmopolite et substitue à l'appel aux bruits et au mouvement la célébration d'un lieu rendu à la paix et à l'immobilité :

> L'ANCIENNE GARE DE CAHORS
> Voyageuse ! ô cosmopolite ! à présent
> Désaffectée, rangée, retirée des affaires.
> Un peu en retrait de la voie,
> Vieille et rose au milieu des miracles du matin,
> Avec ta marquise inutile
> Tu étends au soleil des collines ton quai vide
> (Ce quai qu'autrefois balayait
> La robe d'air tourbillonnant des grands express)
> [...]
> L'ébranlement des trains ne te caresse plus :
> Ils passent loin de toi sans s'arrêter sur ta pelouse,
> Et te laissent à la paix bucolique, ô gare enfin tranquille
> Au cœur frais de la France[19].

Aux lignes de fuite et au tropisme centrifuge d'« Ode » fait pendant dans ces vers une poésie de la stase et du centre où s'exprime un profond désir de « retirance ». L'ancienne gare de Cahors, « [...] retirée des affaires, / Un peu en retrait de la voie », métaphorise et suggère, par paronomase, une mise en « retrait de la vie ». L'attraction du repos qu'emblématise ici la gare désaffectée n'est pas moins forte que celle qu'exercent les villes étrangères sur le voyageur. Du reste, ce « cœur frais de la France », qui prend aussi chez Larbaud le nom de Pays d'Allen ou celui de Valbois,

---
18 « Ode », vers 29-30 (le poème en compte 33), Valery Larbaud, *Œuvres, op. cit.*, p. 45.
19 « L'ancienne gare de Cahors », début (vers 1-8) et fin du poème (vers 23-26), Valery Larbaud, *Œuvres, op. cit.*, p. 51-52.

l'écrivain natif du Bourbonnais ne cesse d'y revenir comme à une source et à un centre, envers calme et secret de la fièvre moderniste qui par ailleurs anime son écriture. À y regarder de près, le lyrisme du mouvement cosmopolite est donc indissociable, dans l'œuvre de Larbaud, de l'expression d'un désir d'immobilité qui est l'exact contrepoint, et sans doute le pôle complémentaire, du tropisme moderne.

On trouverait un autre exemple de cette perspective oscillante vis-à-vis de la modernité, dans « Rues et visages de Paris », l'avant-dernier texte du recueil *Jaune bleu blanc*. Pour une part, ce texte semble s'inscrire dans la lignée de l'expérience de dissolution dans le nombre évoquée par Baudelaire dans « Le Peintre de la vie moderne », thématique qui affleure notamment dans ce passage : « [...] et de nouveau nous aimons nous sentir mêlés à cette foule, contents de grossir la masse en mouvement sur l'asphalte[20] ». Cette expérience de fusion dans la masse en mouvement est toutefois en trompe-l'œil, car ce n'est pas tant le présent qui fait l'objet du texte, qu'une évocation de souvenirs passés et de types urbains disparus, à l'instar du « parisien d'autrefois », dont Larbaud dit qu'il est désormais une « espèce éteinte », notation mélancolique que la suite du texte développe ainsi : « Leur ville était devenue trop grande pour eux. La foule moderne marchait trop vite pour leur permettre de continuer leurs lentes promenades sur ce qu'ils appelaient les Grands Boulevards[21]. » Si la modernité est adhésion au présent, et si la modernité esthétique valorise la « beauté » de ce présent qui se laisse capter par excellence dans le spectacle de la grande ville, on doit convenir que le regard larbaldien donne à voir autre chose. L'expérience enivrante de la foule où se diffracte ce « moi avide du non-moi » que Baudelaire identifiait à la modernité, se modalise dans le texte de Larbaud en une opposition entre la vitesse excessive de « la foule moderne » d'une part, et d'autre part les « lentes promenades » qu'affectionnaient les « parisiens d'autrefois ». C'est ici le lieu de mentionner un aspect essentiel pour situer la position de Larbaud

---

20 Valery Larbaud, *Jaune bleu blanc*, Paris, Gallimard (L'Imaginaire), 1991, p. 302. Rappelons que Larbaud considérait *Jaune bleu blanc*, initialement paru en 1927, comme « une introduction convenable à l'ensemble de ses ouvrages », justifiant de la sorte que ce volume soit placé en tête de l'édition des œuvres complètes chez Gallimard (propos rapportés par Gérard Jean-Aubry et repris dans le volume des *Œuvres* dans la Bibliothèque de la Pléiade, *op. cit.*, p. 1252).
21 Valery Larbaud, *Jaune bleu blanc*, *op. cit.*, p. 307.

quant à la modernité : sa critique d'un certain fétichisme de la modernité technique, critique où se précise une opposition importante qui traverse les modernités littéraires, entre d'une part une modernité d'obédience baudelairienne, par rapport à laquelle on a situé l'œuvre de Larbaud, et d'autre part cette forme spécifique de la modernité que représente l'avant-garde, terme que Baudelaire avait d'ailleurs brocardé en son temps[22].

Le texte qui nous amène à effectuer cette clarification est une étude que Larbaud a consacrée au poète anglais William Ernest Henley[23]. Bien que la présentation qu'il propose de la poésie de Henley soit tout à fait favorable, Larbaud introduit à un moment de son essai de sérieuses réserves, à propos du poème « A Song of Speed » (« Chanson de la vitesse »), et de la fascination que semble avoir éprouvé le poète anglais pour le machinisme alors en plein développement[24]. Larbaud cite notamment les vers dans lesquels Henley compare aux créations de Whistler, Rodin, Tolstoï et autres grands artistes de son temps, l'avènement de « Cette merveilleuse Mercedes / Cette triomphante machine [qui] / Vient rendre la vie de l'homme / Différente de ce qu'elle était ». Voici le commentaire de Larbaud qui suit immédiatement dans son étude la citation des vers de Henley :

> Je n'ai pas d'objection à faire contre le sujet du poème : l'automobile, ni même contre cette naïve métaphysique exposée de ce ton augural ; mais je ne puis m'empêcher d'être choqué par ce rapprochement du génie de Rodin ou de Tolstoï et de la *triomphante machine*. Et tout le morceau trahit ce désir vain et puéril d'être « moderne » […][25].

---

22 Parmi les notes recueillies sous le titre *Mon cœur mis à nu*, on trouve cette indication qui dit tout le mépris de Baudelaire pour les « littérateurs d'avant-garde » : « À ajouter aux métaphores militaires : Les poètes de combat. Les littérateurs d'avant-garde. Ces habitudes de métaphores militaires dénotent des esprits, non pas militants, mais faits pour la discipline, c'est-à-dire pour la conformité, des esprits nés domestiques, des esprits belges, qui ne peuvent penser qu'en société. » Baudelaire, *Fusées, Mon cœur mis à nu, La Belgique déshabillée*, Paris, Gallimard (folio classique n° 1727), 1986, p. 104.
23 Valery Larbaud, « William Ernest Henley. 1849-1903 ». Cette longue étude a été reprise intégralement dans le volume *Ce vice impuni, la lecture. Domaine anglais*, Paris, Gallimard, 1998, p. 144-186, où elle constitue un seul essai, mais elle résulte à l'origine de trois contributions différentes parues en 1910 dans *La Phalange* et dans *Pan*, et en 1911 dans la *Nouvelle Revue Française*.
24 Le poème de Henley date des années 1890, son titre évoque bien sûr les « Songs » de Walt Whitman dont la vogue était alors importante en Angleterre.
25 Valery Larbaud, *Ce vice impuni, op. cit.*, p. 155.

On perçoit dans ces lignes sur Henley une polémique (à peine) cachée avec les prises de position futuristes. Marinetti avait publié dès 1905 un poème « À l'automobile » qui avait fait un certain bruit (il y célébrait le « démon de la vitesse »), mais surtout, à peine plus d'un an avant que Larbaud ne publie la 1re partie de son étude sur Henley, avait paru dans *Le Figaro* du 20 février 1909 le *Manifeste du Futurisme*, dans lequel on pouvait lire cette fracassante proclamation, 4e point du *Manifeste* :

> Nous déclarons que la splendeur du monde s'est enrichie d'une beauté nouvelle : la beauté de la vitesse. Une automobile de course avec son coffre orné de gros tuyaux tels des serpents à l'haleine explosive... une automobile rugissante, qui a l'air de courir sur de la mitraille, est plus belle que la *Victoire de Samothrace*[26].

Nul doute que Larbaud, lisant ces lignes, y aura reconnu « ce désir vain et puéril d'être 'moderne' » qu'il épingle dans son commentaire du poème de Henley. On comprend alors tout ce qui sépare la modernité de Larbaud de celle que promeuvent Marinetti et les siens. La ligne de partage est en effet très nette entre le modernisme sélectif que pratique Larbaud et la radicalisation moderniste que représentent les avant-gardes littéraires et artistiques, dont l'auteur de *Barnabooth* s'est toujours tenu à l'écart. Plusieurs facteurs expliquent cette défiance de Larbaud à l'égard des avant-gardes : sa réticence à voir enrôler l'art au service d'une cause qui lui serait extérieure[27], mais aussi, chez les tenants de l'avant-garde, l'affirmation tapageuse d'une originalité absolue et la volonté de rompre brutalement avec la tradition. L'historienne d'art Rosalind Krauss a analysé ce fantasme de commencement absolu propre aux avant-gardes historiques, dans son essai *L'originalité de l'avant-garde et autres mythes modernistes* :

> [...] l'originalité avant-gardiste est conçue comme une origine au sens propre, un commencement à partir de rien, une naissance. [...] Le moi comme origine permet une distinction absolue entre un présent expérimenté *de novo* et

---

26 F.T. Marinetti, *Le Futurisme*, Lausanne, Éditions L'Âge d'Homme (Avant-Gardes), 1980, p. 152.
27 Selon le philosophe Peter Bürger, c'est bien ce renoncement à une forme d'autonomie de l'art, par la volonté de « dépassement de l'art dans la pratique de la vie », qui caractérise le phénomène des avant-gardes historiques (voir notamment « La négation de l'autonomie de l'art dans les avant-gardes », Peter Bürger, *Théorie de l'avant-garde* [*Theorie der Avantgarde*, 1974], traduit de l'allemand par Jean-Pierre Cometti, Paris, Questions théoriques, 2013, p. 78-90.

un passé lourd de tradition. Les revendications de l'avant-garde recouvrent exactement ces revendications d'originalité[28].

Le rejet du passé, qui prend chez les Futuristes une forme extrême (« Nous voulons démolir les musées », est-il dit au point 10 du *Manifeste*), ne pouvait que sembler dérisoire à l'homme de culture qu'était Larbaud. En ce qui concerne le rapport à la tradition, ses positions sont à l'évidence plus proches de celles d'un T.S. Eliot que des provocations futuristes. Eliot, qui dans « Tradition and the Individual Talent », essai de 1919, soutient qu'il n'est de création originale possible que pour qui possède un sens assuré de l'histoire, une connaissance intime de la tradition et la capacité à se faire contemporain des littératures du passé[29]. Des deux paradigmes en présence, celui de la rupture avant-gardiste et celui du Modernisme cultivé d'Eliot, nul doute que c'est dans ce dernier que se reconnaissait Larbaud. Du reste, de même que l'auteur du *Waste Land* a consacré d'importants textes critiques aux Poètes Métaphysiques anglais de l'époque élisabéthaine, Larbaud porte son attention à des écrivains d'un passé éloigné, à l'instar de ces auteurs du XVIe ou du XVIIe siècles, qui étaient à son époque relativement méconnus : Antoine Héroët, Maurice Scève, Jean de Lingendes, Honorat de Racan, Théophile de Viau, et d'autres encore. Dans les « Excuses pour ce livre » qui précèdent le *Domaine français* où sont recueillies les études sur ces auteurs, Larbaud cite d'ailleurs une sentence de Cicéron qui pourrait elle aussi constituer une réplique aux revendications de *tabula rasa* mises en avant par les avant-gardes : « Ignorer ce qui s'est passé avant nous, dit Cicéron, c'est être toujours enfant[30]. » Nourri des auteurs du passé et des littératures de plusieurs pays, Larbaud ne cède jamais au fétichisme avant-gardiste des commencements absolus ni à l'idolâtrie du « Moderne ». Comme l'a bien montré Frida Weissman dans son article sur « Larbaud à la recherche du 'Moderne' dans le roman anglo-saxon de son temps[31] », l'usage

---

28 Rosalind Krauss, *L'originalité de l'avant-garde et autres mythes modernistes* [*The Originality of the Avant-Garde and Other Modernist Myths*, 1985], traduit de l'anglais par Jean-Pierre Criqui, Bruxelles, Macula, 1993.
29 T.S. Eliot, « Tradition and the Individual Talent » (1919), est notamment accessible dans T.S. Eliot, *Selected Prose* (édition établie et annotée par Frank Kermode), London, Faber and Faber, 1975, p. 37-44.
30 Valery Larbaud, *Ce vice impuni, la lecture. Domaine français*, Paris, Gallimard, 1941, p. 17.
31 Frida Weissman, « Larbaud à la recherche du 'moderne' dans le roman anglo-saxon de son temps », *Valery Larbaud et la littérature de son temps*, Klincksieck, 1978, p. 24-29.

critique que Larbaud fait du terme est double : tantôt le « moderne » vient souligner la dimension véritablement novatrice d'une œuvre, et la connotation du terme est alors positive, tantôt il est associé à une littérature imitative, soucieuse d'être « à la mode », et le « moderne » est alors à prendre en mauvaise part[32].

L'ambivalence axiologique du « moderne » chez Larbaud critique peut être mise en relation avec sa pratique du monologue intérieur dans *Amants, heureux amants...* et *Mon plus secret conseil....* Si ces deux nouvelles s'inscrivent incontestablement dans la modernité, une modernité internationale puisque Larbaud découvre le monologue intérieur dans *Ulysses* de Joyce[33], l'appropriation du procédé qu'il met en œuvre dans ses deux nouvelles correspond à une forme de domestication où s'atténue la dimension transgressive que revêt cette technique chez Joyce. Reprenant à son compte la forme monologue intérieur, Larbaud l'adapte et lui donne une allure très cultivée, très littérarisée, sans du tout jouer sur l'obscénité et la trivialité comme le fait Joyce, et en adoptant une stylisation différente, moins heurtée que celle qu'on trouve dans *Ulysses*. De cette forme, qui est alors le *nec plus ultra* de la modernité littéraire (la critique on parle de freudisme, de plongée dans les profondeurs de la psyché, de cinéma mental, etc.), on pourrait aller jusqu'à dire que Valery Larbaud la *classicise* en la réinscrivant dans une tradition littéraire française, hypothèse que corrobore le choix de donner pour titre à ces nouvelles en monologue intérieur des fragments de vers empruntés à des écrivains du Grand siècle, La Fontaine et Tristan Lhermite. L'innovation se produit donc de manière plus discrète, sur un mode mineur pourrait-on dire, qui me semble caractéristique du rapport de Larbaud à la modernité[34].

---

32 Ainsi dans l'article qu'il consacre à l'écrivain irlandais James Stephens : « Visiblement, l'auteur s'efforce d'être, dans ses livres, 'adéquat à l'esprit du temps' [...] la tache, c'est ce besoin et cette manie, d'un écrivain, d'aller *pari passu* 'avec son temps'. » Valery Larbaud, *Domaine Anglais, op. cit.*, p. 267.

33 Larbaud lit en février 1921 les épisodes de *Ulysses* parus aux États-Unis dans la *Little Review* et reconnaît d'emblée le génie de Joyce, qu'il va contribuer de manière décisive à imposer dans le champ littéraire français, où se développera toute une vogue du monologue intérieur au début des années vingt.

34 Sur le mécanisme de l'innovation comme moteur de la culture dans le contexte de la modernité, on pourra se reporter à l'essai de Boris Groys, *Du Nouveau. Essai d'économie culturelle*, traduit de l'allemand par Jean Mouchard, Nîmes, Éditions Jacqueline Chambon, 1995 [*Über das Neue*, 1992]. L'auteur y démontre que l'innovation dans le champ de la création correspond à une « transvaluation des valeurs » où « le profane, l'étranger, le primitif ou le vulgaire, auparavant considérés comme dénués de valeur, sont valorisés. »

Jacques Rivière ne s'y trompe pas, qui refuse de publier Joyce dans la *Nouvelle Revue Française* malgré les efforts de Larbaud, et qui oppose ainsi le monologue intérieur joycien et le monologue intérieur pratiqué par l'auteur d'*Amants, heureux amants...* :

> Mon cher ami, Si seulement Joyce avait dans la tête le plomb que vous y avez ! Je ne comprends la valeur de son procédé que depuis que vous vous l'êtes assimilé. Par quel subtil et heureux mélange de bon sens il est, chez vous, tempéré ! On ne cesse pas de <u>sentir</u> où on va ; on est lesté. Ce n'est pas le vagabondage aride de la pensée, cette espèce de maladie de l'imagination. (...) C'est la tradition de Baudelaire, de Racine que vous maintenez[35].

L'ambivalence de la modernité larbaldienne se trouve d'une certaine façon bien résumée par cette réaction de Jacques Rivière. Tout en s'inscrivant de plein droit dans la modernité, parce qu'il innove et qu'il est attentif à la « beauté moderne », Larbaud produit une œuvre littéraire qui dialogue en permanence avec la tradition et qui ne cède jamais unilatéralement à l'appel du seul présent. On peut donc parler à son propos, pour reprendre l'adjectif utilisé par Rivière et faire un écho à la métaphore musicale de notre titre, de ‹ modernité bien tempérée ›.

Deux mots pour terminer, à propos des ressources qu'offre l'œuvre de Larbaud à notre époque que caractérise une hyper-modernité vécue comme une dépossession du temps. Dans « La Lenteur », 10e pièce du recueil *Aux couleurs de Rome*, Valery Larbaud évoque le développement des transports modernes – automobile, ferroviaire, aérien – et leur vitesse en augmentation constante, avant de s'interroger de façon prémonitoire sur les effets à venir d'une telle accélération :

> Et qui sait si de la vitesse elle-même nous ne commençons pas à être las ? [...] c'est une servante un peu importune, qui vient plus souvent qu'on ne l'appelle. Ce petit défaut – excès de zèle, – se développe avec les années ; et si nous la laissons faire elle deviendra une servante-maîtresse.

(*ibid.*, p. 12) C'est bien cette « transvaluation », bien moins sensible dans les nouvelles de Larbaud, qui s'opère avec les monologues intérieurs joyciens où vont trouver droit de cité en littérature l'insignifiant, le « tout venant », le flot trivial des pensées quotidiennes, mais aussi des pensées jugées vulgaires, voire obscènes (qu'on pense au monologue de Molly Bloom en particulier).

35 Lettre adressée à Larbaud par Jacques Rivière le 11 octobre 1921, après la lecture qu'il a faite de *Amants, heureux amants...* Valery Larbaud et Jacques Rivière, *Correspondance 1912-1924*, Paris, Éditions Claire Paulhan, 2006, p. 168.

> Elle empiète sur notre loisir, sur le peu de loisir qui nous reste de sorte que la lenteur tend à devenir de plus en plus marchandise rare et précieuse[36].

Puis vient l'histoire en forme d'apologue du Souverain se donnant le luxe de traverser sa capitale endormie, lentement, doucement, à bord d'une puissante voiture qui « était toute vitesse contenue ». Conclusion de l'apologue : « penser qu'il faut n'être pas moins que Monarque pour obtenir la Lenteur[37] !... ».

Dans son ouvrage intitulé *Accélération. Une critique sociale du temps*, le sociologue et philosophe allemand Hartmut Rosa définit précisément la modernité comme « le temps de l'accélération » et pose ce paradoxe : « *Nous n'avons pas le temps, alors que nous en gagnons toujours plus*[38]. » Cette logique de l'accélération, observe Rosa, va elle-même en s'accélérant dans le contexte de l'hyper-modernité, touchant à la fois le domaine des techniques, celui du rythme de vie individuel et des transformations sociales et culturelles. Au point que le projet émancipateur de la modernité menace de se retourner en aliénation, lorsque le temps se raréfie tellement qu'il devient difficile de « commencer à vivre ». Pour la façon dont elle nous rappelle que la Lenteur est un souverain bien, autant que par le sens de la tradition dont elle témoigne à rebours de tout « présentisme », ou encore par l'art qu'elle déploie de cultiver le secret aux antipodes de l'exhibition généralisée de l'intime qui caractérise le monde contemporain[39], l'œuvre de Valery Larbaud, représentant d'une modernité consciente, inquiète et lucide, se recommande tout particulièrement à notre temps présent.

Régis SALADO
Université Paris Diderot – CERILAC

---

36 Valery Larbaud, *Aux couleurs de Rome*, Œuvres, *op. cit.*, p. 1045.
37 *Ibid.*, p. 1048.
38 Hartmut Rosa, *Accélération. Une critique sociale du temps*, traduit de l'allemand par Didier Renault, Paris, La Découverte, 2010, p. 7 [*Beschleunigung. Die Veränderung der Zeitstrukturen in der Moderne*, 2005].
39 On fait ici référence d'une part aux analyses de François Hartog dans *Régimes d'historicité. Présentisme et expériences du temps*, Paris, Seuil, 2003, d'autre part à l'ouvrage de Vincent Kaufmann, *Dernières nouvelles du spectacle*, Paris, Seuil, 2017, qui met en lumière les mutations actuelles du champ littéraire, de plus en plus inféodé aux impératifs du « spectacle ».

BIBLIOGRAPHIE

BAUDELAIRE, Charles, *Critique d'art, suivi de Critique musicale*, Paris, Gallimard (folio essais), 1992.

BAUDELAIRE, Charles, *Fusées, Mon cœur mis à nu, La Belgique déshabillée*, Paris, Gallimard (folio classique), 1986.

BÜRGER, Peter, *Théorie de l'avant-garde* [*Theorie der Avantgarde*, 1974], traduit de l'allemand par Jean-Pierre Cometti, Paris, Questions théoriques, 2013.

COMPAGNON, Antoine, *Les cinq paradoxes de la modernité*, Paris, Seuil, 1990.

DÉCAUDIN, Michel « Modernité de *Barnabooth* », Jean Bessière (éd.), *Valery Larbaud, La prose du monde*, Paris, PUF, 1981, p. 93-104.

ELIOT, T.S., *Selected Prose*, Edited and with an Introduction by Frank Kermode, London, Faber and Faber, 1975.

GROYS, Boris, *Du Nouveau. Essai d'économie culturelle* [*Über das Neue*, 1992], traduit de l'allemand par Jean Mouchard, Nîmes, Éditions Jacqueline Chambon, 1995.

HARTOG, François, *Régimes d'historicité. Présentisme et expériences du temps*, Paris, Seuil, 2003.

KAUFMANN, Vincent, *Dernières nouvelles du spectacle*, Paris, Seuil, 2017.

KRAUSS, Rosalind, *L'originalité de l'avant-garde et autres mythes modernistes* [*The Originality of the Avant-Garde and Other Modernist Myths*, 1985], traduit de l'anglais par Jean-Pierre Criqui, Bruxelles, Macula, 1993.

LARBAUD, Valery, *Ce vice impuni, la lecture. Domaine anglais suivi de Pages retrouvées*, édition revue et complétée par Béatrice Mousli, Paris, Gallimard, 1998.

LARBAUD, Valery, *Ce vice impuni, la lecture. Domaine français*, Paris, Gallimard, 1941.

LARBAUD, Valery, *Jaune bleu blanc*, Paris, Gallimard (L'Imaginaire), 1991.

LARBAUD, Valery, *Œuvres*, préface de Marcel Arland, notes par Gérard-Jean Aubry et Robert Mallet, Paris, Gallimard (Bibliothèque de la Pléiade), 1958.

LARBAUD, Valery, *Valery Larbaud–Jacques Rivière, Correspondance 1912-1924*, édition établie, présentée et annotée par Françoise Lioure, Paris, Éditions Claire Paulhan, 2006.

MARINETTI, F.T., *Le Futurisme*, préface de Giovanni Lista, Lausanne, Éditions L'Âge d'Homme, coll. Avant-Gardes, 1980.

MOIX, Gabrielle, *Poésie et monologue intérieur. Problèmes de l'écriture dans l'œuvre de Valery Larbaud*, Fribourg, Éditions Universitaires de Fribourg Suisse, 1989.

La Nouvelle Revue Française, « Hommage à Valery Larbaud », 1e septembre 1957, [numéro réédité à l'identique en 1990].

Rosa, Hartmut, *Accélération. Une critique sociale du temps* [*Beschleunigung. Die Veränderung der Zeitstrukturen in der Moderne*, 2005], traduit de l'allemand par Didier Renault, Paris, La Découverte, 2010.

Salado, Régis, « Profits et périls de l'admiration : Larbaud face à Whitman », *Valery Larbaud écrivain critique, Cahiers Valery Larbaud*, n° 45, 2009, p. 75-103.

Weissman, Frida, « Larbaud à la recherche du 'moderne' dans le roman anglo-saxon de son temps », in *Valery Larbaud et la littérature de son temps*, Klincksieck, 1978, p. 24-29.

DÉTERRITORIALISATION DE LA LANGUE, PLURILINGUISME ET POÉTIQUE LITTÉRAIRE MONDIALE CHEZ VALERY LARBAUD

La transgression, il y en a beaucoup en « domaine » larbaldien mais peut-être moins qu'on ne croit tant ce passeur de langues et de littératures est également le douanier invisible de l'étranger. C'est ce que cet article entend démontrer à travers la relation qu'entretient Larbaud à cette langue qui trône, comme la mère et maîtresse de toutes, la langue française.

DÉTERRITORIALISER LA LANGUE FRANÇAISE

Déterritorialiser la langue française, tel est bien le désir premier, primesautier, d'un Larbaud qui, avant de barbariser sa langue, en subvertit la correction orthographique. Ennemi de l'État-nation français comme de son pôle littéraire académique, Larbaud se fait un malin plaisir – plaisir de malin, dirait Péguy – de contester le culte orthographique du « français officiel et courant de la IIIe République » : « Quel préjugé, l'*ortografe* ! quelle superstition ! Et penser que, depuis la Fixation, toutes les écoles littéraires, mêmes les plus révolutionnaires, l'ont respectée[1] ! ». Larbaud, révolutionnaire en lutte contre la superstition orthographique du français, prend les allures d'un diable rouge de la langue nationale. Déformant l'orthographe académique française, Larbaud recherche un usage autonome de la langue détachée de la nation qui l'a vu naître. Cette irrévérence aux normes orthographiques nationales, Larbaud

---

1 « Lettre aux imprimeurs », *Arts et métiers graphiques*, 1er décembre 1927, repris dans *Sous l'invocation de saint Jérôme* (1946), Paris, Gallimard, 1997, p. 297.

la revendique dans le titre de la nouvelle qu'il publie dans *L'Œuf dur* au printemps 1924 : « Rldasedlrad les Dlemhypbgf[2] ». De quoi faire trembler l'Académie. Les normes orthographiques moquées, Larbaud peut allégrement barbariser sa langue, la « créoliser » pour reprendre le terme d'Édouard Glissant, d'emprunts faits à l'étranger, comme dans une lettre à Pierre de Lanux :

> *lundi swár.*
>
> Ma there is a moyen de vu rankontré : Ilya (Lapina, éditeur) a banquet in honor of nuestro buen amigo y nurde honoured guest don Ricardo Güiraldes, at the Pen Klub, 4 rue de Chevreux, en Miércoles (8 June), at halv past siete or otto p.m. If you goes [sic] there, I shall be there, and we will make merry insieme.
>
> *Ke pansé-vu de selah*[3] ?

Associant une écriture phonétique à des termes italiens, anglais, espagnols et suédois, Larbaud se moque du « dispositif d'enracinement[4] » de la langue nationale, pour reprendre le terme de Guy Scarpetta. Avant d'analyser sa pratique du métissage, arrêtons-nous sur son essai consacré à l'emprunt dans *La Revue de Paris* du mois d'avril 1933. Larbaud qui érotise sa propre langue ne partage pas l'imaginaire obsidional des protectionnistes français. Là où les nationalistes défendent la virginité de la langue menacée par les assauts de l'étranger, Larbaud la laisse faire « l'épreuve de l'étranger[5] », selon la belle expression d'Antoine Berman. Nourrie ou fécondée par l'autre, la langue larbaldienne, bien en chair, rejoint alors les canons de la beauté féminine des siècles classiques :

> Un « beau style » ne peut sortir que d'une langue bien vivante et saine, et donc bien nourrie – d'emprunts. Avec les archaïsants à outrance le français (l'espagnol, l'anglais…) tend à vivre sur son propre fonds et à dévorer sa propre substance : c'est l'artifice stérile dénoncé par A. Meillet chez les écrivains de la Koïnè impériale. Au contraire ceux qui empruntent largement et sans scrupules, mais d'une manière savante aux domaines voisins, – soit directement, soit à

---

2 Valery Larbaud, « Rldasedlrad les Dlemhypbgf », *L'Œuf dur*, printemps 1924, repris dans *Œuvres* (éd. G. Jean-Aubry et Robert Mallet), Paris, Gallimard (Bibliothèque de la Pléiade), 1958.
3 Lettre de Valery Larbaud à Pierre de Lanux, non datée, Paris, Bibliothèque littéraire Jacques Doucet.
4 Guy Scarpetta, *Éloge du cosmopolitisme*, Paris, Bernard Grasset, 1981.
5 Antoine Berman, *L'épreuve de l'étranger : culture et traduction dans l'Allemagne romantique*, Paris, Gallimard, 1984.

travers l'ouvrage des traducteurs, – apportent à leur langue des éléments, du tissu, vivants, et la possibilité d'associations, de rapports, nouveaux[6].

Chez Larbaud, l'emprunt ne corrompt pas la langue mais la féconde. Là où les protectionnistes acculent la langue à l'amaigrissement, Larbaud la nourrit – d'une manière savante qui fait une large place aux quotas, dosages et autres calculs – de l'étranger. Ne nous y trompons pas, Larbaud prévient autant du danger des cures d'amaigrissement que des risques d'indigestion, des fermetures de frontières comme des invasions de l'étranger. Et ceci dans sa conception même de la société. Rappelons-nous « Paris de France », où la capitale française ne succombe pas à l'« exoticomanie[7] » et demeure la synthèse harmonieuse de l'Occident par un « mélange bien dosé de trois éléments : provincial, parisien, cosmopolite[8] ». Désertée par les Parisiens les mois d'été et envahie par les touristes étrangers, la capitale parisienne n'offre plus de synthèse harmonieuse mais le seul « vacarme des hordes de touristes "guidés[9]" ». Privée des deux-tiers de ses locaux et de ses provinciaux, Paris confine à la ville d'eaux. Plutôt Vichy. Revenons à sa théorie de l'emprunt où Larbaud reprend le précepte aristotélicien à propos « des "mots étrangers", et de la recommandation de donner, en poésie et en prose poétique, un "air étranger" à ce qu'on écrit, d'être, en somme, aussi ξενιχός que possible tout en restant clair[10] ». L'exigence de clarté est essentielle à sa conception de l'emprunt qui ne bouleverse en rien la qualité française de son œuvre. Loin d'être le chef d'une invasion barbare, Larbaud édicte, en théoricien digne du grand siècle et en écrivain sourcilleux de la vitalité de sa propre langue, les règles de son hospitalité linguistique. Regardons désormais son œuvre de plus près.

---

6   Valery Larbaud, « L'air étranger », *La Revue de Paris*, 1er avril 1933, repris dans *Sous l'invocation de saint Jérôme, op. cit.*, p. 165.
7   Nous empruntons le terme d'« exoticomanie » à la « Préface » de Bachaumont aux *Rastaquouères* d'Ernest Guérin et Paul Ginisty, Paris, E. Rouveyre et G. Blond, 1883, p. XIV.
8   Valery Larbaud, « Rues et visages de Paris », *Commerce*, été 1926, repris dans *Œuvres, op. cit.*, p. 964.
9   Valery Larbaud, « From Abroad : Paris », *The New Weekly*, 18 juillet 1914, repris dans *Lettres de Paris : pour le* New Weekly, *mars-août 1914*, trad. Jean-Louis Chevalier (éd. Anne Chevalier), Paris, Gallimard, 2001, p. 102.
10 Valery Larbaud, « L'air étranger », *La Revue de Paris*, 1er avril 1933, repris dans *Sous l'invocation de saint Jérôme, op. cit.*, p. 163.

CARTOGRAPHIE ET MODALITÉS DU MÉTISSAGE DE L'ŒUVRE LARBALDIENNE

Cartographions et analysons les règles et modalités de l'emprunt chez cet écrivain que la critique n'a pas tardé à qualifier de « métis des lettres[11] ». Le premier type d'emprunt à l'étranger qu'on observe dans l'œuvre larbaldienne est une assimilation du terme étranger sans marquage italique ou insertion de guillemets comme on le retrouve dès les *Poésies* de Barnabooth avec des emprunts à l'espagnol, puis à l'italien coulés dans la ligne même du vers : « Toutes les criadas de la maison, chantez ! » – « S'annonce un navigateur par un fiaschetto vide[12] ». Levant les barrières entre les langues, Larbaud n'encadre pas ici son emprunt de guillemets qui, reproduisant des bornes frontières typographiques, auraient prévenu de l'entrée dans un nouveau territoire linguistique. Parfois cependant, Larbaud cite son emprunt entre guillemets ou le distingue par un marquage en italique pour mieux signaler qu'il s'agit d'une citation de son personnage. C'est ainsi que Putouarey reprend le *topos* sur la fraternité des peuples latins qu'évoque Barnabooth : « Nous arrivons en Italie avec nos notions françaises, sans nous gêner, à cause de la *fratellanza* justement[13] » ou que le narrateur de *Fermina Márquez* cite le jeune Santos Iturria : « Il tenait à bien montrer au jeune Castillan qu'il n'avait rien, lui, Santos Iturria, de Monterrey, absolument rien d'un vulgaire et grossier parvenu américain, d'un "cachupin"[14] ». Par

---

11 Gérard Spiteri, « Larbaud, un métis des lettres », *Les Nouvelles littéraires*, 12-19 mars 1981, p. 36.
12 Valery Larbaud, « Voix des servantes » et « Yaravi », *Poésies, A. O. Barnabooth : ses œuvres complètes, c'est-à-dire un conte, ses poésies et son journal intime*, repris dans *Œuvres, op. cit.*, p. 53 et 55.
13 Valery Larbaud, « A. O. Barnabooth : Journal d'un milliardaire », *La NRF*, février-juin 1913, repris dans *Œuvres, op. cit.*, p. 205. Relevons d'autres emprunts marqués par l'italique : « *jaula* » (52), « *generi diversi* » (108), « *le donne* » (147), « *signoriles* » (159), « *grillo canterino* » (162), « *Il Foristiere* » (174), « *l'estrazione* » (192) « *fratellanza* » (205), « *mala vita* » (213), « *politico* » (271), « *Noche-Buena* » (291), « *cum manu* » (331), « *chica* » (344-346-366-379), « *diminutio capitis* » (370), « *parere* » (772), « *come in* » (787), « *adelante* » (787) « *embros* » (787), « *sartine* » (867), « *piagnucolona* » (984), « *mamarracho* » (1012), « *rendida* » (1020), « *blasphemous* » (1074).
14 Valery Larbaud, « Fermina Márquez », *La NRF*, mars-juin 1910, repris dans *Œuvres, op. cit.*, p. 311. Relevons d'autres emprunts encadrés par des guillemets dans *Œuvres*,

sa géographie de l'emprunt, Larbaud semble s'adresser davantage à l'élite lettrée internationale qu'au « grand » ou « gros[15] » public français, comme il aime à l'appeler avec le dédain symboliste d'un Mallarmé. À parcourir l'ensemble de son œuvre publiée en Pléiade, nous pouvons relever, sans prétendre à l'exhaustivité, des emprunts – plus ou moins marqués – à la langue latine, grecque, italienne, espagnole, portugaise, anglaise, allemande, russe, polonaise, roumaine, danoise, suédoise mais aussi à divers dialectes comme le nahuatl, l'algonquin, le quechua, l'anglo-indien, le créole, le catalan, le ligure, le provençal ou le bourbonnais. Larbaud a bien dénationalisé son vocabulaire. C'est cette nouvelle géographie linguistique mondiale qui a certainement déplu à un Paul Souday qui, à la lecture d'*Amants, heureux amants...* fustige « un étrange sabir pour esthètes d'hôtel-palace[16] ». Murmurant un « étrange sabir[17] », Larbaud perd son épithète d'écrivain français quand la mention des « esthètes d'hôtel-palace » vient disqualifier son cosmopolitisme verbal comme une pratique mondaine. Larbaud qui ne parle pas la « langue des masses[18] », pour reprendre l'expression de Georges-Henri Rivière, a conçu une œuvre pour une élite formée non seulement aux humanités mais aussi aux langues étrangères. Au-delà des emprunts ponctuels à l'étranger qui restent extrêmement limités et qui puisent largement dans le fonds linguistique latin de l'aire euro-américaine, ce sont des phrases entières de ses personnages qui universalisent la langue de son œuvre. À l'épreuve de l'étranger, les personnages larbaldiens offrent, par

---

op. cit. : « "pueblo" » (72, 915), « "loro" » (293), « "villegianti" » (771), « "rhines" » (611, 847), « "drinks" » (687), « "maschere" » (843), « "holmes" » (612), « "square" » (849), « "chicharra" » (915), « "maquinilla" » (915), « "Gallina ciega" » (915), « "micachis" » (915), « "gasille" » (1039), « "Kurier" » (1089), « "bimba" » (1095), « "cowpuncher" » (1137), « "foreman" » (1137), « "rustlers" » (1137).

15 Valery Larbaud, « Biographie de M. Barnabooth » (1908), repris dans *Œuvres, op. cit.*, p. 1148.
16 Paul Souday, « Les Livres : Valéry Larbaud [*sic*], *Amants, heureux amants...* », *Le Temps*, 20 décembre 1923, p. 3.
17 Paul Morand évoque lui-même le « sabir » de ses personnages dans sa première préface à *Ouvert la nuit* (1922) sous le masque fictif d'un voyageur : « J'étais donc à peu près tout seul sur les grands chemins étrangers, dans les vestibules d'hôtels, en consigne dans les gares (dire qu'il y en a qui envient ce destin centrifuge), avec des gens privés de lieu géométrique, et quelle moralité, non situables, et quel sabir... – Ta langue parfois s'en ressent, interrompis-je », *Ouvert la nuit*, Paris, Gallimard, 1930, p. 6. Nous remercions Catherine Douzou de nous avoir communiqué cette référence.
18 Georges-Henri Rivière, cité par François Chaubet, *Histoire intellectuelle de l'entre-deux-guerres, Culture et politique*, Paris, Nouveau Monde Éditions, 2006, p. 45.

le brassage de différentes langues, l'exemple d'un verbe métis, défiant la tradition académique nationale. Alors que le marquis de Putouarey, Felice Francia ou Lucas Letheil offrent des exemples de langue franco-italienne – « je crois même qu'on avait envoyé de mon Denaro au mari de la ragazza, nell'Argentina » – « Quelle revanche c'était, Finja e la mia sposina Inga » – « Cosa farò ? Si je pouvais dormir[19] » – l'œuvre d'*Allen* nous offre un personnage au verbe franco-espagnol : « Un patio avec des azulejos tout luisants et frais à la vue, et les botijos poreux suintants sur la cantera humide. Que ganas tengo de[20] ». Dans « Le Vaisseau de Thésée », le personnage de Charles-Marie Bonsignor acculture encore les idiomes : « *Ah, I say, basta per adesso*[21] ». À parcourir les pages où s'épanouit le verbe métis de Larbaud, deux formes d'écriture nous apparaissent comme les formes privilégiées d'un cosmopolitisme verbal.

VERS UNE FORME D'ÉCRITURE COSMOPOLITE : VERS LIBRE ET MONOLOGUE INTÉRIEUR

À travers son œuvre et sa critique, Larbaud semble avoir privilégié et encouragé deux « formes libres » d'écriture qui, nées au temps du symbolisme, sont résolument tournées vers l'international : le vers libre et le monologue intérieur. « Quels horizons n'ouvraient pas ces grands vers plus libres que tous ceux que nous avions vus jusqu'alors[22] », s'exclamera Larbaud à la lecture des *Leaves of grass* de Whitman. Ce sont bien de nouveaux « horizons » linguistiques que Whitman semble ouvrir avec l'adoption d'un vers libre qui, n'obéissant à aucune structure régulière, s'affranchit des traditions poétiques nationales. Comme l'écrit Michel Murat, « [s]i le vers

---

19 Valery Larbaud, « A. O. Barnabooth : Journal d'un milliardaire », *La NRF*, février-juin 1913, repris dans *Œuvres, op. cit.*, p. 176 ; « Amants, heureux amants... », *La NRF*, 1er novembre 1921, repris dans *Œuvres, op. cit.*, p. 621 ; suivi de « Mon plus secret conseil... », *La NRF*, septembre-octobre 1923, repris *Œuvres, op. cit.*, p. 711.
20 Valery Larbaud, « Allen », *La NRF*, février-mars 1927, repris dans *Œuvres, op. cit.*, p. 728.
21 Valery Larbaud, « Le Vaisseau de Thésée », *Commerce*, hiver 1932, repris dans *Œuvres, op. cit.*, p. 1103.
22 « Conversation de Léon-Paul Fargue et Valery Larbaud (1921) », repris dans *Cartes Postales et autres textes précédés d'une conversation de Léon-Paul Fargue et Valery Larbaud* (éd. Bernard Delvaille), Paris, Gallimard, 2001, p. 44.

libre peut être considéré comme une forme "internationale", c'est-à-dire susceptible d'être transposée d'une langue à une autre tout en restant clairement identifiable comme telle, cela tient à la fois à son statut générique et à ses propriétés [...] le découpage et la mise en page du vers libre sont des processus indépendants de la langue du poème (de sa phonologie, de sa prosodie et de sa syntaxe) ainsi que de la tradition métrique qui s'est développée dans cette langue[23] ». Julien Knebusch le souligne dans ses travaux sur la poésie mondiale, la poésie cosmopolite offre une « déterritorialisation du vers qui n'est plus fondé sur le sol national du poète mais sur un vers libre élaboré dans un contexte de traduction[24] ». Détaché de toute tradition poétique nationale, le vers libre peut accueillir différents vocables étrangers comme chez Whitman, où Larbaud goûte une « espèce de Volapük colossal[25] ». Il n'est pas étonnant de voir un Jacques Roubaud opposer un peu plus tard le vers régulier au vers libre international, le vers rimé de la tradition au vers libre « de l'espace schengen de la poésie, / et même du village mondial[26] », selon son expression même. Entré en littérature avec le vers coloré d'A. O. Barnabooth, Larbaud offre, avec le vers libre, ses exemples d'écriture cosmopolite les plus aboutis. Après avoir composé le poème du « Sémaphore », dont l'universalisme religieux se traduit par un bilinguisme franco-anglais, Larbaud publie deux poèmes « Valence-du-Cid » et « Milan », dont les difficultés d'impression tiennent à leur « tri ou quatrilinguisme[27] », comme il l'écrit à Pierre-Louis Flouquet :

> *Comme je le fis jadis agenouillé devant le piédestal,*
> *Mientras todos alrededor, como el trueno,*
> *Gridaban [sic] :*
> « *Magna Diana Ephesiorum !* »
> *Y cuando Filius Tuus obumbravit super caput meum in die belli !*

---

23 Michel Murat, « Le vers libre de *Barnabooth* : un style international du modernisme », *Les Langages de Larbaud* (éd. Stéphane Chaudier et Françoise Lioure), Clermont-Ferrand, Presses Universitaires Blaise Pascal, 2006, p. 25.
24 Julien Knebusch, *Poésie planétaire. L'ouverture au(x) monde(s) dans la poésie française au début du* XXe *siècle*, Paris, Presses Sorbonne Nouvelle, 2012, p. 229. Rappelons que le vers libre est la langue de traduction de la poésie de Whitman dont Laforgue a publié des traductions dans *La Vogue* de 1886, où elles voisinent avec ses propres poèmes en vers libres, ceux de Gustave Kahn, de Jean Moréas et les *Illuminations* de Rimbaud.
25 Lettre de Valery Larbaud à Marcel Ray, 6 août 1901, *Correspondance Valery Larbaud-Marcel Ray, 1899-1909*, t. I (éd. Françoise Lioure), Paris, Gallimard, 1979, p. 54.
26 Jacques Roubaud, *Poésie, etcetera : ménage*, Paris, Stock, 1995, p. 39.
27 Lettre de Valery Larbaud à Pierre-Louis Flouquet, 5 novembre 1931, Vichy, Fonds V.L.

Le poète s'exprime bien en quatre langues. Alors qu'il adresse une prière française, espagnole, latine et catalane à la Mare de Déu de la basilique de Valence, qu'en est-il de cette autre dévotion particulière – pour être mariale – à la Madonnina de Milan ?

> Maria bambina santissima,
> Maria santissima, bambina,
> Ah ! dans mon cœur fais settina,
> Sur mon cœur, comme lorsqu'aux rives d'Écosse et d'Angleterre
> Je portais Votre image, avec les noms d'Ambroise et de Milan, dans un scapulaire.
> Et mon Ange gardien
> When he looks into it,
> He will find in it
> Just a Tiny Girl[28].

L'invocation « quatrilingue » à la Vierge de Valence cède la place à un verbe « trilingue » italien, français et anglais. Si l'universalisme catholique de Larbaud s'associe ainsi à un universalisme linguistique, nous voyons déjà poindre le tropisme latin qui pèse sur ce rêve d'universel. À Noël 1934, cette déterritorialisation de la poésie trouve son point d'orgue dans le poème « La Neige » dont les onze langues offrent un espace poétique cosmopolite. Adressé à l'élite lettrée internationale, ce poème qui célèbre la Basilique Sainte Marie-Majeure ou « Sainte-Marie aux Neiges[29] » répond bien à la vocation universelle du catholicisme. L'universalisme catholique du croyant a débondé l'audace linguistique du poète. À la lecture du poème « La Neige », Armand Guibert écrira, dans une formule qui pourrait résumer à elle seule le cosmopolitisme littéraire larbaldien, combien « il est miraculeux de parvenir à cette homogénéité dans le bariolage et la diversité[30] ». Le verbe de Larbaud tient du miracle linguistique. Avant de composer « La Neige », Larbaud travailla longtemps à une œuvre non publiée – *L'Amour et la monarchie* – à

---

28 Valery Larbaud, « Dévotions particulières : Marseille, Valence-du-Cid, Milan », *Le Journal des Poètes*, 15 novembre 1931, repris dans *Dévotions particulières*, Maastricht, A.A.M. Stols, 1941 ; Valery Larbaud, *Les Poésies de A. O. Barnabooth*, Pour les Amis danois de Maxime Claremoris, Copenhague, 1943 ; puis dans *Œuvres, op. cit.*, p. 1111-1112.
29 Dans son *Journal*, Larbaud note que Daragnès « a complètement oublié de signer le bois en trois couleurs représentant les deux dômes et le clocher de Ste Marie Majeure », *Journal* (éd. Paule Moron), Paris, Gallimard, 2009, p. 1298 (décembre 1934).
30 Lettre d'Armand Guibert à Valery Larbaud, 23 janvier 1935, Vichy, Fonds V.L.

laquelle il faut revenir pour comprendre l'intrication d'un universalisme politique, religieux et linguistique. La pensée impériale et religieuse qui anime Larbaud dans les années trente l'ont conduit à un métissage linguistique encore inconnu, comme il l'écrit à Paulhan à propos de *L'Amour et la monarchie* : « J'ai par exemple une longue phrase qui commence en anglais, continue en portugais, en espagnol, en catalan, en français, en latin, en roumain, en italien, et finit en allemand[31] ». À la fin de l'année 1934, ce sont les mêmes langues – l'anglais, le portugais, l'espagnol, le catalan, le français, le latin, le roumain, l'italien et l'allemand – auxquelles il faut ajouter le russe et le provençal qu'on retrouve dans le poème plurilingue « La Neige » qu'il compose et envoie à ses amis. Dans ce « Pêle-mêle » de langues ou « *jumble of languages*[32] », selon ses propres termes, les vocables espagnols, catalans, portugais, provençaux, français, italiens, latins, roumains, russes, allemands et anglais forment la matière même du poème. Dispersé aux quatre vents de sa correspondance pour célébrer la fin de l'année 1934, ce poème qu'il compose avant que les fascismes ne se durcissent, sera publié dans la revue *Lirica* de Gênes en novembre 1934, avant d'être réédité de façon clandestine à Copenhague en 1944. Dans ce texte crépusculaire, il est bien question d'une « neige » – blanc typographique – qui, recouvrant le monde, fond ensemble les langues nationales. Le 6 janvier 1935, l'abbé Ernest Dimnet, traducteur de George Eliot, le remercie de ce « touchant *multiloquium* » : « car ce tour de force est touchant[33] », écrit-il. Aussi ému par ce « tour de force » linguistique qu'il est sensible à sa dimension religieuse, l'écrivain suisse Jacques Chenevière lui écrit que ce poème, « miroite, en son "polyglottisme", comme un rameau piqué de mille petits glaçons[34] ». L'hispaniste Francis de Miomandre ne sera pas moins enthousiaste : « Votre poëme est une chose absolument <u>étonnante</u>. Góngora avait déjà essayé (avec son sonnet en espagnol, portugais et latin). Mais quel vagissement timide en comparaison de cette orchestration[35] ! ». Là où le « vagissement » rappelle le cri faible et confus d'un enfant à ses balbutiements, l'« orchestration »

---

31 Lettre de Valery Larbaud à Jean Paulhan, 2 janvier 1934, *Correspondance Valery Larbaud-Jean Paulhan, 1920-1957* (éd. Jean-Philippe Segonds), Paris, Gallimard, 2010, p. 324.
32 Valery Larbaud, *Journal, op. cit.*, p. 1333 (janvier 1935).
33 Lettre d'Ernest Dimnet à Valery Larbaud, 6 janvier 1935, Vichy, Fonds V.L.
34 Lettre de Jacques Chenevière à Valery Larbaud, mars 1935, citée dans *La Suisse et la Savoie de Valery Larbaud*, Genève, Slatkine, 1999, p. 378.
35 Lettre de Francis de Miomandre à Valery Larbaud, 23 juillet 1937, Vichy, Fonds V.L.

traduit la construction savante de l'adulte parvenu à ordonner la matière. En matière de poésie mondiale, l'élève Larbaud semble avoir dépassé le maître du Siècle d'Or. Mais sous les airs anarchistes d'un démolisseur de frontières, Larbaud est le plus invisible observateur des règles et son métissage, l'invincible adversaire du magma. Si le vers libre favorise la transgression des frontières linguistiques dans sa poésie, c'est le monologue intérieur qui, dans sa prose, semble lever les barrières entre les langues. Le monologue intérieur est bien la seconde forme d'écriture où le métissage linguistique larbaldien est le plus poussé. Déstructurant non plus l'ordre métrique mais l'ordre syntaxique national, le monologue intérieur, dont Larbaud nous précise que le « nom[36] » même remonte au *Cosmopolis* de Bourget, déterritorialise la prose. Si le vers libre a bien été « élaboré dans un contexte de traduction[37] », c'est un même contexte de traduction, du moins de transposition, qu'on retrouve à l'origine du monologue intérieur. Dans son essai sur *Le Monologue intérieur* publié chez Messein en 1931, Édouard Dujardin, père officiel – car officialisé par Larbaud de cette forme – confie en effet à son lecteur qu'il créa le monologue intérieur en tentant de « transposer[38] » l'œuvre de Wagner. Avec Whitman et le vers libre, puis Wagner et le monologue intérieur, les deux formes d'écriture symbolistes, associées au « barbare » américain et à « l'ennemi » allemand, ne pourront passer pour des formes propres au génie français. Véritable sismographe de la conscience d'un

---

36 Larbaud attribue la paternité de l'expression « monologue intérieur » à Bourget, citant ce passage de *Cosmopolis* : « Ce petit *monologue intérieur* n'était pas très différent de celui que se serait prononcé dans une circonstance analogue n'importe quel jeune homme intéressé par une jeune fille dont la mère se conduit mal », cité par Larbaud, « Par omission », *Le Manuscrit autographe*, mars-avril 1930, repris dans *Sous l'invocation de saint Jérôme, op. cit.*, p. 199.

37 Julien Knebusch, *Poésie planétaire, op. cit.*, p. 229.

38 « Je vais livrer un secret : les *Lauriers sont coupés* ont été entrepris avec la folle ambition de transposer dans le domaine littéraire les procédés wagnériens que je me définissais ainsi : – la vie de l'âme exprimée par l'incessante poussée des motifs musicaux venant dire, les uns après les autres, indéfiniment et successivement, les "états" de la pensée, sentiment ou sensation, et qui se réalisait ou essayait de se réaliser dans la succession indéfinie de courtes phrases donnant chacune un de ces états de la pensée, sans ordre logique, à l'état de bouffées montant des profondeurs de l'être, on dirait aujourd'hui de l'inconscient ou du subconscient... », Édouard Dujardin, *Le Monologue intérieur*, Paris, Messein, 1931, p. 97. Sur ce procédé inspiré par Teodor de Wyzewa, collaborateur d'Édouard Dujardin à *La Revue Wagnérienne*, *cf.* Paul Delsemme, *Teodor de Wyzewa et le Cosmopolitisme littéraire en France à l'époque du Symbolisme*, Bruxelles, Presses Universitaires de Bruxelles, 1967, p. 140-144.

personnage qui enregistre l'origine de toute pensée avant qu'elle ne s'évanouisse ou ne prenne la forme logique d'une parole articulée, le monologue favorise un pêle-mêle de langues. Dans le monologue final de *Ulysses*, dont la traduction fut révisée par Larbaud, Molly Bloom, se remémorant des souvenirs de Gibraltar, entremêle ainsi les langues – « je me demande si je pourrais encore m'arranger à prononcer un espagnol quelconque como esta [*sic*] usted muy bien gracias y usted tiens je n'ai pas tout oublié[39] », nous rappelant – heureux hasard des rencontres en domaine larbaldien – le « disque » rayé d'une « vieille » Anglaise « devenue presque italienne » que Larbaud fait entendre dans la revue *Intentions* en juillet-août 1922 : « Qui m'aurait dit, quand j'avais vingt ans, à Dorking, que j'épouserais un Italien ! Che vuole ? Vous voyez, j'hésite souvent et je cherche les mots[40] ». Le caractère elliptique, court-circuité, sans transition du monologue intérieur, branché sur la psyché humaine, semble propice à l'expression d'une langue babélienne. À la suite du monologue de la « vieille » Anglaise « devenue presque italienne », Larbaud publie le monologue d'une jeune Anglaise francisée dans *La Revue nouvelle* de juillet-août 1926 :

> I hate every thing French. But surely you ought to know, mon chéri, how dreadful it is to have to wait days and days for a letter when one is so amoureuse. What if I did not answer ? At any rate you will not get a long letter cette fois. Et puis, I am so tired tonight. Nous avons marché jusqu'à Bogna [*sic*] pour le thé, et revenu aussi à pied. It is so hot at night in these bungalows, et je t'écris juste before gains [*sic*] to bed and I am already half undressed ; I tell you this because I know cela te fera plaisir[41].

Alors que Lucas Letheil brasse, entre la veille et le sommeil, les langues française, italienne et anglaise à la fin de *Mon plus secret conseil...* Charles-Marie Bonsignor, né d'un père suisse-italien et d'une mère suisse allemande, charrie, dans un « fleuve, ou ruisseau, d'existence[42] »,

---

39 James Joyce, *Ulysse* (1929), traduction intégrale d'Auguste Morel, revue par Valery Larbaud, Stuart Gilbert et l'auteur, Paris, Gallimard, 1948, p. 705-706. *Cf.* « [...] je viendrai en ayant l'air plutôt gaie pas trop en chantant un petit peu de temps en temps mi fa pieta Masetto après ça je commencerai à m'habiller pour sortir presto non son piu forte je mettrai ce que j'ai de mieux comme chemise et pantalon », *ibid.*, p. 707.
40 Valery Larbaud, « Disque », *Intentions*, juillet-août 1922, repris dans *Œuvres, op. cit.*, p. 908.
41 Valery Larbaud, « Sulpicia », *La Revue nouvelle*, 15 juillet-15 août 1926, p. 1.
42 Valery Larbaud, « Le Vaisseau de Thésée », *Commerce*, hiver 1932, repris dans *Œuvres, op. cit.*, p. 1096.

une pensée française, une hymne anglaise et des souvenirs de la langue italienne. La critique du *Temps* ne s'y trompera pas à la lecture du « Vaisseau de Thésée », associant la forme du monologue intérieur à un cosmopolitisme verbal :

> Je ne cache pas que les citations polyglottes, la bigarrure de noms et de mots latins, anglais, grecs, portugais, allemands, friseraient chez un autre le pédantisme, bien que la méthode soit employée en toute bonne grâce, et non pas exprès, mais plutôt pour imiter les associations verbales que déroule la subconscience du personnage unique qui tient la plume. Si c'était un charretier, il noterait des jurons incohérents et des platitudes insensées. Comme il est citoyen du monde et grand dandy en linguistique, il laisse paraître dans son monologue intérieur les paillettes multicolores de son outillage verbal[43].

Faisant miroiter de multiples « paillettes », l'œuvre de Larbaud ne saurait paraître sous un habit d'Arlequin. Alors que Francis de Miomandre souligne sa « parfaite orchestration » des langues, Ernst Robert Curtius lui écrit en janvier 1935 : « Et encore êtes-vous le seul parmi les contemporains qui sachiez chanter dans une langue composite, symphonique, universelle qui fait communier toutes les nations dans un mystère spirituel[44] ». C'est par un savant dosage de couleurs comme de sonorités étrangères que Larbaud a créé une langue « symphonique », dont l'épithète trouvée par le philologue allemand souligne autant la grande dimension de l'orchestre linguistique larbaldien que sa dimension proprement harmonieuse.

Amélie Auzoux
Université Paris-Sorbonne

---

43 André Thérive, « Les Livres : Valery Larbaud : *Aux Couleurs de Rome* », *Le Temps*, 30 juin 1938, p. 3.
44 Lettre d'Ernst Robert Curtius à Valery Larbaud, 21 janvier 1935, *Deutsch-französische Gespräche (1920-1950), La Correspondance de Ernst Robert Curtius avec André Gide, Charles du Bos et Valery Larbaud* (éd. Herbert et Jane M. Dieckmann), Frankfurt am Main, Vittorio Klostermann, 1980, p. 36.

BIBLIOGRAPHIE

BERMAN, Antoine, *L'épreuve de l'étranger : culture et traduction dans l'Allemagne romantique*, Paris, Gallimard, 1984.

CHAUBET, François, *Histoire intellectuelle de l'entre-deux-guerres, Culture et politique*, Paris, Nouveau Monde Éditions, 2006.

DIMNET, Ernest, Lettre à Valery Larbaud, 6 janvier 1935, Vichy, Fonds V.L.

DUJARDIN, Édouard, *Le Monologue intérieur*, Paris, Messein, 1931.

GINISTY, Paul et GUÉRIN, Jules, *Les Rastaquouères*, Paris, E. Rouveyre et G. Blond, 1883.

GUIBERT, Armand, *Lettre à Valery Larbaud*, 23 janvier 1935, Vichy, Fonds V.L.

JOYCE, James, *Ulysse* (1929), traduction intégrale d'Auguste Morel, revue par Valery Larbaud, Stuart Gilbert et l'auteur, Paris, Gallimard, 1948.

KNEBUSCH, Julien, *Poésie planétaire. L'ouverture au(x) monde(s) dans la poésie française au début du XXe siècle*, Paris, Presses Sorbonne Nouvelle, 2012.

LARBAUD, Valery, *Œuvres*, éd. G. Jean-Aubry et Robert Mallet, Paris, Gallimard (Bibliothèque de la Pléiade), 1958.

LARBAUD, Valery, *Sous l'invocation de saint Jérôme* (1946), Paris, Gallimard, 1997.

LARBAUD, Valery, *Lettres de Paris : pour le* New Weekly, *mars-août 1914*, trad. Jean-Louis Chevalier, éd. Anne Chevalier, Paris, Gallimard, 2001.

LARBAUD, Valery, *Journal*, éd. Paule Moron, Paris, Gallimard, 2009.

LARBAUD, Valery, Lettre à Pierre-Louis Flouquet, 5 novembre 1931, Vichy, Fonds V.L.

LARBAUD, Valery, Lettre à Pierre de Lanux, non datée, Paris, Bibliothèque littéraire Jacques Doucet.

LEVET, Henry Jean-Marie, *Cartes Postales et autres textes précédés d'une conversation de Léon-Paul Fargue et Valery Larbaud*, éd. Bernard Delvaille, Paris, Gallimard, 2001.

MIOMANDRE, Francis (de), Lettre à Valery Larbaud, 23 juillet 1937, Vichy, Fonds V.L.

MURAT, Michel, « Le vers libre de *Barnabooth* : un style international du modernisme », *Les Langages de Larbaud*, Stéphane Chaudier et Françoise Lioure (dir.), Clermont-Ferrand, Presses Universitaires Blaise Pascal, 2006, p. 23-42.

ROUBAUD, Jacques, *Poésie, etcetera : ménage*, Paris, Stock, 1995.

SCARPETTA, Guy, *Éloge du cosmopolitisme*, Paris, Bernard Grasset, 1981.

SOUDAY, Paul, « Les Livres : Valéry Larbaud [sic], *Amants, heureux amants...* », *Le Temps*, 20 décembre 1923, p. 3.

Spiteri, Gérard, « Larbaud, un métis des lettres », *Les Nouvelles littéraires*, 12-19 mars 1981, p. 36.
Thérive, André, « Les Livres : Valery Larbaud : *Aux Couleurs de Rome* », *Le Temps*, 30 juin 1938.

Correspondance Valery Larbaud-Marcel Ray, 1899-1909, t. I, éd. Françoise Lioure, Paris, Gallimard, 1979.
La Correspondance de Ernst Robert Curtius avec André Gide, Charles du Bos et Valery Larbaud, éd. Herbert et Jane M. Dieckmann, Frankfurt am Main, Vittorio Klostermann, 1980.
« Correspondance de Valery Larbaud avec Henry-Louis Mermod, Jacques Chenevière et Pierre Girard », *La Suisse et la Savoie de Valery Larbaud*, Bernard-Dominique Bajon, Genève, Slatkine, 1999, p. 291-471.
Correspondance Valery Larbaud-Jean Paulhan, 1920-1957, éd. Jean-Philippe Segonds, Paris, Gallimard, 2010.

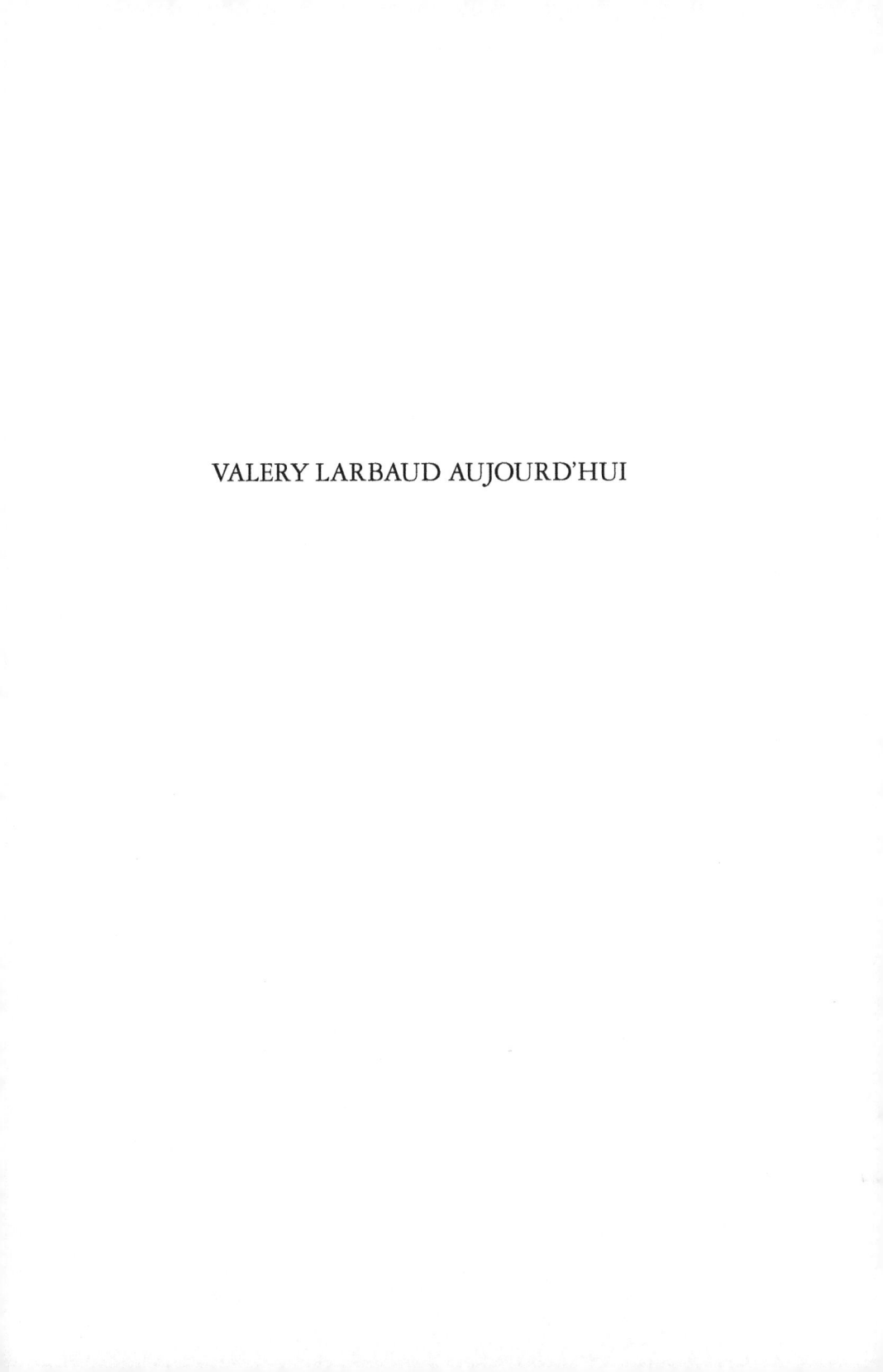

VALERY LARBAUD AUJOURD'HUI

LARBAUD AUJOURD'HUI ET DEMAIN
Entre réécriture et allusion

Lire Larbaud aujourd'hui, comme figure tutélaire du cosmopolitisme européen, ne peut se limiter à examiner l'exceptionnelle ouverture de son œuvre à la culture et aux langues européennes du passé comme du présent, puis l'effort infatigable de l'auteur en faveur de la traduction, enfin le rayonnement – qui heureusement continue – de ses livres au-delà des frontières de l'hexagone. Pour cerner la véritable originalité de Valery Larbaud et comprendre l'importance de sa démarche, il importe aussi de changer de perspective et de voir comment chez lui les notions de traduction et d'adaptation commencent à se toucher, voire à échanger certaines de leurs propriétés, et comment cette liberté fondamentale, nullement incompatible avec la fidélité à la source retravaillée, se traduit chez les larbaldiens modernes par un goût de la réécriture, comme si la meilleure façon de retrouver l'esprit du modèle était d'en modifier quelque peu la lettre.

Lire Larbaud, c'est également poser la question de la valeur d'usage d'un écrivain dont on dit parfois qu'il est un écrivain pour écrivains, c'est-à-dire un auteur qui n'est plus vraiment lu[1]. Se pencher sur cette valeur d'usage est un exercice paradoxal. Larbaud fut un passeur exceptionnel – traducteur, intermédiaire, accoucheur –, permettant que des voix puissent s'entendre, sans distinguer entre passé et présent, ici et ailleurs, ami et ennemi. En même temps, il fut aussi extrêmement lucide sur la relativité des choses d'ici-bas. On lit ainsi dans « Actualité », un chapitre d'*Aux couleurs de Rome* :

> Essayer de tout voir comme démodé, périmée : par exemple la rue, au centre d'une de nos grandes capitales : l'avenue de l'Opéra vers onze heures du matin, Oxford Street vers quatre heures de l'après-midi ; l'imaginer

---

1 Une exception notable serait la position de Larbaud dans le domaine des études de la traduction, praticiens et théoriciens confondus. Pour un témoignage émouvant et d'une justesse exceptionnelle, voir Simon Leys, « L'Expérience de la traduction littéraire » (1998), *La Chine, la mer, la littérature*, Bruxelles, Espace Nord, 2018, p. 293-316.

> « cinématographiée », – quand le mot sera sorti de l'usage, aura vieilli comme « daguerréotype », – et projetée sur un écran pour des spectateurs de l'An 2000 ou 2100 : foule évanouie dans le passé, chaque homme, chaque femme, en marche, dans le costume du temps (1920-1930), vers sa tombe depuis un, depuis deux siècles comblée, nivelée, disparue peut-être sous l'envahissement des quartiers neufs. [...][2]

À la fin de ce même texte, il reprend :

> Essayer de voir comme démodée cette phrase même : « Essayer de tout voir comme démodé. » [...]
> Mais la phrase qui a été pensée et construite sur lui est encore incomplète : il y avait deux points, et non pas un point final, après « démodé et périmé ». Il convient à présent de la reprendre et de la terminer : Essayer de tout voir comme démodé et périmé est d'abord une souffrance, mais ensuite un réconfort, pour l'esprit[3].

Cette conscience aiguë de la vanité du monde imprègne l'immense amour que Valery Larbaud porte à la vie, à autrui, aux paysages, aux livres. L'ambivalence des deux couleurs de Rome, le jaune de la joie, le pourpre du deuil, en est un des emblèmes. Elle doit teindre aussi toute réflexion sur l'actualité de l'auteur, qui est toujours un mort en sursis, même si l'inverse est également le cas, le fatal horizon de l'oubli pouvant se lire comme un rappel des beautés de chaque jour. Que faire aujourd'hui d'un écrivain qui invite à lire ses œuvres comme démodées, voire périmées ? Comment comprendre qu'un tel auteur arrive encore à nous toucher, à nous inspirer, à conserver une vraie valeur d'usage ?

À première vue, il suffit d'en appeler à la valeur intrinsèque de l'écriture d'un tel auteur, qui resterait à la mode tout en étant démodé et qui le ferait grâce aux qualités de son style et de sa pensée. En

---

[2] Valery Larbaud, *Œuvres*, Paris, Gallimard (Bibliothèque de la Pléiade), 1958, p. 1050. La première publication de ce texte date de 1928. Le texte suivant du recueil, « Le Gouverneur de Kerguelen » évoque un petit jeu littéraire qui révèle des soucis comparables. Ce texte fait l'objet de longues analyses dans l'ouvrage de Vincent Debaene, Jean-Louis Jeannelle, Marielle Macé et Michel Murat, *L'Histoire littéraire des écrivains*, Paris, PUPS, 2013. Une lecture de ce passage qui accepterait de jouer le jeu des références intertextuelles ne tarderait pas trop à déboucher sur la célèbre définition de la modernité par Baudelaire : « La modernité, c'est le transitoire, le fugitif, le contingent, la moitié de l'art, dont l'autre moitié est l'éternel et l'immuable. », voir Charles Baudelaire, *Écrits esthétiques*, Paris, Christian Bourgeois (coll. « 10/18 »), 1986, p. 372 (1re édition : « Le Peintre de la vie moderne », 1863). Mais telle n'est pas l'ambition du présent article.

[3] *Ibid.*, p. 1052.

pratique, toutefois, les choses ne sont pas si simples. À qualités égales, pour autant qu'il soit possible d'en juger de manière autre que purement subjective, il s'avère en effet que certaines œuvres subsistent, alors que d'autres s'effacent peu à peu, voire très vite, de la mémoire[4]. Il convient donc d'élargir la question et de voir si, au-delà des questions de style et de goût, on arrive à déceler des mécanismes généraux expliquant la survie ou la disparition d'un auteur de la mémoire vivante du public.

Pour mieux situer le cadre et les enjeux de la postérité de Larbaud, où se mêlent les actes de lire et d'écrire, j'ouvre ici une petite parenthèse d'ordre théorique à la fois que méthodologique. Dans un essai récent, *The Greatest Comic Book of All Time*[5], Bart Beaty et Benjamin Woo se livrent à une expérience de pensée apparemment frivole mais très stimulante. Afin de comprendre les raisons qui aident un auteur de bande dessinée à bénéficier d'un succès durable, et finalement de la canonisation de son travail, ils s'interrogent « négativement » sur les raisons de l'échec – auprès d'un certain type de public, bien entendu, celui des lecteurs « légitimes » – d'une série d'artistes et d'œuvres qui en théorie auraient pu rivaliser avec *Maus* d'Art Spiegelman pour le titre de meilleure bande dessinée de l'histoire. Ou si l'on préfère : pourquoi *Maus* plutôt que *Watchmen* ? pourquoi Spiegelman plutôt que Crumb, par exemple ? Au moyen d'une dizaine d'analyses, les auteurs démontrent que le succès d'une œuvre et d'un auteur ne dépend pas seulement de ses qualités internes – toujours aux yeux d'un certain type de public, il convient de le répéter – mais aussi de l'absence ou présence d'une série de facteurs susceptibles de nuire à la lecture de l'œuvre comme à la réputation de son auteur. Il apparaît que mieux vaut publier peu que beaucoup et en livre plutôt qu'en revue, car il est moins facile d'enseigner une œuvre éparpillée sur un grand nombre de supports parfois difficiles à trouver qu'une œuvre qui se résume à un seul volume (c'est le handicap dont pâtit Crumb). De la même façon, il est clair qu'un auteur a intérêt aujourd'hui à se définir clairement par rapport aux possibles adaptations de son œuvre, qu'il les refuse ou qu'il s'en accommode (c'est un des problèmes dont souffre un album comme

---

4   Pour une analyse d'inspiration socio-économique de ce type de décalages, voir Pierre-Michel Menger, *Le Travail créateur. S'accomplir dans l'incertain*, Paris, Gallimard/Seuil, 2009.
5   Bart Beaty et Benjamin Woo : *The Greatest Comic Book of All Time*, New York, Palgrave, 2016.

Watchmen, plutôt mal adapté à l'écran et relégué par son auteur à une phase désormais dépassée de sa trajectoire).

Pour Larbaud on pourrait se livrer à un exercice analogue et essayer de dresser deux listes, avec d'un côté les éléments favorables à la survie, voire à l'épanouissement de l'œuvre, et avec de l'autre les aspects problématiques. Ces derniers ne sont pas négligeables : notamment la diversité générique de l'œuvre, l'absence de chef-d'œuvre – et donc de locomotive – incontesté ou encore le profil « élitaire » et « eurocentriste » de l'écrivain.

Il convient toutefois de se méfier des transferts faciles d'un médium à l'autre. Quand bien même la bande dessinée a fait maintenant son entrée dans le champ littéraire, la littérature traditionnelle ne fonctionne pas à la manière des bandes dessinées. Or, dans le domaine littéraire aussi, on a essayé d'identifier les mécanismes qui, indépendamment des questions inévitablement subjectives de goût, de mode ou de qualité, donnent une assise plus solide au passage d'un groupe et d'une génération de lecteurs à l'autre. Dans un article très éclairant, « La Technique de la durée. Classicisme et transmission[6] », Jean de Guardia a mis en avant trois critères, qu'il va jusqu'à appeler des « stratégies », dont la banalité n'est qu'apparente : pour survivre, il faut qu'un texte soit d'abord « citable » (il doit pouvoir se fragmenter et les fragments en question doivent constituer des ensembles plus ou moins complets), puis « disponible » (le texte qu'on cite ou qu'on mobilise doit être tel que le lecteur a l'impression que c'est à lui de le compléter d'une façon ou d'une autre) et enfin « général » ou généralisable (un texte qui dure est un texte dont la valeur particulière semble pouvoir s'appliquer presque universellement à d'autres situations, à d'autres contextes, à d'autres époques). Comme chez Beaty et Woo, ces principes peuvent être contestés, comme on le voit par exemple dans la polémique lancée par Pascal Quignard, pourtant lui aussi très soucieux des questions de survie et de transmission, contre la mode du « fragment[7] ». Mais ici encore, il paraît difficile de nier que le degré de présence des techniques du « citable », du « disponible » et du « général » influent sur la postérité d'une écriture.

---

6   Jean de Guardia, « La Technique de la durée. Classicisme et transmission », *Poétique*, n° 174, 2013, p. 173-188.
7   Pascal Quignard, *Une gêne technique à l'égard des fragments*, Montpellier, Fata Morgana, 1986.

S'agissant de Larbaud, j'aimerais insister sur une quatrième stratégie, qui découle logiquement des trois autres mais qui les reprend du point de vue des auteurs mêmes – et non plus des lecteurs en général (les auteurs étant bien entendu des lecteurs aussi) : la possibilité de *réinventer* Larbaud, de le transposer à d'autres univers, de faire une sorte de suite ou de « continuation » sur mesure, adaptée aux besoins d'une nouvelle création, quitte à modifier, mais de manière reconnaissable, le sens du texte premier. Autant le préciser d'emblée : je ne parle pas ici de parodie, ni de pastiche ou de détournement, qui supposent qu'on laisse au fond le texte premier tel quel, sans la quoi la distance nécessaire à ce type de textes au second degré se perd[8].

Une belle illustration de ce quatrième principe est donné par le prix Valery Larbaud 2009, *Une vie de Pierre Ménard* de Michel Lafon[9]. Que fait donc cet auteur, traducteur et exégète de Jorge Luis Borges mais aussi fin théoricien de l'écriture en commun[10] et scénariste d'un album d'Alix[11] ? On connaît le personnage inventé par Borges : Pierre Ménard est le prototype du non-écrivain devenu écrivain par excellence, dont le travail consiste à refaire le travail d'une autre, littéralement mais dans un autre sens, c'est-à-dire le sens qui naît de la reprise d'un texte dans un autre contexte, en l'occurrence une période historique et une aire linguistique différentes[12]. Il n'est pas inutile de souligner à cet égard que le geste de Ménard, qui récrit à l'identique deux chapitres de Cervantès, respecte scrupuleusement les trois stratégies pointées par Jean de Guardia : il extrait un fragment, il le complète en y ajoutant virtuellement tout ce qui s'est passé depuis la première publication, il

---

8   Culturellement, un tel phénomène est plus répandu et plus fondamental qu'on ne le pense, surtout pour la longue durée, comme l'a montré par exemple *Figura* d'Erich Auerbach, Paris, Belin, 1993 [1938], qui étudie la manière dont une tradition culturelle se superpose à une autre, non pas en l'effaçant mais en lui donnant une nouvelle signification. Un autre exemple du même phénomène, peut-être le plus connu de la tradition occidentale, est l'absorption de l'héritage juif par la culture chrétienne, qui transforme la tradition juive en « Ancient Testament » qui préfigure le « Nouveau Testament » de la tradition chrétienne. L'étude littéraire la plus fouillée de cette métamorphose a été donnée par Frank Kermode dans *The Genesis of Secrecy*, Cambridge, Harvard University Press, 1979.
9   Michel Lafon, *Une vie de Pierre Ménard*, Paris, Gallimard, 2008.
10 Michel Lafon et Benoît Peeters, *Nous est un autre. Enquête sur les duos d'écrivains*, Paris, Flammarion, 2006.
11 Michel Lafon et Christophe Simon, *La Conjuration de Baal*, Paris, Casterman, 2011.
12 Jorge Luis Borges, « Pierre Ménard, auteur du *Quichotte* » (traduit par Roger Caillois), *Fictions*, Paris, Gallimard (Folio), 1974 [1944].

en montre la pertinence pour le lecteur contemporain. Au moment où la littérature sérieuse se pense encore sur le modèle de l'innovation (la première publication de la nouvelle de Borges date de 1939), du « make it new » d'Ezra Pound et du credo moderniste des avant-gardes, Borges pose un type d'écrivain qui servira de modèle à une conception plus radicale de la production littéraire : non pas la citation post-moderne, mais le « génie sans originalité[13] », voire de l'« écriture sans écriture », version française de ce que les Américains appellent « uncreative writing[14] », deux modèles qui disent mieux l'aventure de la modernité que la téléologie simpliste de la nouveauté à tout prix.

Michel Lafon joue avec la logique borgésienne de deux manières. D'abord il l'inverse : dans son roman, ce n'est plus Borges qui invente Ménard, mais Ménard qui invente Borges. Cheville ouvrière d'un groupe d'écrivains qui se réunit secrètement dans une salle souterraine du Jardin des Plantes de Montpellier (le « Congrès », dont l'origine remonte à l'époque de la création du Jardin, au 16e siècle), Ménard va faire écrire par Borges, un jeune homme prometteur rencontré en 1919, l'œuvre littéraire qui marquera le siècle. Voici comment le biographe de Pierre Ménard, Maurice Legrand, le narrateur du livre, présente le plan qui a toute la saveur d'un complot :

> Le 18 mars 1922 n'est certes pas une date anodine : la séance de ce jour-là a pour objet la commémoration du quatre-vingtième anniversaire de la naissance de Mallarmé, qui fut donc un des « invités » illustres des Congressistes – un des plus fidèles (comme l'attestent discrètement ses nombreux passages à Montpellier) et, non moins, un des plus incontrôlables... Mais c'est aussi à cette séance anniversaire que Ménard choisit d'exposer sa grande idée à ses frères[15].

La collectivisation de l'écriture est une idée très borgésienne et elle n'est pas étrangère aux spéculations de certains autres membres du groupe, dont Paul Valéry, mais elle est en fait commune, ne fût-ce que comme rêve ou utopie, à tous ceux qui prennent au sérieux l'expression « la république des lettres ».

---

13 Marjorie Perloff, *Unoriginal Genius*, Chicago, Chicago University Press, 2010.
14 Kenneth Goldsmith, *Uncreative Writing*, New York, Columbia University Press, 2011 (traduction française de François Bon : *L'écriture sans écriture*, Paris, Jean Boîte éditions, 2018).
15 Michel Lafon, *Une vie de Pierre Ménard*, *op. cit.*, p. 141.

> De prime abord, l'idée peut sembler dérisoire : créer de toutes pièces un immense écrivain, inventer un génie de la littérature, rédiger collectivement des textes tellement aboutis qu'ils s'imposeront progressivement à l'humanité comme constituant la plus grande œuvre jamais écrite. [...] [L]e Congrès, porté par le vent de l'histoire, choisit d'agir [...] en adoptant unanime la proposition de Ménard, qui prétend avoir rencontré trois ans plus tôt, et précisément au Jardin, à la surface du Jardin, à l'entrée même de la salle, le jeune homme idoine, le génie en herbe, apte à porter idéalement, de son pays lointain, les espoirs et travaux des Congressistes[16].

Ensuite Michel Lafon rattache la logique à la figure, à la vie, à l'œuvre, au style de Valery Larbaud, qui sert de modèle implicite au personnage de Ménard. Comme lui-même le dit à fin du discours prononcé le 5 juin 2009 lors de la remise du prix Valery Larbaud :

> Comme il ressemble à Pierre Ménard, ce Valery Larbaud patient et clairvoyant, perçant le génie des autres quasiment dès l'enfance de leur œuvre et y sacrifiant un peu de sa vie, un peu d'une vie non moins sereine et apaisée ! En y repensant, qu'ai-je fait d'autre, en sollicitant les virtualités romanesques souterraines d'une nouvelle de dix pages, en incarnant un personnage entrevu dans une fiction ancienne, en instituant Ménard en découvreur et en inspirateur de Borges et de tant d'autres de ses jeunes contemporaines, en écrivant son œuvre [...], en lui donnant la plus inguérissable des enfances méditerranéennes, qu'ai-je fait d'autre, disais-je, que de réinventer Larbaud ? Alors, sous le masque de Pierre, le sourire énigmatique de Valery[17] ?

Comme ce dernier, Larbaud est en effet l'écrivain qui se met au service d'autres écrivains et de la communauté littéraire, au sacrifice de son propre « moi » et peut-être même de sa propre œuvre. Toutefois, les correspondances qu'il est possible d'établir entre Ménard et Larbaud vont bien au-delà de cette analogie générale.

Essayons d'en donner ici un bref aperçu, fatalement partiel et incomplet. La toute première analogie à s'imposer à l'esprit est bien entendu l'amour larbaldien des écrivains imaginaires, plus exactement du procédé de l'attribution d'œuvres tout à fait réelles à des auteurs parfaitement imaginaires (mais non pour autant dénués de réalisme). Le geste de Lafon attribuant à Borges la paternité d'une série d'œuvres devant faire

---
16 *Ibid.*, p. 142.
17 Michel Lafon, « Discours prononcé le 5 juin 2009 lors de la remise du prix Valery Larbaud à Michel Lafon pour *Une vie de Pierre Ménard* », *Hommages à Michel Lafon*, Bruxelles, Les Impressions Nouvelles, 2015 (hors commerce).

date dans l'histoire de la littérature du XXe siècle est une variation sur ce principe, dont *Une vie de Pierre Ménard* transforme subtilement les deux données fondamentales de l'homme et de l'œuvre : après tout, Borges n'est pas un écrivain imaginaire, même s'il le devient un peu sous la plume de Lafon, alors que sa biographie de Pierre Ménard ne se donne pas ouvertement pour l'appropriation directe ou indirecte du travail d'autrui. La logique attributive reste cependant la même et elle fait vaciller les fondations mêmes d'une certaine idée de la littérature.

La fusion naturelle de l'homme et de l'œuvre, de la vie et du texte, représente un second aspect des rapports entre le livre de Michel Lafon, qui repense la personne et l'écriture de Borges, et le « corpus » larbaldien. En l'occurrence, le rapport entre Larbaud et Borges ne relève pas de la pure fiction. Si le rôle de Valery Larbaud dans la diffusion française de James Joyce est bien connu, son apport à la découverte de Borges est non moins réel. En effet, Larbaud fut sans doute le tout premier critique français à attirer l'attention sur l'écrivain argentin avant même qu'il ne soit révélé au public hexagonal par Roger Caillois, plus de vingt ans plus tard, au moyen de la traduction de *Fictions* dans la collection « La Croix du Sud ». Dès 1925, Larbaud publie une recension de son premier volume d'essais, *Inquisiciones*. Intitulé « Lettres argentines et uruguayennes. – Un critique argentin. – Un poète uruguayen. – Une revue[18] », ce court texte présente au public français un jeune auteur encore totalement inconnu. L'existence de ces pages aidera Michel Lafon à imaginer des contacts plus suivis (et en fait bien antérieurs) aux deux écrivains.

En troisième lieu, et c'est ici que les choses se corsent, la reprise larbaldienne de Borges intervient directement dans le style et l'imaginaire de l'auteur argentin. D'une part, le Ménard de Borges devient chez Lafon un écrivain totalement français, plus exactement un auteur dont le style est marqué par le français défendu par les auteurs de la première NRF, dont Larbaud, Valéry, Gide et d'autres : l'amour d'une langue claire, transparente, soignée, cultivée, mais sans aucun excès, fuyant les stéréotypes de la production moyenne comme les chocs des écritures d'avant-garde, est l'image de marque cette génération, qui se transmet sans problème au style de Borges, lui aussi adepte d'une écriture qu'on

---

18   Valery Larbaud, « Lettres argentines et uruguayennes. – Un critique argentin. – Un poète uruguayen. – Une revue », *La Revue Européenne de Paris*, 3e année, tome 6, n° 34, 1925, p. 66-70.

pourrait appeler néo-classique (rappelons que pour Jean de Guardia, il existe un lien profond entre classicisme et transmission, le style classique étant celui qui se transmet le plus aisément d'une génération à l'autre). D'autre part, Ménard concentre en lui bien des aspects de la mythologie personnelle de Larbaud : son amour de la province, le rêve de brouiller les limites entre vie privée et vie politique (dont témoigne par exemple la fantaisie de la Thébaïde en micro-République, avec son propre drapeau et sa propre armée) ou encore le plaisir du secret mais aussi celui des contacts internationaux.

Ainsi *Une vie de Pierre Ménard* devient un palais des glaces où Larbaud, Ménard, Borges, Lafon et bien d'autres s'appellent et se relancent l'un l'autre. Le roman continue l'œuvre de Larbaud, tout en l'inscrivant dans un contexte plus large. Il ne se contente pas de convoquer Larbaud et de l'appliquer à des situations contemporaines, il se l'approprie d'une manière qui aurait pu être celle de Larbaud aujourd'hui, qui n'est pas plus le Larbaud d'hier que le Quichotte de Ménard était celui de Cervantès. D'autres manières de poursuivre Larbaud sont certes imaginables : la transposition de son univers fictionnel et biographique, par exemple, comme le fait Jean-Benoît Puech dans « Aux armes de Réaltie[19] » ; mais aussi de nouvelles formes de réédition, qui tentent de reconstituer des modalités de présentation que Larbaud lui-même n'avait pu réaliser de son vivant, comme on l'entrevoit dans la récente édition d'*Allen*[20] ; mais aussi la réinvention d'un vécu, comme pourrait le faire un roman qui aborde la brouille entre Fargue et Larbaud. La postérité de Larbaud ne devrait pas se limiter à la simple relecture, ni à l'exégèse toujours plus fine de l'œuvre. D'autres reprises sont possibles, et l'exemple de Michel Lafon montre combien ces voies moins attendues sont peut-être les plus larbaldiennes.

Jan BAETENS
Université de Leuven

---

19 Première publication, sous la signature de Jean-Benoît Puech, dans *Recueil*, n° 12, 1989. L'édition définitive apparait dans Benjamin Jordane, *Toute ressemblance...*, Seyssel, Champ Vallon, 1995, p. 43-64. De tous les écrivains français contemporains, le plus larbaldien est sans conteste Jean-Benoît Puech. Mais le plus larbaldien des *livres* reste peut-être celui de Michel Lafon.
20 Valery Larbaud, *Allen*, Saint-Pourçain-sur-Sioule, Bleu autour, 2016.

BIBLIOGRAPHIE

AUERBACH, Erich, *Figura*, traduit par Marc André Bernier, Paris, Belin, 1993 [1938].

BAUDELAIRE, Charles, *Écrits esthétiques*, Paris, Christian Bourgeois (10/18), 1986.

BEATY, Bart et WOO, Benjamin, *The Greatest Comic Book of All Time*, New York, Palgrave, 2016.

BORGES, Jorge Luis, « Pierre Ménard, auteur du *Quichotte* », *Fictions*, traduit par Roger Caillois, Paris, Gallimard, coll. Folio, 1974 [1944].

DE GUARDIA, Jean, « La Technique de la durée. Classicisme et transmission », *Poétique*, n° 174, 2013, p. 173-188.

DEBAENE, Vincent, JEANNELLE, Jean-Louis, MACÉ Marielle et MURAT Michel, *L'Histoire littéraire des écrivains*, Paris, PUPS, 2013.

GOLDSMITH, Kenneth, *L'écriture sans écriture*, trad. François Bon, Paris, Jean Boîte éditions, 2018 [2011].

JORDANE, Benjamin, « Aux Armes de Realtie » (1989), *Toute ressemblance...*, Seyssel, Champ Vallon, 1995, p. 43-64.

KERMODE, Frank, *The Genesis of Secrecy*, Cambridge, Harvard University Press, 1979.

LAFON, Michel, *Une vie de Pierre Ménard*, Paris, Gallimard, 2008.

LAFON, Michel, « Discours prononcé le 5 juin 2009 lors de la remise du prix Valery Larbaud à Michel Lafon pour *Une vie de Pierre Ménard* », in *Hommages à Michel Lafon*, Bruxelles, Les Impressions Nouvelles, 2015 (hors commerce).

LAFON, Michel et PEETERS, Benoît, *Nous est un autre. Enquête sur les duos d'écrivains*, Paris, Flammarion, 2006.

LAFON, Michel et SIMON, Christophe, *La Conjuration de Baal*, Paris, Casterman, 2011.

LARBAUD, Valery, « Lettres argentines et uruguayennes. – Un critique argentin. – Un poète uruguayen. – Une revue », *La Revue Européenne de Paris*, 3e année, tome 6, n° 34, 1925, p. 66-70.

LARBAUD, Valery, *Œuvres*, Paris, Gallimard (Bibliothèque de la Pléiade), 1958.

LARBAUD, Valery, *Allen*, Saint-Pourçain-sur-Sioule, Bleu autour, 2016.

LEYS, Simon, « L'Expérience de la traduction littéraire » (1998), *La Chine, la mer, la littérature*, Bruxelles, Espace Nord, 2018, p. 293-316.

MENGER, Pierre-Michel, *Le Travail créateur. S'accomplir dans l'incertain*, Paris, Gallimard/Seuil, 2009.

PERLOFF, Marjorie, *Unoriginal Genius*, Chicago, Chicago University Press, 2010.

QUIGNARD, Pascal, *Une gêne technique à l'égard des fragments*, Montpellier, Fata Morgana, 1986.

VALERY LARBAUD
DANS LE RÉTROVISEUR DE 2018

Moderniste, réactionnaire, conservateur ?

Consulter le Fichier Central des Thèses ou un ouvrage tel *La Traversée des thèses*[1] conduit au triste constat que peu d'entre elles s'intéressent actuellement à Valery Larbaud, dont l'œuvre est le plus souvent abordée au fil d'une thématique transversale ou d'un corpus composite d'auteurs. L'attrait dominant des doctorants du XXIe siècle pour la création contemporaine, voire de l'extrême contemporain, n'explique pas la totalité de ce résultat. Cet état de fait constitue un paradoxe intéressant car révélateur de notre écriture actuelle de l'histoire littéraire et plus généralement de nos intérêts en terme d'œuvres et d'auteurs.

La vie de ce grand bourgeois qu'a été Valery Larbaud relève d'un certain art de vivre conservateur auquel sa naissance l'a familiarisé et que sa fortune personnelle lui a permis de soutenir. N'ayant pas d'attrait pour des positions sociales progressistes, il manifeste même un attachement à des modes de vie appelés à être condamnés par la modernité. Il fait l'éloge de la lenteur[2], quand Paul Morand, captif de sa première fascination pour le monde en cours d'avènement après la première guerre mondiale, fait celle de la vitesse[3] – Larbaud ne manque pas de dédicacer le texte à son jeune ami. Mais à bien des égards, l'ouverture d'esprit cosmopolite et la curiosité libre de Valery Larbaud contribuèrent de façon décisive à féconder des écritures qui, dans les arts et les lettres français, seront jugées modernistes. Acteur incontestable dans la circulation

---

1 Didier Alexandre, Michel Collot, Jeanyves Guérin, Michel Murat (éd.), *La traversée des thèses. Bilan de la recherche doctorale en littérature française du XXe siècle*, Paris, Presses Sorbonne Nouvelle, 2004.
2 Valery Larbaud, « La lenteur », *Grand'Route*, n° 5, juillet 1930, p. 3-12 ; repris dans Valery Larbaud, *Aux couleurs de Rome*, Œuvres (éd. Georges Jean-Aubry et Robert Mallet, préface Marcel Arland), Paris, Gallimard (Bibliothèque de la *Pléiade*), 1957, p. 1042-1049.
3 Paul Morand, *Papiers d'identité*, Paris, Grasset, 1931, p. 271-296.

des expérimentations occidentales au début du XXe siècle, traducteur, médiateur dirait-on aujourd'hui, Larbaud aborde des problématiques liées à l'altérité des langues et des cultures, qui sont si importantes en notre actualité, celle de ce XXIe siècle commençant, soit un siècle après.

Pourquoi serait-il donc à ce point peu étudié, sous-estimé, sous-évalué ? On se propose de considérer à travers sa conception de la langue et de la littérature, comme dans les thèmes développés dans ses œuvres et les formes utilisées, la trace laissée en nous, en notre temps, par sa personne et ses écrits. Vu de 2018, quel regard peut-on porter sur Valery Larbaud sous l'angle de son rapport à la modernité ? Que devient le cosmopolite vu à l'époque de la mondialisation ? Avec le recul du temps et l'aplomb porté sur une époque, au vu de son œuvre, Larbaud serait-il encore un moderniste sans contestation possible ou relèverait-il de formes de conservatisme, voire de réactionnisme ?

MODERNITÉS COSMOPOLITES

En 2018, Larbaud reste un écrivain et un homme de lettres, considéré comme important pour l'avènement en France d'une certaine modernité, touchant à la rénovation et à l'expérimentation des formes et tons littéraires comme à l'exploration de nouveaux points de vue sur le réel. De même, nous continuons d'associer à cette modernité larbaldienne la dimension cosmopolite de la vie et d'une œuvre, marquées par les voyages, les amitiés, les langues et les cultures étrangères, ce qui explique pour une large part les nouveautés hardies, telle celle du monologue intérieur, dont il s'est fait le promoteur.

Larbaud est issu d'un milieu grand bourgeois par son père et aristocratique par sa famille maternelle, laquelle a également une dimension, voire une tradition, cosmopolite : forcé d'émigrer à l'avènement de Napoléon III, le grand-père maternel de Larbaud, François-Valery Bureau des Étivaux, installe sa famille à Genève, où, dans leur collège, ses filles fréquentent des jeunes filles de l'aristocratie européenne. Loin d'être des freins à sa curiosité moderniste son statut social – Larbaud est l'heureux héritier d'une source en or, la source Saint-Yorre –, comme son attrait pour le commerce des étrangers et les séjours hors de France, ont joué un rôle important dans le développement de ses intérêts pour les nouveautés artistiques et littéraires. Sa connaissance des langues étrangères, son attrait pour les domaines étrangers, son activité de traducteur et de passeur tiennent une place majeure dans ce qui mérite le nom de modernités de Larbaud écrivain, critique et plus généralement homme de lettres. L'histoire littéraire actuelle retient l'importance qu'a eu Larbaud en tant que passeur d'écrivains étrangers en recherche d'expérimentation littéraires, autant que d'auteurs oubliés du passé tels Racan. Servant de traducteur et plus généralement de découvreur et de médiateur, Larbaud a contribué à rebattre les cartes littéraires de son temps grâce à ces apports étrangers ou d'un patrimoine en attente d'une revie littéraire. On sait le rôle qu'il a joué pour faire découvrir par le public et les auteurs français, des créateurs étrangers tels James Joyce et Ramón Gómez de la Serna.

Vivre de ses rentes lui a donné une liberté matérielle qui lui a permis de se consacrer à ses travaux littéraires et à ses passions, avec une grande liberté, sans avoir à rendre compte de ses goûts, plaisirs et choix, sans avoir le souci ni de faire carrière, ni de vivre de sa plume. Sa provenance d'un milieu conservateur ne l'a ainsi pas empêché de se passionner très tôt pour la nouveauté, comme le rappelle entre autres Françoise Lioure dans le numéro des *Cahiers de l'Herne*[4] qui lui est consacré.

Alors qu'il envisage de faire publier une collection des Classiques français par l'éditeur Stols, Larbaud écrit à ce dernier une lettre pour argumenter en faveur de la modernisation de l'orthographe des textes anciens :

> Dans les éditions dites savantes, pour l'étude, [...], cela va très bien ; c'est même indispensable. Mais pour *le plaisir*, pour le luxe, en ce qui concerne l'aspect, le côté matériel des choses, le vrai, le grand chic, c'est toujours la *dernière mode*[5].

Cette inclination très précoce pour le moderne, conçu comme ‹ la *dernière mode* ›, se retrouve chez son personnage Barnabooth, son *alias* fictif par bien des côtés :

---
4 Anne Chevalier (dir.), *Valery Larbaud, Cahiers de l'Herne*, n° 61, Paris, Éditions de l'Herne, 1992, p. 99.
5 Kopylov, Christiane et Marc Kopylov (éd.), *Valery Larbaud et Alexandre Alphonse Marius Stols, Correspondance 1925-1951* (vol. 1), Paris, Éditions des Cendres, 1986, p. 7.

> J'ai donné à mon Barnabooth le goût jeune et scandaleux du neuf en toutes choses[6].

Loin de n'être qu'une futilité, parce qu'il s'attacherait au choix de certains bibelots, de vêtements ou d'accessoires, ce goût du neuf, pour ce qui paraît nouveau, qui étonne, qui innove par rapport aux usages du temps éclaire la conception que Larbaud se fait de la modernité. Celle-ci est pour lui une rupture ou une évolution par rapport aux modèles et traditions antérieures, une attention à des éléments nouveaux, du paysage, de la civilisation comme à une sensibilité perceptive et émotionnelle nouvelle.

Cela s'illustre dans son goût pour la poésie moderne. Larbaud voue un culte au poète étatsunien, Walt Whitman, comme la plupart des modernes du temps et en particulier son ami, Paul Morand, dont la carrière littéraire commence avec la publication de poésies modernistes en revue, qui se réclame de cette influence étrangère. La force du souffle de la nature, la présence sensuelle du corps rayonne dans cette poésie suggestive qui s'ouvre au vers libre, sans complexe. L'influence des *Feuilles d'herbe* de Walt Whitman est sensible dans le rythme, la prosodie, les images et la sensibilité des poèmes de Barnabooth[7], ouverts au corps et à ses sensations, même les plus triviales (le soustitre *Borborygmes* suffirait à en attester), qui trouvent leur voie propre dans une divergence relative avec la poésie symboliste du temps. Pour Michel Murat, c'est « la découverte de Whitman, vers 1899, qui va ouvrir chez Larbaud l'ère de la création personnelle. » Cette influence étrangère à la tradition poétique française le détache de la tradition versifiée et du génie national « dont elle est censée être l'expression, pour l'inscrire dans un espace occidental moderne. » Elle permet de créer ce que Murat appelle un « vers libre international », caractéristique de sa modernité, soit un vers « susceptible d'être transposé d'une langue à une autre tout en restant clairement identifiable comme telle[8] », ce qui relève d'un vers libre découpé par la typographie plus que par la syntaxe, une prosodie, une phonologie propre à une langue particulière.

---

6   Kopylov, Christiane et Marc Kopylov (éd.), *Valery Larbaud et Alexandre Alphonse Marius Stols, op. cit.*, p. 8.
7   Bernard Delvaille, *Essai sur Valery Larbaud*, Paris, Pierre Seghers éditeur, 1963, p. 75.
8   Michel Murat, « Le vers libre de *Barnabooth* », Stéphane Chaudier, Françoise Lioure (dir.) *Les langages de Larbaud*, Clermont-Ferrand, Presses universitaires Blaise Pascal, p. 25, pour les quatre citations.

Bien entendu la forme romanesque tient une place importante dans cette passion pour la modernité et les domaines étrangers lui fourniront ces nouvelles impulsions propres à dépoussiérer le roman français de son temps. Cela lui est même d'autant plus facile que celle-ci se cherche entre la fin et le début du XXᵉ siècle à travers les écrits de certains auteurs. Larbaud est alors bien engagé dans la recherche avide du neuf, de la rénovation (plus que de la rupture), mode sur lequel va se vivre la modernité du XXᵉ siècle jusqu'à son extinction dans les années 1970. Il pense que l'on ne peut plus refaire du Flaubert, du Balzac, du Hugo et qu'il faut s'engager dans des voix nouvelles. Comme pour toutes les évolutions littéraires et artistiques, il ne compte rénover une tradition considérée comme usée qu'en en redécouvrant d'autres qui ont été oubliées ou qui viennent d'ailleurs. Ainsi Larbaud sait voir la force inédite des romans de Dostoïevski et comme Gide il travaillera à troubler le personnage romanesque grâce à l'accent mis sur les ambiguïtés psychologiques et morales de ses mouvances tourmentées, à tel point que celui-ci reconnaît en *Barnabooth* l'un des ouvrages les plus modernes qu'il a lus[9]. De même c'est en puisant dans le domaine anglais qu'il entend moderniser le roman français, et lui injecter la force foisonnante des œuvres anglo-saxonnes, qui ne redoutent pas un apparent désordre, ce que Paul Claudel ne manquera pas de saluer en *A.O. Barnabooth*.

À juste titre, il est toujours question de l'influence de James Joyce et des expérimentations du monologue intérieur auxquelles ce dernier se livre dans son roman *Ulysse*, qui tire parti des explorations d'Édouard Dujardin dans *Les lauriers sont coupés* (1924). Ce qui sera un des axes majeurs de la modernité romanesque européenne donne un air inédit à de nombreux récits larbaldiens. Le monologue intérieur y tend vers la rêverie poétique à travers laquelle l'auteur restitue dans ses nouvelles centrées sur des personnages d'enfant, *Enfantines* (1918), un monde enfantin intérieur beaucoup plus qu'un univers marqué par une analyse objective d'un réel supposé. C'est aussi à travers ses longues nouvelles *Amants heureux amants*[10], et *Mon plus secret conseil*[11], *Beauté, mon beau souci*[12] qu'il expérimente cette forme pour écrire l'intime au plus près de ses troubles.

---

9 Françoise Lioure (ed.), *André Gide – Valery Larbaud. Correspondance (1905-1938)*, Cahiers André Gide, n° 14, 1989, p. 114.
10 Valery Larbaud, *Œuvres, op. cit.*, p. 615-646.
11 *Ibid.*, p. 647-719.
12 Valery Larbaud, *Œuvres, op. cit.*, p. 537-613.

Dans la première version (1908) de A. O. Barnabooth, Larbaud prétend déjouer le romanesque traditionnel notamment parce que ce roman, écrit en forme de journal, s'affranchit relativement de « la vieille carcasse de l'intrigue » au profit du monologue intérieur créateur de cette écriture de l'intimité qui fera florès au XXe et au XXIe siècles. Le recours au journal favorise une énonciation subjective libérée des contraintes qu'impose la conscience d'un lecteur extérieur autre que soi et contribue à déconstruire le modèle du personnage balzacien. Cela est d'autant plus vrai lorsque le journal est un journal de voyage où le personnage engagé dans des mutations, des remises en cause, des changements d'identité[13] compose une personnalité particulièrement mouvante, discontinue, que le voyage et les contacts avec l'étranger altèrent au point de le rendre insaisissable.

S'intéressant souvent aux genres mineurs, sa propre écriture s'engage volontiers dans la création de formes littéraires composites, qui échappent aux définitions traditionnelles des genres tels que fixés à la fin du XIXe siècle. Beaucoup de ses textes relèvent de la méditation lyrique, de la confidence autobiographique, de l'essai littéraire et historique et sont par là inclassables. Dans *Allen*[14], *Aux Couleurs de Rome*[15], *Jaune bleu blanc*[16] le romanesque s'effrite ; ces textes tendent vers d'étranges dialogues ou d'insolites chroniques. Amorçant entre autres une levée des frontières entre poésie et littérature narrative, mais aussi théâtre, essais, etc. qui infusera l'ensemble du XXe siècle, et au-delà, le XXIe siècle, Larbaud expérimente d'autres recherches comme celles sur les portraits sans récit qu'il entend mettre en œuvre avec « Une nonnain ». Il l'explique dans une lettre à A.A.M. Stols datée du 25 septembre 1928 :

> C'est un essai de portrait *sans récit*, comme *Deux artistes lyriques* : il s'agit de chercher une nouvelle liberté : s'affranchir du récit, de la narration. Si jamais je faisais un recueil, je mettrais en épigraphe : « Surtout pas d'histoires[17] ! »

En cela, il est là encore en lien avec des recherches des modernistes du temps. Son ami Morand, un autre cosmopolite, a lui-même publié une

---

13 Je me permets de renvoyer à mon article sur l'écriture du journal et la quête de l'identité dans Barnabooth : « Barnabooth : de l'autre à soi », Stéphane Chaudier, Françoise Lioure (dir.), *Les langages de Larbaud, op. cit.*, p. 309-320.
14 Valery Larbaud, *Œuvres, op. cit.*, p. 721-774.
15 *Ibid.*, p. 977-1105.
16 *Ibid.*, p. 775-976.
17 Valery Larbaud, *Œuvres, op. cit.*, p. 1281.

nouvelle organisée autour d'un portrait de femme, qui échappe au récit, et relève de cette même recherche, « Clarisse », *Tendres Stocks* (1921)[18].

Enfin, l'aisance de Larbaud dans l'usage de certaines langues étrangères comme l'anglais ou l'italien laisse une empreinte qui contribue à particulariser un style, à altérer une forme en s'affranchissant partiellement des influences et traditions françaises en vigueur dans son temps. Paule Moron a rappelé entre autres la facilité avec laquelle Larbaud glisse des mots et des phrases en langues étrangères, qu'il s'agisse de séquences assumées par le narrateur ou de citations d'auteurs étrangers : « Ce mélange de langues, qui peut aller jusqu'à l'enchevêtrement et donne des phrases parfois un peu surprenantes, n'a rien d'exceptionnel[19]. » Là encore, l'apport de l'étranger aide Larbaud à donner un caractère subversif à ses créations. Son plurilinguisme donne une texture nouvelle au français et à sa lettre et manifeste par là une certaine forme de transgression des normes purement françaises d'un beau style. Ses références aux cultures étrangères qu'il a apprivoisées contribuent également à arracher la littérature à une seule volonté d'identité nationale. Cet anticonformiste en fait une voyageuse qui prend le train de la modernité au fil de ses voyages littéraires et réels.

Les liens entre cosmopolitisme et modernisme seraient également à rechercher du côté des activités critiques de Larbaud, qui s'inspire d'étrangers pour repenser le discours réflexif dans le domaine des arts et de la littérature. Il y réfléchit dans une œuvre restée à l'état de brouillon *Projet d'une enquête sur Sainte Beuve et Francesco De Sanctis* (dont le manuscrit se trouve au Fonds Larbaud) où il définit les principaux axes de la critique idéale, laquelle doit beaucoup aux démarches inspirées de Francesco De Sanctis et de son école napolitaine qui seuls lui apparaissent rénovateurs et capables d'opposer une alternative au dogmatisme de la critique universitaire du temps, avide de généralités, comme au pseudo scientisme du XIXe siècle qui emprunte avec Taine et Brunetière ses images et ses démarches aux sciences naturelles. Il donne ainsi une place essentielle au « don divin d'appréciation » qu'il observe chez Henley[20] et partant à l'admiration, à l'empathie, à la recréation de l'art en soi par

---
18 Paul Morand, *Tendres Stocks*, Paris, Gallimard, 1921.
19 Paule Moron, « Les journaux de Larbaud », Stéphane Chaudier, Françoise Lioure (dir.) *Les langages de Larbaud*, *op. cit.*, p. 70.
20 Valery Larbaud, *Ce vice impuni, la lecture. Domaine anglais*, Paris, A. Messein, 1925.

le critique. Il approuve l'usage de ce critique qui écrit ses commentaires à la première personne et reprend l'idée de Benedetto Croce dans son *Esthétique*, que juger l'œuvre d'art revient à la produire en nous-mêmes. Larbaud distingue donc nettement l'histoire littéraire, qui relève de la science et l'analyse esthétique qui relève de l'art[21]. D'une certaine façon, il relance et anticipe un courant critique qui verra se développer la critique d'auteur au XXe siècle à travers des gens comme Julien Gracq et dans les milieux de la *NRF* des gens comme Marcel Arland.

UN MODERNE MINEUR AU VU DU XXIe SIÈCLE

Même si la critique et le public des lecteurs avertis de ce XXIe siècle commençant voient donc toujours en lui un homme de lettres ouvert à la modernité, ce point de vue n'est pas sans trouble et en tous les cas, Larbaud n'est pas devenu ce qu'on pourrait appeler une icône de la modernité. Certes, l'écrivain Larbaud reste considéré comme un mineur, – un mineur, essentiel, qui compte –. Il a privilégié des genres mineurs, ou des formes inclassables, une esthétique du bibelot, du mot de luxe, qui est très importante chez lui : on connaît son amour des jouets (trains, soldats de plomb…), des petites choses. Il entend donc rester à cette échelle minime et il a atteint d'une certaine façon son but. Il s'est tellement lui-même peu pris au sérieux, qu'il s'est effacé devant les maîtres admirés qu'il traduisait et dont il faisait la promotion : son œuvre propre est peu nombreuse, par rapport à sa volumineuse correspondance notamment. Ni objet de culte – pourtant la destinée de sa figure singulière ne manque pas de romanesque tragique –, ni référence obligée de l'histoire littéraire et de ses avancées aux XXe et XXIe siècles, comme peut l'être par exemple Antonin Artaud, Larbaud reste une figure discrète de la littérature comme de la modernité, que les critiques ne sont pas en voie de réévaluer sous cet angle. Quelles peuvent être les raisons de cet état de fait ? Que nous apprennent-elles de notre façon d'appréhender les œuvres et les figures littéraires ?

---

[21] Catherine Douzou, « L'admiration ou la vie vraie de Valery Larbaud », Delphine Denis et Francis Marcoin, *L'admiration*, Arras, Artois Presses Université (Manières de critiquer), 2004, p. 67-77.

Sans doute faut-il commencer par noter l'importance que l'avant-garde, à la fois en tant que concept mais aussi en tant que réalité sociale et littéraire, tient depuis la fin du XIXe siècle dans notre appréciation présente et passée de la vie artistique, en particulier pour toiser la modernité d'un artiste. Larbaud écrit à une époque qui progressera au rythme de la marche des avant-gardes. Depuis la fin du XVIIIe siècle et ses théories du génie, fondées sur la croyance en un talent individuel inné, l'innovation prend de plus en plus de place dans l'évaluation d'une œuvre, jusqu'à produire le système des avant-gardes, concept fétiche de la modernité, antidote élitiste espéré contre la vague pressentie et montante de l'art de divertissement et de grande consommation. Or comment serait-il à la mode d'un siècle où triomphe la notion de progressisme en art, qui s'impose historiquement avec la modernité ? Depuis le début du XXe siècle, la littérature se pense en ruptures successives dont chacune définit un mouvement, ce qui implique la dévalorisation relative de l'académisme et de ses critères classiques pour juger d'une œuvre. Même lorsque cette dynamique s'épuise dans le courant des années 1970, à force de nihilisme solipciste, l'histoire littéraire et notre regard actuel restent encore fortement marqués par l'idée qu'un art digne de ce nom et donc d'intérêt relève de l'avant-garde. Autrement dit, une œuvre doit marquer une rupture forte avec la tradition et les modèles de référence en vigueur. Elle doit être originale et nouvelle, de la façon la plus radicale possible, parce qu'elle se veut l'expression d'une subjectivité, cela dût-il être payé par l'obscurité et l'hermétisme. Cela est encore mieux si l'œuvre revendique cette rupture grâce à l'escorte d'actions, de manifestes qui donnent sens au projet qu'elle porte, à la « proposition », pour reprendre un terme cher à la critique actuelle. De plus, très souvent, l'avant-garde porte un projet collectif qui pense l'art en lien avec les structures sociales et qui entend par la démarche et la création artistique changer la société, voire l'être humain.

Bien éloigné de la réalité d'un mouvement artistique, d'une école, d'un groupe, comme les Surréalistes ont pu l'être, Larbaud se voit avant tout comme un être singulier. S'il cultive les amitiés littéraires avec un grand soin, il n'appartient à aucun groupe et prétend ne faire la leçon à personne, sérieusement du moins. Il est davantage dans la conversation, le dialogue donc que dans le manifeste. La communauté à laquelle il entend appartenir est celle des écrivains et des artistes, morts et vivants, avec lesquels il ressent une affinité. Larbaud reste donc dans une logique d'amateur, stendhalienne, celle des *happy few*, d'un cercle choisi auquel on s'adresse en toute intimité et avec lequel on n'entend pas faire école.

L'attention extrême de Larbaud à la langue et à ses ressources manifeste chez lui une autoréflexivité qui sera une des caractéristiques de la littérature du XXe siècle, très spéculaire. De nombreux personnages larbaldiens réfléchissent sur la langue. Une des nouvelles du recueil *Enfantines, Le couperet*[22], *dédicacé à l'auteur des Faux-monnayeurs*, est un petit récit qui met en abyme le travail de l'écrivain face aux mots. Autre récit, souvent analysé sous cet angle, *Le pauvre chemisier*[23] peut être lu à travers le prisme de la métalittérature. Mais si cette réflexion littéraire et linguistique est bel et bien omniprésente, Larbaud n'est pas un vrai théoricien. Il n'a par exemple jamais théorisé la démarche critique, dont le principe essentiel est de reposer sur l'admiration, même s'il s'en est forgé une conception cohérente et qu'il y a réfléchi dans une œuvre restée à l'état de brouillon *Projet d'une enquête sur Sainte Beuve et Francesco De Sanctis*. Sa pensée explicite se déploie plutôt dans le cadre de sa volumineuse correspondance au sein d'échanges amicaux avec des esprits choisis.

Larbaud est lui-même à l'origine de ce déficit de notoriété moderniste, en ce qu'il manifeste une certaine retenue vis-à-vis de la modernité, tant littéraire, artistique que sur un plan existentiel. Son attrait pour la modernité est rapidement marqué par une ambivalence qui sera davantage exprimée et manifesté que chez Morand, même si elle existe aussi chez ce dernier.

Larbaud n'entre pas dans une logique familière à l'avant-garde, celle du nihilisme, d'une volonté destructrice. Pour lui l'artiste n'est pas un révolutionnaire mais un « visionnaire[24] » comme il l'exprime dans *Gaston d'Ercoule* car il vit dans des visions qui appartiennent au rêve, au passé et aux univers crées par la littérature. Rêveur, dandy « qui march(e) dans son rêve[25] », l'artiste n'entend pas changer autre chose peut-être que lui-même, grâce à la production d'un univers réinventé par des mots qui rend le monde réel plus habitable. L'artiste est d'autant plus

---

22 Valery Larbaud, *Œuvres, op. cit.*, p. 409-430.
23 *Ibid.*, p. 23-39.
24 *Ibid.*, p. 14, 17.
25 *Ibid.*, p. 14.

fidèle à sa fonction qu'il s'éloigne davantage de l'esprit de réforme et de révolution. Il faut qu'il soit tout entier tourné vers la vie intérieure, qui est le seul domaine de ses conquêtes et de ses découvertes.

D'ailleurs, profondément individualiste, Larbaud ne croit guère au progrès social ni aux lendemains qui chantent. Il reste attaché à un mode de vie conservateur qui l'ancre dans un terroir, dans un héritage culturel qui remonte à la France de l'ancien régime. Les modes de vie qui lui conviennent, y compris dans ses contacts avec l'étranger, sont appelés à être condamnés par la modernité. Il semble ainsi attentif aux aspects noirs et aux dommages collatéraux de la modernité et du progrès. L'article « Actualité » dans *Aux couleurs de Rome* note la vanité et la précarité du nouveau, appelé à disparaître, à paraître dérisoire aux générations suivantes et mieux vaut s'habituer à voir le neuf en habits démodés : « Essayer de tout voir comme démodé et périmé est d'abord une souffrance, mais ensuite un réconfort, pour l'esprit[26]. »

À côté du cosmopolitisme, le thème national reste très présent dans l'œuvre et dans la vie de Larbaud. Le polyglotte qui séjourne fréquemment et longtemps à l'étranger, qui traduit les auteurs étrangers et correspond avec eux, qui refuse le protectionnisme culturel et pense que la culture française est vivifiée par ses contacts avec les autres cultures, reste attaché aux racines de son terroir et son cosmopolitisme paraît volontiers daté à l'heure actuelle : sans qu'il ne s'oppose de façon exclusive au nationalisme, il concerne le commerce des élites sociales et surtout intellectuelles et artistiques ou encore, au-delà les différences de castes avec des personnalités d'exception. Nous sommes loin de l'internationalisme politique et encore plus loin de la globalisation actuelle, qui concerne les masses, à travers des enjeux et des circulations politiques, financières, économiques, sociétaux et qui tend à penser l'individu comme un être « hors sol », « déterritorialisé », susceptible de s'émanciper de toute attache cellulaire comme la famille, de tous cercles de proximité... Larbaud reste un conservateur par son attachement par exemple à l'ancien régime – la théorie des trois ordres donne selon lui une explication claire et permanente de toute société[27], par son attachement barrésien notamment à sa province, à son pays ; c'est ce que rappelle la dédicace

---
26 *Ibid.*, p. 1052.
27 Valery Larbaud, *Allen*, Œuvres, *op. cit.*, p. 747.

> À *ma mère*
> *Je dédie cet ouvrage filialement consacré*
> *À notre pays natal. Allen*[28]

La littérature est comparable à la voiture d'*Allen* : le moderne, à la différence de chez Morand, permet de remonter dans le temps, de retrouver la France de l'ancien régime et ses provinces[29], jusqu'à Charlemagne et plus encore. Le conservatisme devient une forme de réaction tant surgit l'histoire de l'Europe ancienne, dans cette nature mais aussi dans ses villes endormies, à la périphérie des pouvoirs centraux parisiens, qu'il aimerait tant réveiller[30]. Le Bourbonnais redevient le « Duché » dont il rêve de pouvoir faire une cour comme autrefois[31] et il emploie le mot même de « restauration[32] », d'une connotation politique certaine.

Ce sentiment d'appartenance nationale, territoriale et culturelle, qui n'empêche pas chez lui sa curiosité et sa compréhension de l'altérité, se teinte souvent d'un sentiment nostalgique. Stéphane Chaudier montre bien que dans son roman *Fermina Marquez*, « Larbaud offre une méditation oblique et rêveuse sur le destin de la France[33]. » L'apport des personnages originaires d'Amérique du Sud y met en évidence le sentiment d'un déclin français, de sa tradition, de son histoire, au profit de la vitalité sud-américaine représentée par des personnages qui sont la véritable aristocratie, le vrai *sang bleu* de l'illustre collège cosmopolite Saint Augustin, ce qui est très sensible dans *A.O. Barnabooth*. Décrivant l'état d'esprit des pensionnaires français, emblématiques de leur nation, le narrateur, français, déplore la honte du père, l'abâtardissement, le défaut de transmission : « C'est là un sentiment (la fierté nationale) qui paraît perdu, aujourd'hui, chez nous : on dirait que nous sommes des bâtards qui évitons de parler de nos pères[34]. » Même la référence à l'étranger et donc son cosmopolitisme est vu comme assez ambigüe dans son articulation à la modernité. Elle vivifie la littérature, le regard,

---

28 *Ibid.*, p. 721.
29 *Ibid.*, p. p. 732.
30 *Ibid.*, p. 734-736.
31 *Ibid.*, p. 756.
32 *Ibid.*, p. 758.
33 Stéphane Chaudier, « Fermina Márquez, un roman politique. », Stéphane Chaudier et Françoise Lioure (dir.). *Langages de Larbaud, op. cit.*, p. 89.
34 Valery Larbaud, *Fermina Márquez. Œuvres, op. cit.*, p. 310.

la création mais aussi elle souligne une sorte de faiblesse dans la transmission, l'étiolement. Elle suscite l'interrogation de savoir comment la comparaison avec l'étranger va être soutenue, comment la vitalité des autres va interagir avec celle de la France.

Sa propre révision de certaines œuvres conduit Larbaud à gommer quelques aspects les plus choquants de la modernité. La version de *A. O. Barnabooth* datée de 1908 revendique une modernité affichée et provocatrice, et les poèmes qui font partie de l'ensemble sont marqués thématiquement et formellement par le mouvement, le déplacement, la ville. Certains traits du héros et du je lyrique sont appuyés jusqu'à la caricature. La vulgarité et la trivialité qui émaillent les textes sont agressives pour le lecteur bourgeois. Dans la version de *A. O. Barnabooth* datée de 1913, l'auteur retranche de ces poèmes ce qu'il y a de plus voyant tout en gardant au recueil le titre provocateur de *Borborygmes*. Comme le fera Morand à partir du milieu des années 1930, Larbaud démode son écriture, rectifie ce qu'elle a de trop tapageur et criard pour instituer sa modernité sur un plan plus subtil comme dans l'insolite des tons et de leur mélange, ou la recherche d'une forme originale.

Ainsi, la modernité larbaldienne ne cultive pas le mythe de la rupture, si important dans l'avant-garde, et de ce fait elle se conjugue à des formes plus traditionnelles. Le flux de conscience que met en œuvre Larbaud dans ses écritures du monologue intérieur conserve des marques de repères spatiotemporels et il ne donne pas naissance à une forme entièrement chaotique mais il tend davantage vers une poétisation plutôt que vers une déconstruction de la syntaxe pour remonter au plus près d'une pensée, d'une vie psychique en plein jaillissement, voire préformée. Dans la même logique, Michel Murat remarque que la modernité poétique du « vers libre international » de Larbaud dans *A.O. Barnabooth* relève d'une « déterritorialisation » qui « n'implique pas une rupture avec les formes anciennes » mais qui « se situe "ailleurs" plutôt qu'elle ne se dresse "contre" », et que « ses moyens ne sont pas ceux de la parodie[35] ». Les poèmes présentés dans *A.O. Barnabooth* doivent à certains héritages : ceux du moderne Whitman mais aussi ceux de Vigny, Lamartine, Leconte de Lisle, voire même à l'antiquité à travers notamment les influences d'Horace.

---

35 Michel Murat, « Le vers libre de *Barnabooth* : un style international du modernisme » Stéphane Chaudier et Françoise Lioure (dir.). *Langages de Larbaud, op. cit.*, p. 25.

Les références artistiques et littéraires explicites ou implicites de Larbaud sont d'ailleurs souvent peu conformes aux modernités de l'époque. Quand les artistes peintres contemporains se tournent vers le primitivisme ou l'art brut, Larbaud, lui multiplie les références à la statuaire et l'art antique dans les trois longues nouvelles

> Et elle fut, pendant cet instant, tout à fait semblable à la femme peinte sur le vase que décrit Thyrsis dans la première idylle de Théocrite : « Mais à l'intérieur de la guirlande on a représenté une femme, chef d'œuvre des Dieux, parée d'un voile et d'une ceinture ; et de chaque côté d'elle, des hommes aux cheveux bien peignés se querellent avec ces paroles ; MAIS CES CHOSES NE TOUCHENT POINT SON CŒUR, et tantôt elle regarde cet homme-là en riant, et tantôt elle tourne sa pensée vers l'autre[36] ».

Larbaud reste un héritier. La question de l'héritage, même si comme le montre le personnage de Barnabooth n'est pas sans malaise, est essentielle pour lui comme pour ses personnages. Sans doute montre-t-elle la complexité du rapport de Larbaud à la modernité et à la tradition.

L'affection de Larbaud se porte vers une œuvre qui aux moins par certains côtés reste « filiale » au sens où la définissait Roland Barthes dans ses dernières notes de travail[37]. Ce dernier entend par là une œuvre qui répond à certains critères. L'œuvre filiale reste dans une tradition éprouvée, et transmet en elle-même un patrimoine, à la différence de celles de l'avant-garde qui revendiquent la rupture et la *tabula rasa*. L'œuvre filiale reconnaît sa dette par rapport à la grande littérature française et à ses maîtres car, Barthes cite à l'appui des propos attribués à Guiseppe Verdi en 1870 : « Tournons-nous vers le passé, ce sera un progrès. » Loin de reproduire des modèles à l'identique, l'œuvre moderne et filiale doit donc opérer un glissement à partir du passé et garder toujours celui-ci en vue, plutôt qu'une rupture. Enfin, l'œuvre filiale doit faire aimer la langue française et la rendre désirable, ainsi que la littérature.

Si la postmodernité actuelle ne lui rend pas hommage de ses avancées, de ses créations, de ses audaces, c'est qu'elle perçoit aussi en lui, le traditionaliste, le filial, l'antimoderne, nostalgique d'une énergie nationale en politique et dans les arts. Conservateur dans sa vie et ses

---

36 Valery *Larbaud, Œuvres, op. cit.*, p. 601.
37 Roland Barthes, *Notes de cours et de séminaire du Collège de France 1978-1979 et 1979-1980*, Paris, Seuil/IMEC, 2003.

opinions politiques, Larbaud reste fidèle à un héritage, même s'il le malmène par certains côtés. En dépit de ses apports aux évolutions de la littérature de son temps, Larbaud ne correspond donc guère aux critères de légitimation d'un écrivain novateur.

Catherine DOUZOU
Université François-Rabelais
de Tours

BIBLIOGRAPHIE

BARTHES, Roland, *Notes de cours et de séminaire du Collège de France 1978-1979 et 1979-1980*, Paris, Seuil/IMEC, 2003.

CHAUDIER, Stéphane « Fermina Márquez, un roman politique. », Stéphane Chaudier et Françoise Lioure (dir.). *Langages de Larbaud*, Clermont-Ferrand, Presses universitaires Blaise Pascal, p. 75-89., 2006.

CHEVALIER, Anne, (dir.), *Valery Larbaud. Cahiers de l'Herne*, n° 61, Paris, Éditions de l'Herne, 1992.

DIDIER, Alexandre, COLLOT, Michel, GUÉRIN, Jeanyves, MURAT, Michel (éds.), *La traversée des thèses. Bilan de la recherche doctorale en littérature française du XXe siècle*, Paris, Presses Sorbonne Nouvelle, 2004.

DELVAILLE, Bernard *Essai sur Valery Larbaud*, Paris, Pierre Seghers éditeur, 1963.

DOUZOU, Catherine, « *Barnabooth* : de l'autre à soi », Chaudier, Stéphane et Lioure, Françoise (dir.), *Les langages de Larbaud*, Clermont-Ferrand, Presses universitaires Blaise Pascal, 2006, p. 309-320.

DOUZOU, Catherine, « L'admiration ou la vie vraie de Valery Larbaud », Delphine Denis et Francis Marcoin, *L'admiration*, Arras, Artois Presses Université (Manières de critiquer), 2004, p. 67-77.

KOPYLOV, Christiane et KOPYLOV, Marc (éd.), *Valery Larbaud et Alexandre Alphonse Marius Stols, Correspondance 1925-1951* (vol. 1), Paris, *Éditions* des Cendres, 1986.

LARBAUD, Valery, *Ce vice impuni, la lecture. Domaine anglais*, Paris, A. Messein, 1925.

LARBAUD, Valery, *Œuvres* (éd. Georges Jean-Aubry et Robert Mallet. Préface Marcel Arland). Paris, Gallimard (Bibliothèque de la Pléiade), 1957.

LIOURE, Françoise (ed.), *André Gide – Valery Larbaud. Correspondance (1905-1938)*, *Cahiers André Gide*, n° 14, 1989.

MORAND, Paul, *Papiers d'identité*, Paris, Grasset, 1931.

MORAND, Paul, *Tendres Stocks*, Paris, Gallimard, 1921.

MORON, Paule, « Les journaux de Larbaud », Stéphane Chaudier, Françoise Lioure (dir.) *Les langages de Larbaud*, Clermont-Ferrand, Presses universitaires Blaise Pascal, 2006, *op. cit.*, p. 61-74.

MURAT, Michel, « Le vers libre de *Barnabooth* : un style international du modernisme » Stéphane Chaudier et Françoise Lioure (dir.), *Langages de Larbaud*, Clermont-Ferrand, Presses universitaires Blaise Pascal, 2006, p. 23-42.

52ᵉ PRIX VALERY LARBAUD

REMISE DU PRIX À MAUD SIMONNOT POUR SON LIVRE *LA NUIT POUR ADRESSE*

La nuit pour adresse est un livre tissé autour d'un silence, celui qui entoure la figure de Robert McAlmon, personnage oublié et néanmoins central de la « Lost generation ». C'est avant tout cet *effacement* d'un homme qui a fasciné Maud Simonnot, dû à la fois au caractère insaisissable de Mc Almon et au ressentiment de ses anciens amis, tel Fitzgerald ou Hemingway.

McAlmon naît en 1895 dans une famille nombreuse du Middle West, neuvième enfant d'un pasteur rigide et d'une Écossaise possessive. Très jeune il ressent le besoin de s'évader, s'engage dans l'armée canadienne, déserte, s'engage de nouveau en 1918 dans l'armée américaine. Il mène ensuite une vie de vagabond, part à New-York où il se lie avec William Carlos Williams dont il partage la chambre, rencontre Duchamp et tout ce que la ville compte de poètes fêlés et d'avant-gardistes déchaînés. Il fonde une revue qu'il finance à force de petits boulots. Sa vie va changer lorsqu'il épousera la fille d'un richissime magnat anglais. Il s'agit d'un mariage blanc : elle est lesbienne, il est homosexuel, la famille exige un mariage, fût-il de pure forme. Le couple voyage, souvent séparément, et McAlmon devenu riche peut réaliser son rêve : aller à Paris pour y retrouver la bohème surexcitée, attirée par une liberté de pensée et de mœurs que l'Amérique ou l'Angleterre condamnent. À Paris il se lie avec Joyce par l'intermédiaire de Sylvia Beach, dont il fréquente assidûment la librairie. Les deux hommes deviennent très intimes, passent d'innombrables soirées à boire ensemble. McAlmon est à la fois un charmant compagnon, un mécène généreux, un ami attentif et même un dactylographe consciencieux : lorsque les secrétaires horrifiées renonceront l'une après l'autre à accomplir leur tâche, c'est lui qui tapera la fin d'*Ulysses* et le monologue très cru de Molly Bloom.

McAlmon fut un écrivain admiré par ses pairs – Pound, Williams, Eliott – mais aussi un éditeur doué : sa maison, Contact Press, publia entre autres William Carlos Williams, Gertrude Stein, Djuna Barnes ou le premier livre d'Hemingway (livres sur lesquels l'éditeur ne touchait aucun droit). La relation passionnée avec ce dernier, faite d'admiration mutuelle et de haine rentrée, dura plusieurs années et s'avéra décisive dans la vie du trop tendre McAlmon. Après des années d'errance, car il ne tenait pas en place et s'ingéniait à ne jamais être là où on l'attendait – ce qui explique en partie sa progressive mise à l'écart du monde littéraire –, McAlmon rejoindra les États-Unis au début de la seconde guerre mondiale, ruiné et toujours plus alcoolique, oublié de beaucoup (mais ni de Carlos W. William, ni d'Ezra Pound). On sait peu de choses des vingt dernières années de sa vie, passées au bord du désert du Texas dans une totale solitude.

La biographie de Maud Simonnot se lit comme un roman. Les figures glorieuses de Joyce, Hemingway, Sylvia Beach, Nancy Cunard, C.W. Williams, G. Stein et tant d'autres apparaissent bien vivantes au fil d'un récit rapide et passionné dont McAlmon est le centre radieux. Ce qui captive, c'est le mystère d'une disparition : comment un écrivain admiré de ses pairs (Pound et d'autres le tenaient pour l'inventeur d'une littérature totalement moderne, basée sur le « réalisme brut »), figure centrale de la bohême parisienne, éditeur généreux et perspicace, agent de liaison infatigable entre les grandes figures de la littérature anglo-saxonne venues chercher à Paris l'air de la liberté, a-t-il pu disparaître des photos au point que même son nom a été oublié ? Les différents épisodes de la vie chaotique de McAlmon sont racontés avec un luxe d'anecdotes et un sens très sûr du récit. L'écriture est vive, empathique, et l'on sent se dégager une vérité du personnage qui en devient très attachant. La description du Paris de l'entre-deux-guerres est particulièrement vivante : le travail de documentation (sûrement énorme) ne pèse jamais sur la narration. Un bonheur de lecture, renforcé pour nous par quelques apparitions, au fil du récit, de Valery Larbaud, dont la présence est chaleureusement restituée.

Jean-Marie LACLAVETINE

RÉCEPTION DU 52ᵉ PRIX LITTÉRAIRE VALERY LARBAUD

(Je suis heureuse de recevoir ce prix dans une bibliothèque : je dois tout aux bibliothèques et aux bibliothécaires.)

Je remercie l'Association des Amis de Valery Larbaud, les membres du Jury et la Mairie de Vichy.

Je reçois ce prix avec beaucoup d'humilité. J'ai conscience qu'à travers mon livre c'est aussi à un homme remarquable que vous avez souhaité rendre hommage. Un homme qui, comme Larbaud, a été un incroyable agent de liaison : Robert McAlmon a fait énormément pour la littérature dans les années vingt. C'est par ailleurs une personne qui m'a bouleversée par sa générosité, son intégrité, sa liberté. Il a publié des auteurs victimes de la censure qui régnait alors dans le monde anglo-saxon, il a été notamment le premier éditeur de Hemingway, et si dans ce livre apparait à plusieurs reprises Valery Larbaud, c'est parce que McAlmon partage avec lui le fait d'avoir aidé Joyce au moment de la publication d'*Ulysses*.

Durant la genèse de ce livre j'ai eu la chance de faire de précieuses rencontres. J'aimerais profiter de la présence du Jury pour évoquer ce soir trois personnes en particulier.

Je me souviens avec émotion de ma dernière conversation avec Roger Grenier à propos de *La fêlure* de Fitzgerald qui contient cette citation faite pour McAlmon : « Toute vie est un processus de démolition », et ce mystère d'un homme mélancolique qui aimait pourtant tellement les gens et la littérature.

Tout au long de mes recherches, j'ai eu l'impression de poursuivre un fantôme car personne ne semblait avoir entendu parler de McAlmon, or il se trouve que Christian Giudicelli, lui, connaissait son nom : une des seules traductions d'un texte de McAlmon en français a été réalisée pour un numéro du *Mercure de France* dans lequel publiait pour la première fois ce jeune auteur.

Enfin, permettez-moi de remercier Jean-Marie Laclavetine. Il n'y a que lui qui sait tout ce que ce livre lui doit...

Maud Simonnot

EXPOSITION COMMENTÉE ET SPECTACLE « IL FAUT BIEN VIVRE », À LA MÉDIATHÈQUE

Au public nombreux venu assister à la remise du Prix Larbaud la Médiathèque propose une exposition « Valery Larbaud et ses amis écrivains du Bourbonnais ».

Des lettres, des photographies, des livres et des manuscrits de Charles-Louis Philippe et Émile Guillaumin sont ainsi exposés en compagnie d'œuvres de Larbaud et évoquent leur complicité amicale.

En écho très bienvenu à cette exposition, Michel Durantin et Hervé Morton de la compagnie « Le P'tit Bastringue » ont lu et interprété (avec accompagnement musical) des lettres échangées entre Charles-Louis Philippe et Émile Guillaumin, lettres spontanées, témoignages de la solide amitié qui liait les deux écrivains.

Les deux correspondants évoquent les travaux et les jours en Bourbonnais, le passage des saisons, les difficultés de l'écriture, les négociations avec les éditeurs souvent réticents. Larbaud prend parfois sa part dans cet échange pour saluer la parution des œuvres de ses amis, dire son admiration, donner des nouvelles de la capitale et du monde des lettres.

Pour le bonheur des assistants, les deux interprètes ont su, avec sensibilité et vivacité, faire revivre les liens amicaux qui unissaient les trois écrivains dans l'attachement à leur province.

Françoise LIOURE

VIE DE L'ASSOCIATION

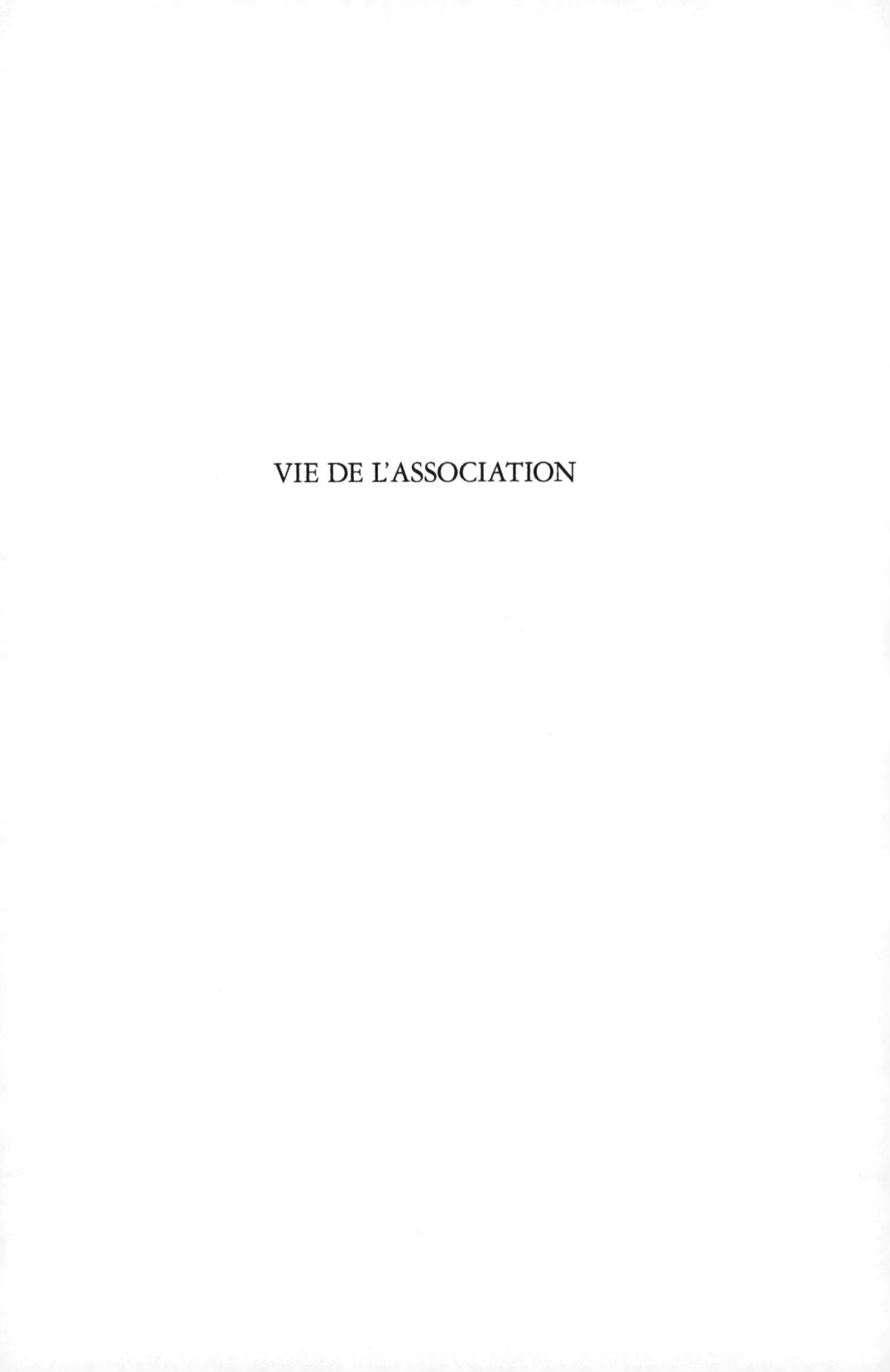

IN MEMORIAM

Georges-Emmanuel Clancier (1914-2018)

Une vie… plus un jour

Georges-Emmanuel Clancier nous a quittés. Il avait cent quatre ans. Le corps était épuisé. Mais pas une ride, ni au cœur, ni à l'esprit. Nous l'appelions GEC et moi, son ami de plus de soixante ans, qui n'aime pas les sobriquets, craignant qu'ils ne blessent, je tiens beaucoup à celui-ci et je ne pensais à lui que par « mon petit GEC » (il l'était par la taille et l'affection enfantine que, l'un à l'autre, nous nous portions), mon « Grand GEC » (il l'était par son œuvre, mais aussi par un mystère modeste qui faisait de lui, sinon un saint, au moins un bien heureux de l'Ici-Bas.

Reprenant la belle réplique par laquelle Orlando, de Shakespeare, répond à Rosalinde qui l'interroge sur la durée de son amour : « For ever and a day », notre GEC avait intitulé *L'Éternité plus un jour*, l'un de ses chefs-d'œuvre. L'Éternité ? Non, mon petit GEC, si ce n'est mon grand GEC par ton œuvre, où tes amis te retrouveront et les autres apprendront à t'aimer pour tes pieds sur terre et ton cœur au ciel. En revanche, mon douloureux centenaire, tu eus bien une vie… plus un jour.

Limousin et si conscient de l'être, si fidèle à ton subtil pays, tu étais issu des sources et des bois. Tu le savais. N'as-tu pas donné le nom de Sylvestre à ton fils ? Toi-même, sylvain ou faune dont tu avais la taille et le port ludique, le profil allongé, tu sortais droit de la Nature mais de celle, française, qui, par un miracle – auquel le cosmopolite que je suis est particulièrement sensible – est parfaitement civilisée. Mieux, par le ramage de ses feuilles et de ses eaux, la sagesse pensive de ses clairières, elle offre un modèle de civilisation.

Par-là, me semble-t-il, GEC retrouvait Valery Larbaud et demeurait si sensible à ses sages folies où même les trains de luxe sortent du mystère des fées et courent les rejoindre. Il était très attaché à l'Association qui gardait sa mémoire et, en particulier, aux prix qu'elle décernait.

Jusqu'aux derniers jours, nous discutions ensemble des candidats et de leurs mérites. Ses séjours à Vichy restaient parmi les plus précieux.

Tel était le poète. Mais il connut la peine des hommes. Elle devint pour lui aussi présente et contraignante que les sous-bois ou le ciel de son bonheur. *Le Pain noir* demeure son œuvre majeure en prose et son titre même la résume on ne peut mieux. Ce pain si durement gagné, qui l'avait nourri, le travail auquel il condamnait, Clancier, au ciel où le portait son talent de poète, ne l'aura jamais oublié. Le prix que payaient certains pour que d'autres puissent chanter, ne le laissait pas au repos. Déjà centenaire, il s'interrogeait encore avec la même, presque enfantine, indignation, sur les causes et la source de l'Injustice.

Il est sans doute l'un des rares écrivains qui fut aussi authentiquement prosateur que poète. Sa poésie s'élevait dans la pure innocence. Sa prose restait fidèle aux bonheurs comme aux malheurs des hommes, à la fragilité du bien comme à la présence du mal. Si, malgré l'insistance d'Aragon, il refusa de s'engager dans les rangs communistes, il participa à toutes les colères et drames de son temps : guerre d'Espagne, Résistance, guerre d'Algérie. Sa fidélité lui aura permis de devenir et rester, aux côtés de Marcel Arland, de Louis Guilloux, de quelques autres, le peintre d'une réalité disparue : le peuple, paysan et artisan de France, dans sa grâce, sa sensibilité, ses colères et ses joies.

Telle fut la vie. Il restait un jour. Un long jour où tu perdais tes parents, ta compagne, tes amis, emportés par la mort. Tu ne pouvais plus sortir, lire, écrire, mais jamais ta présence ne me fut plus chère. Je n'oublierai plus la rêverie qui habitait tes yeux, devenus incolores, et que venait interrompre l'acuité soudaine de la curiosité, la main levée pour porter haut l'indignation ou l'ironie piquée au coin des lèvres. Oui, le pied léger du faune, mais bien sur terre ; oui, le cœur au ciel, mais un ciel bien français de grâce et de raison.

Adieu mon petit, mon grand GEC. Non, ni toi, ni moi, nous ne croyons à quelque recours transcendantal. Mais, ensemble, nous resterons convaincus que beauté et bonté sont les deux faces d'une réalité que toi, et ton œuvre après toi, ne cesseront de chercher.

Jean Blot – 19.7.2018

ASSOCIATION INTERNATIONALE DES AMIS DE VALERY LARBAUD

Assemblée générale du 2 juin 2018

Présents : Mmes Amélie Auzoux, Christine Brissaud, Claude Copet, Rose Duroux, Françoise Lioure, Marie-Paule Michel, Isabelle Minard, Paule Moron, Maud Simonnot, Delphine Viellard. MM. Michel Brissaud, Gil Charbonnier, Jacques Fisher, Marc Kopylov, Jean-Marie Laclavetine, Maurice Sarazin.

Absents excusés : MM. Jean Blot, François Colcombet, Gérard Duchêne, Lucien Logette, Joël Papadopoulos, Mme Michèle Pallier, Mme Martine Paturet.

Il est des absences qui sont définitives et qui nous attristent ; nous déplorons le décès, survenu en novembre 2017, de Roger Grenier qui fut président des Amis de Valery Larbaud de 1986 à 1999, et qui continua de marquer son intérêt à l'association et au prix Valery Larbaud jusque dans ses derniers jours.

Un autre ami, en la personne de Jean Joinet, nous a également quittés en juin 2017. Nous nous devons de saluer sa longue fidélité à Larbaud dont il fut le spécialiste dans le domaine italien, domaine dans lequel il dirigea plusieurs de nos cahiers consacrés à des écrivains italiens.

Le président, Jean-Marie Laclavetine, ouvre l'assemblée générale 2018. À ses côtés, la lauréate du prix Larbaud 2018, Maud Simonnot est venue assister à notre assemblée générale et nous sommes très sensibles à sa manifestation d'intérêt.

BILAN FINANCIER

Michel Brissaud, notre trésorier, prend la parole pour nous présenter le bilan financier de l'année passée, qui présente, comme nous nous y attendions, un solde négatif qui s'élève, pour 2017, à 2832 €. Après les années de vaches grasses, nous allons devoir affronter les années de vaches maigres, nous déclare-t-il.

Le déficit que nous rencontrons fait suite, en effet à la suppression de certaines subventions : celle du Conseil départemental de l'Allier (500 €) qui s'ajoute à celle que nous apportait le CNL, et qui s'élevait à 2500 €. En ce qui concerne cette dernière, nous avons essayé de savoir auprès des éditions Garnier si l'éditeur percevait dorénavant cette subvention à la place de l'association. Voici la réponse de l'équipe éditoriale qui nous a été transmise : « Comme les revues annuelles sont désormais considérées comme des ouvrages par le CNL, l'éditeur peut difficilement déposer des demandes d'aide à la publication pour ces revues. Les aides leur sont rarement accordées et le nombre de demandes possibles par éditeur est très limité. Les aides reçues précédemment étaient versées à la société, aussi elles n'ont pas eu d'impact sur le prix. »

Pour faire face aux difficultés que nous rencontrons, pourquoi ne tenterions-nous pas de trouver de l'appui auprès du mécénat d'entreprise ? Jean-Marie Laclavetine a suggéré que nous tentions d'approcher la Société commerciale des eaux minérales du Bassin de Vichy.

Nous avons néanmoins trouvé du réconfort dans les déclarations de M. Frédéric Aguilera, qui a pris la succession de M. Claude Malhuret à la mairie de Vichy ; il nous a dit l'importance qu'il attachait à la culture dans sa cité et nous a assurés de la permanence du soutien de la ville au prix Valery Larbaud. Nous lui en savons gré.

Une discussion s'est engagée autour de la médiatisation du prix Larbaud, prix qui jouit d'un certain prestige dans le monde littéraire, mais qui ne semble pas trouver un écho en rapport avec l'importance qui lui est reconnue. Un autre événement de type culturel, organisé par Philippe Lapousterle à Vichy en début d'année (généralement en février), réunit un large public, et on se pose la question de savoir s'il ne serait pas possible de coupler les deux événements pour mieux mettre en vue le prix Larbaud.

Notre président se propose de prendre contact avec Philippe Lapousterle pour étudier cette possibilité et voir si une tentative pourrait être faite en 2019. Cela nous conduirait à avancer la date de remise du prix Larbaud au mois de mars, et à organiser différemment le calendrier du jury.

Ces différents points évoqués, nous passons au vote du bilan financier, qui a été approuvé à l'unanimité.

BILAN FINANCIER 2017 DE L'ASSOCIATION INTERNATIONALE DES AMIS DE VALERY LARBAUD AU 31.12.2017

RECETTES		DÉPENSES	
Cotisations 2017 (dont celles de 2016 payées en 2017)	1.900,00 €	Assurance Groupama	216,63 €
Factures réglées par bibliothèques	156,38 €		
Subvention CNL	0,00 €	Facture Classiques Garnier pour expédition des Cahiers	775,34 €
Subvention Conseil Général Allier	0,00 €	Facture Classiques Garnier pour édition des Cahiers	1.688,74 €
Subvention Ville de Vichy	7.100,00 €	Organisation du Prix hors Lauréat	3.156,20 €
Droits d'auteur (TP Vichy)	1.052,30 €	Lauréat du Prix 2017 : M. Jean-Baptiste Del Amo	6.000,00 €
Remboursement de M. Duchêne pour expédition du Livre Prix VL 2017 (Le règne animal de J.-B. Del Amo)	46,70 €	Frais divers et tenue compte	1.250,58 €

Produit exceptionnel		Dépense exceptionnelle		
Total	10.255,38 €	Total	13.087,49 €
		Différence entre recettes & dépenses 2017	-2.832,11 €
		Situation du compte en fin d'exercice 02.11.2016	27.103,84 €
		Situation du compte en fin d'exercice au 22.12.2017	24.271,73 €
		Différence entre les 2 situations	-2.832,11 €

LES CAHIERS

L'Association des Amis de Valery Larbaud a présenté son cahier 2017, n° 54, consacré à une correspondance bourbonnaise entre l'écrivain et Henri Buriot-Darsiles, professeur au lycée Banville de Moulins et secrétaire de la Société d'émulation du Bourbonnais, très impliqué dans la vie littéraire de la province chère à Larbaud. Cette correspondance, qui réunit près de 300 documents, a été établie et annotée par M. Maurice Sarazin, grand connaisseur du Bourbonnais et des ses hommes célèbres.

M. Sarazin était présent dans notre assemblée et nous avons pu le remercier pour ce travail qui met à la disposition des Larbaldiens des documents jusqu'ici inédits mais d'un intérêt réel pour la connaissance de l'œuvre de Larbaud.

Nous avons évoqué les cahiers des années à venir. Le prochain, en 2019, sera consacré à la publication des actes du colloque de Düsseldorf « Valery Larbaud : Cosmopolitisme à l'ère de la globalisation. Traduction et transgression », qui s'est tenu en novembre 2017 – année du soixantième anniversaire de la mort de Valery Larbaud – sous la direction du PD Dr. Vera Gerling, de l'Université Heinrich Heine.

Le cahier suivant devrait avoir pour sujet Larbaud et l'édition. Maud Simonnot, auteur d'une thèse en Histoire de l'édition, accepte d'y collaborer.

PROJETS ET TRAVAUX

Divers travaux sont actuellement en cours :

- le service des fonds patrimoniaux a communiqué une correspondance échangée entre Valery Larbaud et James Joyce au sujet de *Ulysses* et *Finnegans Wake.*
- Une thèse sur Valery Larbaud est en cours à l'Institut des Lettres de l'Université de Brasilia. Son auteur, Mme Josina Nunes Magalhaes Roncisvalle, a fait une demande de reproduction d'un petit manuscrit intitulé « Géographie de mes livres ».
- Des projets de traduction en russe nous sont parvenus. Un magazine littéraire russe, *Nosorog*, a présenté une demande de droits pour une traduction d'*Enfantines*, qui devrait paraître dans ses prochains numéros.

Nous avons également été contactés par un organisme russe, FORELL, qui s'intéresse à l'œuvre de Larbaud et désirerait publier une traduction en russe de *Fermina Márquez.*

- La rédaction d'un dictionnaire Valery Larbaud, qu'on prévoit de publier aux éditions Garnier, a été entreprise sous la direction de Nicolas Di Méo, responsable des collections au Service Commun de la Documentation (SRD) de l'université de Strasbourg, avec la collaboration d'Amélie Auzoux. Des contributeurs larbaldiens ont été approchés pour y participer. Ce dictionnaire devrait paraître en 2020.

Enfin nous attendons avec impatience la soutenance de la thèse d'Amélie Auzoux : « Le "cosmopolitisme" de Valery Larbaud (1881-1957) écrivain, critique et traducteur », qui devrait se tenir à l'automne 2018.

Michel Déon et Roger Grenier, récemment disparus, étaient nés l'un et l'autre en 1919. Nous avons le projet de marquer ce centenaire. Alice Déon, fille de Michel Déon et responsable des éditions de la Table ronde, s'est montrée tout à fait favorable au prêt de documents. En ce qui concerne Roger Grenier, Jean-Marie Laclavetine suggère que nous nous adressions à son épouse, Nicole Grenier, et que nous discutions avec elle de la forme à adopter et des documents à présenter. Olivier Germain-Thomas serait désireux de nous parler de Michel Déon et de Roger Grenier.

Les changements envisagés pour le prix Larbaud, ainsi que les travaux qui doivent affecter bientôt les fonds patrimoniaux et l'ensemble de la médiathèque, peuvent nous obliger à différer ce projet.

Dans les réalisations qui touchent à Valery Larbaud, nous ne pouvons omettre de citer la série de quatre émissions qui ont lui été consacrées, du lundi 5 février au jeudi 8 février 2018, dans l'émission de Matthieu Garrigou-Lagrange « La Compagnie des Auteurs », sur France-Culture. Nous avons eu notamment le plaisir d'y entendre Amélie Auzoux, Gil Charbonnier, Béatrice Mousli et Nelly Chabrol-Gagne.

ACQUISITIONS REMARQUABLES

La médiathèque bénéficie d'une subvention annuelle pour « acquisitions remarquables » qui lui est versée par la mairie de Vichy. En 2018, cette subvention lui a permis d'acquérir l'article « Les Balances », manuscrit autographe de 6 pages et demie d'un texte paru en juin 1935 dans la revue *Écrits du Nord* (N° 1, 1re année, Bruxelles). Il a été repris dans *Sous l'invocation de Saint Jérôme*, 2e partie ; « L'Art et le métier ».

RÉSUMÉS/*ABSTRACTS*

Frédéric-Jacques TEMPLE, « Une heure avec Barnabooth »

Cette contribution littéraire s'articule autour de la rencontre du poète Frédéric-Jacques Temple avec Valery Larbaud infirme, à la fin de sa vie.
Mots clés : Portrait, mouvement, gare, regard, maladie

Frédéric-Jacques TEMPLE, « *An hour with Barnabooth* »

This literary contribution revolves around the meeting between the poet Frédéric-Jacques Temple and an infirm Valery Larbaud at the end of his life.
Keywords: portrait, movement, station, gaze, illness

Paule MORON, « Avant-propos »

Cet article propose une présentation du contenu du cahier et revient sur le colloque international consacré à Valery Larbaud.
Mots clés : Littérature, XXe siècle, actes, mouvement, présentation

Paule MORON, « *Foreword* »

This article presents the contents of this issue and takes a look back at the international conference devoted to Valery Larbaud.
Keywords: literature, twentieth century, proceedings, movement, presentation

Vera Elisabeth GERLING, « Introduction »

Cette introduction présente les articles qui composent le cahier consacré au cosmopolitisme, la traduction et la transgression dans l'œuvre de Valery Larbaud.
Mots clés : Accélération, globalisation, œuvre, voyage, transgression, traduction

Vera Elisabeth GERLING, « *Introduction* »

This introduction presents the articles that make up this issue devoted to cosmopolitanism, translation, and transgression in Valery Larbaud's work.
Keywords: Acceleration, globalization, work, travel, transgression, translation

Vittoria BORSÒ, « Cosmopolitisme. Larbaud aujourd'hui »

Partisan d'une existence qui dépasse les principes autant nationalistes qu'universalistes, le cosmopolitisme de Valery Larbaud renverse la relation entre cosmos et polis en faveur d'un nouvel ordre topologique fondé sur le mouvement comme mode d'existence et sur une ontologie des relations. Larbaud crée un cosmopolitisme qui reflète la complexité (géo-)politique et écologique de la mondialisation. Sa force se manifeste dans la matérialité de l'écriture comme mouvance et transformation.
Mots clés : Transculturalité, translation, topologie, mondialisation, écologie, ontologie des relations, journal intime, mouvance, subjectivité

Vittoria BORSÒ, « *Cosmopolitanism. Larbaud today* »

In favor of an existence going beyond both nationalist and universalist principles, Valery Larbaud's cosmopolitanism reverses the relationship between cosmos and polis in favor of a new topological order based on movement as a mode of existence and on an ontology of relations. Larbaud creates a cosmopolitanism that reflects the (geo) political and ecological complexity of globalization. Its strength is manifested in the materiality of writing as a movement and transformation.
Keywords: transculturality, translation, topology, globalization, ecology, ontology of relations, diary, mobility, subjectivity

Frédéric ROUSSILLE, « Valery Larbaud ou les affres d'une Europe sans qualités »

Chez Valery Larbaud, le voyage en Europe est présenté, non pas comme la quête d'une identité perdue, mais comme une recherche d'effacement de soi. Aussi, on conviendra que le cosmopolitisme des personnages de Larbaud ne peut que renvoyer dos à dos libéralisme bourgeois et nationalisme des peuples. C'est entre deux modes de désubjectivation, l'universalité apolitique de César et la sainteté apostolique et romaine de Paul, qu'il faut choisir.
Mots clés : Aristocratie, bourgeoisie, cosmopolitisme, désubjectivation, empire, francophonie, identité, libéralisme, nationalisme, sainteté

Frédéric ROUSSILLE, « *Valery Larbaud, or, The pangs of a Europe without qualities* »

In Valery Larbaud, *the trip through Europe is presented not as the search for a lost identity, but as a search for self-effacement. We will concede that the cosmopolitanism of Larbaud's characters simply refuses to come out in favor of bourgeois liberalism or populist nationalism. A choice must be made between two modes of desubjectivation: the apolitical universality of Caesar and the apostolic and Roman holiness of Paul.*

Keywords: aristocracy, bourgeoisie, cosmopolitanism, desubjectivation, empire, francophonie, identity, liberalism, nationalism, holiness

Gil CHARBONNIER, « Le bergsonisme de Valery Larbaud dans l'émergence d'un axe critique européen »

Porté par le courant bergsonien de *La NRF*, Valery Larbaud propose une critique littéraire marquée par la révolte contre le « Tout-Fait » de la pensée. Il a ainsi contribué à changer la conception du sujet lyrique en Europe autour d'une plus grande prise en compte des « phénomènes les plus intimes de la vie psychique ». Dans cette perspective, l'article étudie l'emprise du bergsonisme dans le champ littéraire européen de l'entre-deux-guerres.

Mots clés : Intériorité, Henri Bergson, sujet lyrique, champ littéraire européen, cosmopolitisme littéraire

Gil CHARBONNIER, « *Valery Larbaud's Bergsonism in the emergence of a European line of criticism* »

Carried by the Bergsonian current of the NRF, *Valery Larbaud offers up literary criticism marked by the revolt against "ready-made" thought. He thus helped to change the conception of the lyric subject in Europe, with a greater consideration for the "most intimate phenomena of mental life." With this in mind, this article studies the influence of Bergsonism in the European literary field of the interwar period.*

Keywords: interiority, Henri Bergson, lyric subject, European literary field, literary cosmopolitanism

Vera Elisabeth GERLING, « Valery Larbaud et Henri Bergson. La gare de Cahors comme lieu de transition »

Le motif du train en mouvement constitue une image populaire de la littérature de la modernité. Cependant, il y a aussi le motif de la gare ferroviaire. Ici, le bâtiment stable contraste avec l'expérience de l'accélération et devient un lieu où culminent les nouvelles sensations du voyage en train. On propose une lecture bergsonienne du poème « L'ancienne gare de Cahors » de Valery Larbaud : ces vers nous présentent une traduction esthétique d'une perception de la notion du temps comme durée.

Mots clés : Gare de Cahors, durée, traduction, phénoménologie, lieu de mémoire

Vera Elisabeth GERLING, « *Valery Larbaud and Henri Bergson. Cahors Station as a transition point* »

The motif of the moving train is a popular image in the literature of modernity. There is also the motif of the train station, though. Here, the stable building contrasts with the experience of acceleration and becomes a place where the new sensations of the train trip culminate. A Bergsonian reading of Valery Larbaud's poem "L'ancienne gare de Cahors" is offered: these verses present an aesthetic translation of a perception of the notion of time as duration.

Keywords: *Cahors station, duration, translation, phenomenology, place of memory*

Anne REVERSEAU, « Le poète et le train. Valery Larbaud et le "modernisme ambulatoire" »

Le train est bien présent dans l'œuvre de Valery Larbaud, notamment dans les poèmes attribués au personnage de Barnabooth, dont le recueil s'ouvre sur une « Ode » au train de luxe. En comparant le motif et la symbolique du train chez Valery Larbaud avec l'utilisation qu'en font Blaise Cendrars et Paul Morand à la même époque, on montrera que Barnabooth est une sorte de Cendrars ironique, dont le regard appuie en même temps qu'il moque le mythe moderniste de la vitesse et du cosmopolitisme.

Mots clés : Modernisme, poésie ferroviaire, train, vitesse, cosmopolitisme

Anne REVERSEAU, « *The poet and the train. Valery Larbaud and "modernisme ambulatoire"* »

Trains are very much present in the work of Valery Larbaud, especially in the poems attributed to the character Barnabooth, whose collection opens with an "Ode" to the luxury train. By comparing the motif and the symbolism of the train in Larbaud's work with the way Blaise Cendrars and Paul Morand used it at the same time, we will show that Barnabooth is a kind of ironic Cendrars, whose gaze is supportive at the same time that he mocks the modernist myth of speed and cosmopolitanism.

Keywords: *modernism, railway poetry, train, speed, cosmopolitanism*

María Isabel CORBÍ SÁEZ, « A. O. Barnabooth, ses œuvres complètes et l'exigence d'un nouveau lecteur »

Le caractère parodique, ironique et fantaisiste de l'écriture, scandée d'indéterminations, de blancs, de flottements retient notre attention dans Les Œuvres complètes de A.O. Barnabooth. Il nous permet d'observer comment l'auteur hétéronyme vs Valery Larbaud articule et définit le pôle lecteur dans un texte qui rompt avec les paramètres traditionnels de l'écriture. Assoiffé de modernité, Larbaud a entrevu une littérature à venir concédant au lecteur le « droit de cité ».
Mots clés : Écriture novatrice, réflexivité, pôle lecteur, réception, modernité

María Isabel CORBÍ SÁEZ, « *A. O. Barnabooth, his complete works, and the need for a new reader* »

The parodic, ironic, and whimsical character of the writing, punctuated by indeterminacy, gaps, and hesitations, holds our attention in Les Œuvres complètes de A.O. Barnabooth. *It allows us to observe how the heteronymous author (vs. Valery Larbaud) articulates and defines the reader's pole in a text that breaks with the traditional parameters of writing. Tired of modernity, Larbaud glimpsed a forthcoming literature conceding the* droit de cité *to the reader.*
Keywords: innovative writing, reflexivity, reader's pole, reception, modernity

Delphine VIELLARD, « Valery Larbaud ou l'invention du marché de la traduction »

Valery Larbaud est le premier traducteur français à considérer la traduction comme un produit économique, obéissant aux lois du marché et de la concurrence. Il lui fait acquérir une valeur par elle-même, comme produit transformé, mais donne aussi de la valeur au texte d'origine, et par-delà à sa langue, en faisant d'une œuvre nationale une œuvre internationale.
Mots clés : Traduction, échanges économiques, valeur économique, produit transformé, James Joyce, littérature nationale, littérature internationale

Delphine VIELLARD, « *Valery Larbaud, or, The invention of the translation market* »

Valery Larbaud is the first French translator to consider translation an economic product, obeying the laws of the market and competition. He makes it acquire value by itself as a transformed product, but also gives value to the original text and, beyond that, its language, by making a national work an international work.
Keywords: translation, economic exchanges, economic value, processed product, James Joyce, national literature, international literature

Régis SALADO, « Chant et contre chant de la modernité chez Valery Larbaud »

Il s'agit ici d'établir l'ambivalence du rapport au moderne chez Valery Larbaud. Des Poèmes de Barnabooth, où l'élan cosmopolite coexiste avec un vœu de retrait, à l'éloge paradoxal de « La lenteur », en passant par les nouvelles en monologue intérieur où l'innovation s'enracine dans la tradition, se dessine la singularité d'un écrivain qui a su prendre ses distances vis-à-vis du fétichisme avant-gardiste de la rupture, et même dans notre hyper-modernité vouée à l'accélération et à l'instantanéité.

Mots clés : Charles Baudelaire, modernité, cosmopolitisme, monologue intérieur, vitesse, hyper-modernité, Hartmut Rosa

Régis SALADO, « *Modernity's song and counterpoint in Valery Larbaud* »

This article establishes Valery Larbaud's ambivalent relationship with the modern. From the Poèmes of Barnabooth, where the cosmopolitan impulse coexists with a vow of withdrawal to the paradoxical praise of "La lenteur"—as well as the short fiction written in the form of interior monologues where innovation is rooted in tradition, the singularity of a writer emerges who has distanced himself from the avant-garde fetishism of rupture, even in our hypermodernity dedicated to acceleration and instantaneousness.

Keywords: *Charles Baudelaire, modernity, cosmopolitanism, interior monologue, speed, hypermodernity, Hartmut Rosa*

Amélie AUZOUX, « Déterritorialisation de la langue, plurilinguisme et poétique littéraire mondiale chez Valery Larbaud »

De la transgression, il y en a beaucoup dans le domaine larbaldien mais peut-être moins qu'on ne croit tant ce passeur de langues et de littératures est également le douanier invisible de l'étranger. C'est ce que cet article entend démontrer à travers la relation qu'entretient Valery Larbaud à cette langue qui trône, comme la mère et maîtresse de toutes, la langue française.

Mots clés : Plurilinguisme, emprunt, métissage, écriture cosmopolite, transgression, vers libre international, monologue intérieur

Amélie AUZOUX, « *Deterritorialization of language, plurilingualism, and global literary poetics in Valery Larbaud* »

Transgression—there is a lot of that in Larbaud's realm but perhaps less than one may think since the smuggler of languages and literatures is also the foreigner's invisible customs official. This article intends to demonstrate this through Valery Larbaud's

relationship with that language that dominates like the mother and mistress of the rest of them: the French language.
Keywords: plurilingualism, borrowing, cultural mixing, cosmopolitan writing, transgression, vers libre international, interior monologue

Jan BAETENS, « Larbaud aujourd'hui et demain. Entre réécriture et allusion »

Dans cet article on s'interroge sur les manières de faire vivre l'œuvre de Valery Larbaud aujourd'hui et demain. En partant d'un article de Jean de Guardia sur les stratégies de la postérité, on propose d'analyser dans cette optique un roman de Michel Lafon, Une Vie de Pierre Ménard (2008), dans lequel les références indirectes larbaldiennes sont nombreuses. Lafon transpose l'univers larbaldien sans le répéter et dans cette liberté on trouve de nouvelles façons de relire et de réinventer Larbaud.
Mots clés : Jorge Luis Borges, média, Pierre Ménard, mode, oubli, postérité, Jean-Benoit Puech, réinvention, style

Jan BAETENS, « *Larbaud today and tomorrow. Between rewriting and allusion* »

In this article we investigate ways of imbuing the work of Valery Larbaud with life today and tomorrow. With an article by Jean de Guardia on strategies for posterity as our point of departure, we propose to analyze, with that in mind, a Michel Lafon novel, Une Vie de Pierre Ménard *(2008), in which the indirect Larbaldian references abound. Lafon transposes the Larbaldian universe without repeating it and in this freedom we find new ways to reread and reinvent Larbaud.*
Keywords: Jorge Luis Borges, media, Pierre Ménard, fashion, forgetting, posterity, Jean-Benoit Puech, reinvention, style

Catherine DOUZOU, « Valery Larbaud dans le rétroviseur de 2018. Moderniste, réactionnaire, conservateur ? »

Vu de 2017, quel regard peut-on porter sur Valery Larbaud sous l'angle de son rapport à la modernité ? Sur le plan existentiel il n'a pas eu véritablement de position progressiste. Mais sensible à la modernité de son temps, Larbaud a été un passeur incroyable entre les cultures et les époques. Son cosmopolitisme apparaît bien étranger à la globalisation et ses habits modernistes coexistent avec ceux d'un véritable conservateur voire réactionnaire politique, culturel et esthétique.
Mots clés : Modernisme, conservatisme, réaction, histoire littéraire, histoire des idées, littérature française

Catherine DOUZOU, « *Valery Larbaud in the rearview mirror of 2018. Modernist, reactionary, conservative?* »

Seen from 2017, how does one look at Valery Larbaud from the perspective of his relationship with modernity? Existentially, he did not really have any progressive positions. But sensitive to the modernity of his time, Larbaud was an incredible smuggler connecting cultures and eras. His cosmopolitanism exists outside globalization and his modernist garb coexists with that of a real political, cultural and aesthetic conservative or even reactionary.

Keywords: modernism, conservatism, reaction, literary history, history of ideas, French literature

IMPRIM'VERT®

Achevé d'imprimer par Corlet Numéric,
Z.A. Charles Tellier, Condé-en-Normandie (Calvados). N° d'impression : 157994
Imprimé en France

Bulletin d'abonnement

Cotisation 2019

M., Mme :
Société :
Adresse :
Code postal :   Ville :
Pays :
Téléphone :   Télécopie :
Courriel :

Souhaite régler sa cotisation 2019 à l'Association internationale des Amis de Valery Larbaud avec l'abonnement à son cahier annuel.

Tarif (port inclus) : 35 €

Modalités de règlement (en euros) :

- Chèque joint à l'ordre des Amis de Valery Larbaud

- Par virement ou versement à la Banque postale
  IBAN : FR37 2004 1010 0300 7352 2X02 462
  BIC : PSTTFRPPCLE Limoges

À envoyer à :
M. Michel Brissaud
20, rue de Verdun
F. 03270 Saint-Yorre

Toute autre correspondance doit être envoyée à :
Paule Moron
17, rue Tournebride BP 5
F. 44141 CHATEAUBRIANT CEDEX
Tel. 07 70 76 76 72
paule.moron@wanadoo.fr

CLASSIQUES GARNIER

Bulletin d'abonnement revues 2019

Titre	Nombre de parutions par an	Prix TTC abonnement France, frais de port inclus		Prix HT abonnement étranger, frais de port inclus	
		Particulier	Institution	Particulier	Institution
Ædificare Revue internationale d'histoire de la construction	2	49 €	80 €	56 €	87 €
Alkemie	2	52 €	69 €	62 €	79 €
Bulletin de l'Association des amis d'Alfred de Vigny	1	Vente au numéro : 35 €			
Bulletin de la Société internationale des amis de Montaigne	2	Vente au numéro : 27 €			
Bulletin de la Société Paul Claudel	3	Vente au numéro : 25 €			
Cahiers Alexandre Dumas	1	Vente au numéro : 39 €	49 €	Vente au numéro : 39 €	58 €
Cahiers de lexicologie	2	80 €	90 €	89 €	96 €
Cahiers de lexicologie et Neologica jumelés	3	94 €	99 €	98 €	104 €
Cahiers de littérature française	1	29 €	37 €	34 €	41 €
Cahiers de Recherches Médiévales et Humanistes	2	48 €	92 €	55 €	100 €
Cahiers d'études nodiéristes	2	48 €	93 €	55 €	100 €
Cahiers Francis Ponge	1	29 €	37 €	38 €	44 €
Cahiers Jean Giraudoux	1	Vente au numéro : 34 €			
Cahiers Louis Dumur	1	39 €	49 €	48 €	57 €
Cahiers Mérimée	1	Vente au numéro : 32 €			
Cahiers Tristan Corbière	1	35 €	45 €	44 €	53 €
Cahiers Tristan L'Hermite	1	Vente au numéro : 30 €			
Cahiers Valery Larbaud	1	Vente au numéro : 35 €			
Considérant - Revue du droit imaginé	1	29 €	37 €	38 €	44 €
Constellation Cendrars	1	Vente au numéro : 26 €			
Des mots aux actes	1	35 €	44 €	45 €	53 €
Économies, gestion et sociétés (comprend : Revue d'histoire de la pensée économique, Socio-économie du travail, Systèmes alimentaires, European Review of Service Economics and Management, Entreprise & Société)	9	270 €	360 €	295 €	414 €
Écrans	2	41 €	50 €	49 €	58 €
Encomia	1	Vente au numéro : 69 €	85 €	Vente au numéro : 69 €	95 €
Entreprise & Société	2	78 €	98 €	90 €	106 €
Éthique, politique, religions	2	51 €	51 €	59 €	59 €
Études digitales	2	54 €	68 €	63 €	74 €
Études sartriennes	1	22 €	30 €	29 €	37 €
Études Stéphane Mallarmé	1	29 €	37 €	38 €	44 €
European Drama and Performance Studies	2	69 €	83 €	69 €	87 €
European Review of Service Economics and Management / Revue Européenne d'Économie et Management des Services	2	78 €	98 €	90 €	106 €
L'Année rabelaisienne	1	39 €	49 €	46 €	56 €

mis à jour le 15/03/2019

Titre	Nombre de parutions par an	Prix TTC abonnement France, frais de port inclus		Prix HT abonnement étranger, frais de port inclus	
		Particulier	Institution	Particulier	Institution
L'Année ronsardienne	1	29 €	37 €	38 €	44 €
La Lettre clandestine	1	32 €	49 €	38 €	56 €
La Revue des lettres modernes (séries : Écritures jeunesse n°2, Écritures XIX n°7, Voyages contemporains n°2, Minores XX-XXI n°1, Raymond Roussel n°6, Georges Pérec n°1)	6	118 €	180 €	148 €	224 €
Les Cahiers du dictionnaire	1	35 €	44 €	45 €	53€
Libertinage et philosophie à l'époque classique (XVIe-XVIIIe siècle)	1	35 €	45 €	44 €	53 €
LiCarC Littérature et Culture arabes Contemporaines	1	29 €	37 €	36 €	43 €
Neologica	1	42 €	53 €	51 €	63 €
Parade sauvage	1	29 €	37 €	38 €	44 €
Revue Balzac	1	28 €	37 €	36 €	43 €
Revue Bertrand	1	35 €	45 €	44 €	53 €
Revue Bossuet	1	Vente au numéro : 29 €			
Revue des études dantesques	1	22 €	31 €	30 €	38 €
Revue d'études proustiennes	2	55 €	69 €	64 €	75 €
Revue d'histoire de la pensée économique	2	78 €	98 €	90 €	106 €
Revue d'histoire littéraire de la France	4 + biblio.	77 €	113 €	99 €	142 €
Revue d'histoire et de philosophie religieuses	4	40 €	60 €	49 €	71 €
Revue européenne de recherches sur la poésie	1	35 €	44 €	45 €	53 €
Revue Nerval	1	35 €	44 €	45 €	53 €
Revue Verlaine	1	29 €	37 €	38 €	44 €
Romanesques	2	42 €	58 €	55 €	67 €
Socio-économie du travail	2	78 €	98 €	90 €	106 €
Systèmes alimentaires	1	39 €	49 €	45 €	58 €

mis à jour le 15/03/2019

Ces abonnements concernent les parutions papier du 1er janvier 2019 au 31 décembre 2019. Les abonnés passant commande en cours d'année recevront les numéros déjà parus. Pour toute demande d'abonnement hors de ces dates, veuillez écrire à librairie@classiques-garnier.com.

M., Mme, Mlle : ....

Adresse : ....

Code postal : .... Ville : .... Pays : ....

Téléphone : .... Fax : ....

Courriel : ....

Modalités de règlement (en euros) :

 Chèque joint à l'ordre des Classiques Garnier
 Virement
 Banque : Société Générale – BIC : SOGEFRPP
 IBAN : FR 76 3000 3018 7700 0208 3910 870
 RIB : 30003 01877 00020839108 70

À envoyer à :
Classiques Garnier
6, rue de la Sorbonne
75005 Paris – France

Fax : + 33 1 46 33 28 90

Courriel : librairie@classiques-garnier.com